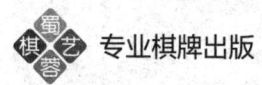 

MAJIANG JIHUISHU
LILUN YU SHIZHAN

朱 扬 ◎ 著

麻将"机会数"理论与实战

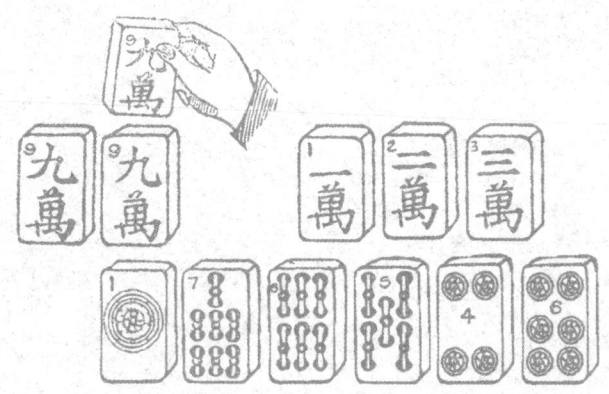

图书在版编目（CIP）数据

麻将"机会数"理论与实战 / 朱扬著. -- 成都：成都时代出版社，2022.4（2024.4重印）
ISBN 978-7-5464-3055-3

Ⅰ. ①麻… Ⅱ. ①朱… Ⅲ. ①麻将－基本知识 Ⅳ. ①G892.2

中国版本图书馆CIP数据核字(2022)第032626号

麻将"机会数"理论与实战
MAJIANG "JIHUISHU" LILUN YU SHIZHAN

朱　扬◎著

出 品 人	达　海
责任编辑	李　林
责任校对	樊思岐
装帧设计	原创动力
责任印制	黄　鑫　曾泽乐

出版发行	成都时代出版社
电　　话	（编辑部）028-86619530
	（发行部）028-86615250
印　　刷	成都博瑞印务有限公司
规　　格	165mm×230mm
印　　张	22.75
字　　数	480千
印　　数	5001-8000
版　　次	2022年4月第1版
印　　次	2024年4月第2次印刷
书　　号	ISBN 978-7-5464-3055-3
定　　价	48.00元

著作权所有·违者必究。
本书若出现印装质量问题，请与工厂联系。电话：(028) 85919288

前　言

本书是我对麻将的最新研究成果，也是我从事麻将研究40多年来的创新成果，是一部专业性很强的学术专著。

该书分为上篇、中篇、下篇：

上篇部分是"机会数"理论及其在实战中的应用。

中篇部分是牌技综合训练营，涉及各种战术和打法技巧。

下篇部分是读者问题解答、牌局欣赏和麻将技能测试。

书中的结论都是通过严格的数学计算推导出来的。数学知识欠缺的读者在阅读第一节的内容时可能会比较困难。对这些论证过程和计算过程作浏览式阅读即可，没有必要花大量的精力在这上面，因为即便你弄不明白这些论证过程，也不影响你对后面实战内容的学习。

书中给出的结论简单明了，一看就懂，一学就会。即便你是个麻将初学者，在使用这些结论时也不会有太大的困难。

书里的研究成果，有的东西可能会颠覆我们的习惯认知，甚至让你有些难以接受。比如手中有2、5万，如果摸进了8万怎么打？结论是毫不犹豫地打掉5万，留住8万。再比如手中有1、4、9万，该打哪一张？如果你回答"打9万"，那你就大错特错了，正确的打法是打1万。没有想到吧，这样的结论可能让你无法理解，甚至会很抵触。其实，这就是习惯思维造成的误区，也是导致一般麻将爱好者长期打牌而技术得不到提高的一个原因。

"机会数"理论是本人在20世纪90年代中期就开始研究的一种计算方法，当时的研究谈不上系统，更没有想到要把它变成一种理论。当时的研究是火花闪耀似的，是因为某一战、某一役的失利而冥思苦想的一种结果；也是为了应对频繁的比赛，积极求胜的探索结果。

自《成都麻将高级打法》和《麻将理论与实战打法》两本书问世以来，收到全国各地很多读者的来信来电，除了询问技术上的问题，更关心的是我的下一部书何时能够出版。读者普遍反映"机会数"理论的创立为麻将文化的研究提供了全新的数学工具，是麻将文化研究领域的一个重要里程碑。很多读者把"机会数定理"称为"朱氏定理"。

应该说前两本书中所介绍的"机会数"理论是笔者的创始之作，由于当时该理论刚刚创立，有的地方尚不完善，研究得尚不透彻，所以在介绍时就比较笼统和粗放，甚至还遗留了一些问题。

通过最近几年的努力，我对"机会数"理论的研究日趋成熟，已经比较完善了。当我把有些最新的研究成果同读者交流时，反响非常好，甚至可以说是出乎预料的好。在读者的强烈要求下，也是在编辑部李林老师的建议下，我决定花费精力将这些研究成果整理成书，奉献给广大读者，也是对我的"粉丝"的一个回馈和答谢。同时也欢迎大家对本书予以指正。

"机会数"理论对实战有极强的指导意义，因为它本身就源于实战。本人用这个理论作指导，三次获得重庆市中国竞技麻将比赛冠军，绝不是偶然之事。对此国内多家媒体都进行过专题采访和报道。2015年，欧洲荷兰国家电视台在中国拍摄反映中国文化的纪录片《逆流而上》的时候，根据央视的推荐，专程来重庆对本人进行拍摄和采访。2017年3月，香港凤凰卫视"全媒体大开讲"栏目谈中国麻将文化时也对我进行了采访。

我在比赛的时候，曾经将研究的一些牌型组合写在小纸片上，利用比赛暂停休息的空当拿出来默看记忆，目的是为了打败对手赢得比赛。那时，一副牌可以研究一个通宵，写下有用的东西，以备下次再战。当年的那些第一手资料，对我现在的系统研究提供了很好的帮助，对此我应该感谢我自己。

书中的大部分案例来自本人的实战，部分案例来自读者和朋友的推荐，极个别案例来自《麻将理论与实战打法》一书，因为这些极个别案例除了紧扣主题之外，还有很好的学习效果，特此说明。

本书的研究成果适用所有的麻将打法。

最后，关于阅读本书的提示。

由于本书涉及大量的计算，主要是机会数的大小、牌张的数量等，如果发现错误请用微信的方式告知于我，以便及时更正。请务必标明错误所在的页数和行数，本人在此先表谢意。

此外，阅读此书主要是学习计算方法、各种打法以及牌手的思维方法，对具体的计算不必花太多的精力，对明显的错误除了告知于我之外，不要纠结于此，因为有太多的东西需要你去学习和掌握。

本人微信号：13608351990。

朱 扬

2022年1月10日于重庆

目 录

上 篇 "机会数"理论 / 001

第一节　机会数的基本理论　　　　　　003
第二节　机会数的计算秘籍　　　　　　014
第三节　2张牌的组合秘籍　　　　　　023
第四节　3张牌的组合秘籍　　　　　　051
第五节　多张牌的组合秘籍　　　　　　070
第六节　"机会数"理论实战案例分析　　104

中 篇 综合训练营 / 140

第一节　"放飞鸽"战术　　　　　　　141
第二节　腾挪战术　　　　　　　　　　165
第三节　欺骗战术　　　　　　　　　　178
第四节　游击战与阵地战　　　　　　　201
第五节　细节打法　　　　　　　　　　228
第六节　打牌小技巧　　　　　　　　　243

下　篇　问题解答及牌局欣赏 / 304

　　第一节　问题解答　　　　　　　　　305
　　第二节　牌局欣赏　　　　　　　　　328
　　第三节　麻将技能测试　　　　　　　344

附　录　麻将技能测试题答案 / 349

后　记 / 354

本书中的麻将术语解释

下　叫 —— 指听牌或下听的意思。
对处叫 —— 指对子听牌或碰对听牌。
查　叫 —— 指牌局结束时检查牌手下听没有。
死　叫 —— 指要胡的牌张已经没有了，俗称"理论叫"。
胡　牌 —— 就是"和牌"的意思。
点　炮 —— 就是"放炮"的意思。
点　杠 —— 指打出去的牌被别人杠。
带　勾 —— 指"四归一"，四张相同的牌在手上。
直　杠 —— 就是"点杠"的意思。
牌　池 —— 指打在桌面上的明牌。
牌　墙 —— 指堆砌在牌桌上等待摸的牌。
门　前 —— 指桌前摆放碰牌和杠牌的地方。
成　副 —— 指胡牌的基本单元：三个连张或一个刻子。
划　船 —— 指跟着熟张走，不放炮的意思。
踩　线 —— 跟着1、4、7这样的线打牌，避免放炮的意思。
偷　渡 —— 指原本可以明杠的牌，推迟到以后再杠。
刻　子 —— 指三张相同的牌。如：555、999等。
坎　子 —— 与刻子意义相同。
间　张 —— 指间隔相邻的牌，如2、4等。
靠　张 —— 指一张孤牌，摸了一张与它相邻的牌。
生　张 —— 指牌池中没有出现过的牌。
熟　张 —— 指牌池中已经出现过的牌。
立　牌 —— 指手中正在做的牌。
荒　牌 —— 指牌局结束时，大家都没有胡牌。
消　根 —— 指别人碰牌之后，又打出了那张牌，解除了明杠的威胁。
低　张 —— 狭义理解，指1、2的数字牌；广义理解，指1、2、3的数字牌。
中　张 —— 狭义理解，指4、5、6的数字牌；广义理解，指3—7的数字牌。
高　张 —— 狭义理解，指8、9的数字牌；广义理解，指7、8、9的数字牌。

上篇

「机会数」理论

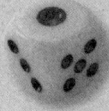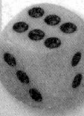

我首次提出"机会数"这个概念是在2012年1月出版的《成都麻将高级打法》这本书中，实际上开始研究要比这个时间提前很多，早在20世纪90年代中期，我就已经开始用"机会数"来研究麻将了，只不过那个时期的研究仅仅限于某场比赛中的一战一役，纯粹是为了应对当时的各项比赛和来自各方面的挑战。由此也积累了很多案例和资料，这对后来的系统研究和成书起了很大的作用。

这些年来，人们对麻将的研究一直都停留在感性思维的层面上，没有突破性的进展，更没有建立起一套科学的、完整的理论体系。"机会数"理论的创立对麻将的研究有了突破性进展，将麻将的研究推向了一个新的层面，把感性思维变成了理性研究，变成了数学计算和逻辑推演。

本篇内容是我对"机会数"理论研究的最新成果。从基本概念到逻辑论证，到数学计算，再到结论的推出，每一步都经过严格的推演。

本篇的第一节内容涉及的理论较多，对读者来说可能有些费劲，但你完全不用担心，作为浏览式阅读就可以了，对其中的论证和推导过程可以忽略不计，不必把过多的时间花费在上面。

本篇从第二节开始，介绍"机会数"理论在实战中的应用。其中很多结论可能你过去从未听说过，甚至可能会颠覆你对麻将的认知。

"机会数"理论推出的结论都有很强的实用性，对实战有着极强的指导作用。希望读者务必牢记这些结论，并在实战中加以运用。

第一节 机会数的基本理论

问题引入：

下面这两手牌的好坏，如何判断？

这是个从来都没有解决的问题。一手牌的好与坏，用什么标准来衡量？从古至今没有一个科学的统一标准。

很多时候判断牌的好与坏，都是用自己的标准来进行，自己来解读和描述，由于每个人对牌的认知程度不一样，语言表达的能力不一样，所以判断一手牌的好与坏，差别就可能比较大，甚至有天壤之别。

就算让一个专家来解读，也会因为语言表述本身的问题，很难说清楚这两手牌的好与坏。

请看下面这两手牌：

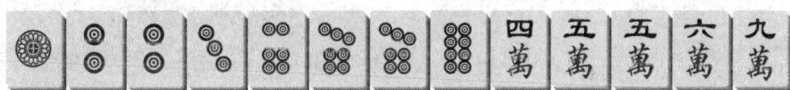

图1

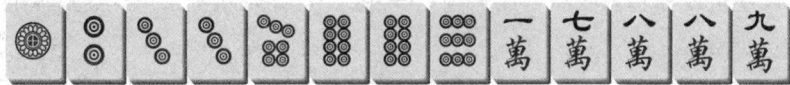

图2

这两手牌都没有下听，牌型都不算好。

相比之下谁更好一点呢？

哪手牌胡牌的可能性更大呢？

对这些问题，如果用文字来描述，不仅耗时长，恐怕也很难说清楚，而且没有说服力。现在我们用"机会数"理论这个全新的数学工具来回答这些问题，不仅简单明了、一清二楚，而且很有说服力。

对这两手牌好坏程度的判断我将在后面给出最科学的回答。

一、麻将成副的数学原理

什么叫"副"？

它是指：由3张牌按顺序组合的牌型，如123、234……称为顺子牌；或由3张相同数字牌组合成的牌型，如111、222……称为刻子牌。成副就是指由3张麻将牌组合成的顺子或刻子。

这实际上就是数学中的3张牌按顺序组合的问题。

我们从1～9这几个数开始：

1、2、3、4、5、6、7、8、9

麻将中的所有番种都是由这9个数的不同组合得来的。比如顺子123、234……刻子111、222……其中的每个数是怎么与左邻右舍相组合的？这些组合的数字是怎么计算的？

先看1这个数：1这个数可以和右边的2、3组合成一副顺子123，还可以和它自身组合成一副刻子111，合计有2种组合。参与这2种组合的数字有3个（1、2、3）。

再看2这个数：2这个数可以和左边的1或右边的3、4组合成123、234，还可以和它自身组合成一副刻子222，共有3种组合。参与这3种组合的数字有4个（1、2、3、4）。

再看3这个数：3这个数可以和左边的1、2或右边的4、5组合成123、234、345，还可以和它自身组合成一副刻子333，共有4种组合。参与这4种组合的数字有5个（1、2、3、4、5）。

……

再看7这个数：7这个数可以和左边的5、6或右边的8、9组合成567、678、789，还可以和它自身组合成一副刻子777，共有4种组合。参与这4种组合的数字有5个（5、6、7、8、9）。

再看8这个数：8这个数可以和左边的6、7或右边的9组合成678、

789，还可以和它自身组合成一副刻子888，共有3种组合。参与这3种组合的数字有4个（6、7、8、9）。

再看9这个数：9这个数可以和左边的7、8组合成一副顺子789，还可以和它自身组合成一副刻子999，共有2种组合。参与这2种组合的数字有3个（7、8、9）。

我们之所以不厌其烦地，重复地，用同样的分析方法来查找这些组合数，目的就是要找出它们的共性、特点和规律。

通过上面一系列重复性的操作，我们有以下发现：

1、9这2个数字牌分别对应2种组合，因为1张数字牌有4张，所以1、9分别对应$2×4=8$，有8种组合（注释1）。

2、8这2个数字牌分别对应3种组合，所以2、8分别对应$3×4=12$，有12种组合。

3、4、5、6、7这5个数字牌分别对应4种组合，所以3、4、5、6、7分别对应$4×4=16$，有16种组合。

组合数意味着什么？

以1筒为例，组合数是8。这就意味着1筒有8次机会可以成副，换句话说就是：1筒的组合数就是它成副的机会数。

机会数定义：每个数字牌可以与自身或与左右相邻的数字组合成刻子或顺子，所有组合数的个数就叫"**机会数**"，本书用字母J来表示。

这是从数学意义上给出的机会数定义。

从定义可以看出机会数的本质就是每个数字牌对应的组合数的个数。

二、机会数计算式

准确地说这里的机会数计算式应该叫作单张牌成副的机会数计算式。

通过前面的分析，我们可以把单张牌成副的机会数用一个统一的数学公式表示出来，即：

$$J(i) = N × 4 \quad \cdots\cdots\cdots\cdots\cdots\cdots (1)$$

公式中的字母i表示某个数字牌，N表示组合数的个数，4表示每个数字牌对应有4张牌。

这个公式的含义是：

某个数字牌成副的机会数等于把组合数的个数乘以4。

用这个计算式，我们可以计算出1～9筒的机会数，由于篇幅所限，每个数字牌的计算过程就不在这里一一进行了，只将计算结果罗列如下：

$$J（1筒）=2×4=8$$
$$J（2筒）=3×4=12$$
$$J（3筒）=4×4=16$$
$$J（4筒）=4×4=16$$
$$J（5筒）=4×4=16$$
$$J（6筒）=4×4=16$$
$$J（7筒）=4×4=16$$
$$J（8筒）=3×4=12$$
$$J（9筒）=2×4=8$$

从上面的计算结果可以看出：

1．数字牌1～9这几个数字是以5为中心张，两两对称的。1、9对称，2、8对称，3、7对称，4、6对称，5与自己对称。

2．1、9筒是等价的，机会数相同；2、8筒是等价的，机会数相同；3、4、5、6、7筒是等价的，机会数也相同。

我们把上面的计算结果列成下面的表1-1，方便读者查阅和记忆。

表1-1　各个数字牌的机会数大小

$$J（1）=J（9）=8$$
$$J（2）=J（8）=12$$
$$J（3）=J（4）=J（5）=J（6）=J（7）=16$$

分析讨论：

1．表中所列出的机会数是理论值，理论值是在所有的牌张都能够参与组合的情况下计算出来的数值。如果手中和牌池中出现了对应的数字牌（称为明牌），那么机会数就应该减掉明牌的张数。比如1筒，理想情况下4个1筒可以组合成4个123筒，假如牌池中已经打现了3个，那么还剩下1个123筒的组合，所以实际值要从理论值中减掉明牌的张数。

2．计算结果表明数字牌1和9的机会数最小，是8；2和8的机会数较大，是12；3、4、5、6、7的机会数最大，是16。

这个结论揭示了数字牌1～9的奥秘，这个奥秘就是：边张牌1和9成副的机会最小，2和8相对要大一些，3、4、5、6、7最大。

这个结论对实战有重要意义：

那就是在打牌过程中应该先打边张，保留中张。这个常识性的问题在这里给出了严格的数学证明。但是有一点需要特别提醒：这里的"先打边张，保留中张"的结论是有条件的，这个条件就是：只有在两个孤立张相比较的情况下才成立。比如在1万和5万两个孤立张之间必须打掉一张时，当然打1万。如果1万或5万的旁边还有相邻张，它们就不叫孤立张了，在这种情况下"先打边张，保留中张"这个说法就不一定正确。

三、单张累加法

有了表1-1的计算结果，我们就能用它来判断一手牌的好与坏。

那就是将各个数字牌的机会数相加，这个方法就叫单张累加法。

数字越大，机会就越大，成功的可能性就越大。

在相加的过程中要注意一个问题：

参与计算的数字是有可能重叠的，比如2、3分别参与了J（1）和J（2）的计算，等于重复计算了一次，所以要把重复计算的次数减掉。

1张牌重复1次等于多计算了4，重复2次等于多计算了8，以此类推，计算时一定要把这些重复计算的数字减去。

具体的计算过程我通过下面的案例介绍给大家。

这是本节一开始引入的两手牌,如何判断其好与坏:

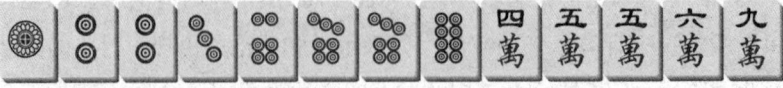

图1

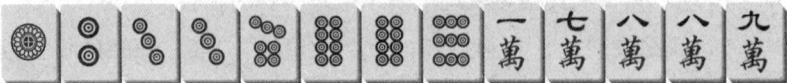

图2

首先把两手牌中已经成副的顺子分离出去。

因为成副的组合就意味着组合已经成功,既然组合已经成功,再对其计算就没有什么意义了。然后将剩下的牌重新组合。

牌型见下面两图:

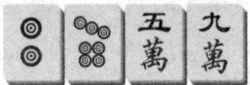

图1-1

图2-1

把两个图中各个数字牌的机会数分别相加(注意:要扣除重复计算的数字),然后比较它们的大小,就能判断其好坏。

第一步:将图1-1所有牌张的机会数全部累加:

J(图1-1)= J(2筒)+ J(7筒)+ J(5万)+ J(9万)

= 12 + 16 + 16 + 8

= 52

第二步：把有重叠的数字找出来，此处5万和9万有重叠。对5万来说，参与计算的数字是34567；对9万来说参与计算的数字是789。

观察这两组数：

34567、789

可以看出7这数重叠了1次。

重叠一次相当于机会数里多计算了4张牌，也就是说5万和9万组合相加的机会数，即J（5万）+J（9万）＝16＋8＝24里面要减去4。

第三步：结合原图查找明牌张数：2筒、7筒、5万，各有2张，9万1张，合计7张。

最后的计算是：J（图1）＝52－4－7＝41。

用同样的方法可以计算出：J（图2）＝41。

此处不再赘述，有兴趣的读者请自行验算。

计算结果：J（图1）＝J（图2）＝41。

计算表明：

两手牌的好坏程度是一样的，因为它们成副的机会数是一样的，都是41。这里用数学计算的方法给出了机会数相等的结论，给出了这两手牌好坏程度的精确判断。这是最科学、最有说服力的判断。

注意：

这里说的是成副的机会数，成副就意味着全部组合成功，用麻将术语来说就是胡牌了。胡牌和听牌是两个完全不同的概念。听牌好的不一定胡得了牌，胡得了牌的不一定听牌好。在通常意义下，所谓的好牌是指听牌快、听牌张数多的牌。

本节的重点是研究数字牌成副的机制，而非听牌的机制，但后者恰恰是实战中最重要的问题，我们从下一节开始介绍。

回到正题，这两手牌的好坏程度用数字的大小清楚地表示出来了，完全没有用语言表述的那种模糊概念，这就是"机会数"理论的实际应用。如果用文字来表述这两手牌的好坏程度恐怕就很难说清楚了，事实上也没有办法说清楚。现在有了"机会数"这个数学工具，就可以把它们之间的好坏程度用数字的大小精确地表示出来。这对麻将的研究是个革命性的进步，对于把人工智能引入麻将也将是一个飞跃。

下面我们通过牌例的介绍来学习机会数在实战中的应用。

【教学案例1】

计算图中3万和8万的机会数。

教学图1

第1步查表：从表1-1可知：J（3万）=16，J（8万）=12。

第2步找明牌：把参与3万和8万组合的明牌张数找出来，图中有1233，4张；有78889，5张；合计9张。

第3步计算：J（3万）=4×4-4=12；J（8万）=3×4-5=7。

【教学案例2】

计算图中3万和6万的机会数。

教学图2

第1步查表：3、6万的机会数都是16。

第2步找明牌：对3万来说，明牌有6个：123345；对6万来说，明牌有5个：45667。所以J（3万）=16-6=10；J（6万）=16-5=11。

计算表明，6万的机会数稍稍大一点，如果非要在3、6万之间打掉1张，那就打3万。

注意：

这里计算的是3、6万各自（单张）的机会数，如果要计算3、6万组合的机会数J（36万），明牌的张数就不能分开来减，分开减肯定就减多了，重复的数字可能被减两次，只能合起来减一次，此处合起来为9。

【教学案例3】

下面这手牌，开局就连续碰了1、2筒，现在摸进2万该怎么打？

牌型如下图所示：

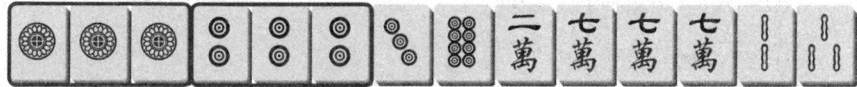

教学图3

可以打掉的牌有3张：3筒、8筒、2万。

由于1、2筒已经碰掉，3筒可视为孤张。

现在来比较一下这3个孤张的机会数谁大谁小，谁小就打掉谁。

从表1-1可知：

J（3筒）＝16，J（8筒）＝12，J（2万）＝12。

但现在3筒的机会数发生了变化：

参与组合的1、2、3筒成了明牌，合计有7张。那么3筒的实际机会数应该是理论值16减去所有看得见的明牌张数7，即J（3筒）＝16－7＝9，对比8筒和2万的机会数12，3筒的机会数小。

所以正确的选择就是打掉3筒。

注意：

如果1、2筒其中有一个没有碰掉，3筒就会与1、2筒发生组合关系，即单张和对子的组合关系，这时候的3筒就不是孤立张了，它的机会数就会发生变化，需要重新计算。

至于怎么变化，怎么计算，我们在后面的内容里再进行介绍。

【教学案例4】

下面这手牌应该怎么打？

教学图4

为了便于分析，我们首先要进行图形分解。

图形分解就是把已经成副的牌分离出去，将剩下的牌重新组合。

1223筒可以分解成123、2筒；

1233万可以分解成123、3万；

这两种分解都是唯一的，但6789万的分解就不是唯一的。

6789万可以分解成678、789两个组合，如果只考虑到一个组合，那就会漏算6万或者9万，所以6789万的分解图就应该有两个。

在图形的分解过程中一定要把所有的可能性都考虑到，不能有遗漏，不然就可能出错。有关这方面的知识和技能在《麻将理论与实战打法》一书中有详细介绍，此处不再赘述。

分解后重新组合的牌型分别见下面两图：

教学图4-1

教学图4-2

观察上面两个图形，可以看出：

2、3条是不可能打掉的。

可以考虑打掉的牌有：2筒，3、6、9万。

这就是分解图的作用。

接下来分别计算这几张牌各自的机会数。

注意：计算机会数时一定要结合原图来进行，不然的话，在查找机会数明牌的过程中就有可能出错。

打2筒：进3、6、9万、1、4条，均可听牌，将其机会数相加，再减去明牌张数，可知 J（2筒）$= 5 \times 4 - 4 = 16$。见第二节。

打3万：进2筒、6、9万、1、4条，均可听牌，将其机会数相加，再减去明牌张数，可知 J（3万）$= 5 \times 4 - 4 = 16$。

打6万：进2筒、3万、1、4条，均可听牌，将其机会数相加，再减去明牌张数，可知 J（6万）$= 4 \times 4 - 4 = 12$。

打9万：进2筒、3万、1、4条，均可听牌，将其机会数相加，再减去明牌张数，可知 J（9万）$= 4 \times 4 - 4 = 12$。

比较它们的机会数大小可知：打2筒或3万是最佳选择。

我们对上面的教学案例做了仔细的讲解，对其中的计算步骤做了很多重复性的计算，目的是希望读者熟悉这些计算方法。实战中这些计算都是心算完成，没有这么复杂和漫长，熟能生巧。

总结一下单张牌机会数的计算方法：

第一步：把准备打掉的孤张牌罗列出来。

第二步：分别计算出这些孤张牌的机会数。

第三步：比较它们的大小，打掉小的，留下大的。

为什么要打小留大？

因为将已经成副的牌分离出去之后，剩下的就是将各个孤张进行比较，留下机会数大的，打掉机会数小的，道理就这么简单。

◆ **本节小结** ◆

1．本节从理论上探讨了机会数的构成原理，并揭示了机会数的本质：机会数是数字牌对应的组合数的个数。

2．本节给出了机会数的表达式，计算出了每个数字牌各自成副的机会数数值，从理论上解决了如何用数学的方法判断一手牌的好与坏这个问题，为麻将文化的研究提供了新的数学工具。

3．本节的计算式（1）是理论研究的一个成果，为我们后面的实战研究提供了理论支持，但是这个计算式还没有转换成更具实战意义上的计算工具（关于这个问题我们将在下一节介绍），所以这个计算式在实战中的使用频率并不高。读者对此无须花很多的时间去研究。

对后面即将开始的实战学习寄言两句：

在本书的这一节里，我们研究了麻将牌成副的基本原理，涉及的对象是3张牌的组合问题。从数学上弄清楚了机会数的本质是组合数的个数问题，并给出了单张牌的机会数计算公式，这些研究为"机会数"理论打下了坚实的基础，为我们后面将要进行的实战研究提供了理论支持。

本节所研究的内容都是基础性的论证，理论上的东西较多，实战性的东西较少，读者完全可以对这一节的内容作浏览式的阅读，即便你对这一节的内容完全不了解，也不会对你后面的学习造成任何困难。

注释1：

以1筒为例：参与组合的数字有3个：1、2、3，由于是顺序组合，不能重复，所以1、2、3个数字牌只能组合成1副顺子，因为每个数字牌有4张，所以有4副数字牌。再看刻子111，如果将4张1筒分别编号1、2、3、4，那么不重复的组合也有四种：123、124、134、234。所以对1筒来说，能够成副的组合数有8个。上面的情况是一种简化，从微观上讲，这四组123可以相互交叉组合成123，这样的话，组合数就有很多。这种纯数学的探讨超出了本书的范围，有兴趣的读者可自行钻研。这种简化并不影响对牌型的判断。

第二节　机会数的计算秘籍

从本节开始，我们所研究的内容将全部涉及实战，书中的所有计算公式、各种打法、分析推理等，全部是本人几十年麻将实战的经验总结和理论精华，实打实的真功夫，绝无半点花拳绣腿。

在本节里，我将给出麻将意义上的机会数定义，并给出机会数的计算公式。这个机会数计算公式也是本人的秘籍之一。

一、机会数的基本概念

什么叫机会数？我先列举两个简单的例子。

【教学案例1】

现有4张牌如下面教学图所示：

教学图1

这手牌只要摸进1筒或1、2、3、7、8、9万都可以听牌。那么这个1筒，1、2、3、7、8、9万就称为这手牌的机会数。按照字面意思来理解，机会数就是能够让一手牌"下听"的那些数字牌。

再来看下面的一手牌。

【教学案例2】

现有4张牌如下图所示：

教学图2，J（教学图2）＝8

这手牌已经听牌：胡3、6万。

那么3万和6万就是这手牌的机会数。由于3、6万各自有4张牌，合计有2×4＝8张牌，因此8这个数就是这手牌的机会数数值，也就是机会数的大小或者说这手牌的机会数是8。

通过这两个例子的解读,我们对机会数的概念有了一些了解。

在此我给出麻将意义上的机会数定义。

机会数定义:机会数就是能够让一副牌"下听"的那些数字牌。

这个定义是从麻将意义上给出的,非常简单明了。

为了下面的介绍方便,我们把机会数的第一个拼音用大写字母J来表示,那么教学图2这手牌的机会数就可以表示为:

J(教学图2)=8。

"(教学图2)"代表机会数的身份——教学图2这副牌,就像公民的身份证一样,每张身份证对应一个特定的个体。

这个式子的含义就是:教学图2这手牌的机会数是8。

后面的介绍中都要用到这个符号,请大家一定要熟悉它。

二、机会数的计算方法

为了更形象、更直观地把这个计算方法介绍给大家,我们用一个牌例来进行计算,以帮助读者学习。

请看下面的图形:

【教学案例3】

计算这手牌的机会数。

教学图3

观察可知:

成副的牌有:333、123、789,将它们分离出去。

牌型就变成了下图:

教学图3-1

这是一个"四人抬轿"的牌型:

观察可知:

只要进9筒或1、2、3、4、5、6、7、8、9万,都可以使其听牌,我们称9筒或1、2、3、4、5、6、7、8、9万是这手牌的机会数。

由于每个数字牌有4张,10个数字牌就有10×4=40(张)。从原图中我们看到:9筒、3万、8万各有2张,1、2、7、9万各有1张,合计明牌=10,明牌是指操作者自己看得见的手中的和牌池中的所有机会数。

所以,这手牌的实际机会数是10×4-10=30。

即:J(教学图3)=10×4-10=30。

把这个计算过程分步记录下来就是:

第一步:通过观察找出可以让研究对象听牌的全部数字;

第二步:将所有数字全部相加,然后乘以4,再减去牌桌上所有看得见的明牌张数,最后得到的数字就是实际机会数。

这个计算方法称为"直接计算法"。

如果用一个统一的数学计算式来表示,那么"直接计算法"可以用下面的"机会数定理"来表述:

机会数定理:任何一手牌的好坏程度和成功率大小都可以用机会数J来表示,其大小是:把所有能够让研究对象下听的数字牌全部求和,再乘以4,然后减去全部的明牌个数,即:

$$J(m) = 4 \times \sum N - \sum (明牌) \cdots\cdots (2)$$

这就是机会数定理,简称朱氏定理。

公式中各项的意义是:

$J(m)$ 表示某一手牌,即研究对象;

4×ΣN表示把所有能够让研究对象下听的数字牌相加，再乘以4；

Σ（明牌）表示把所有看得见的明牌数相加。

定理中的数学公式，称其为"机会数直接计算法公式"；很多读者称其为"朱氏计算式"。

这个计算公式看似复杂，其实很简单。它的计算分3步：

第一步，找出全部机会数；

第二步，全部机会数相加乘4；

第三步，减去所有明牌数之和。

实际应用中，前面两步可以合成一步；稍加练习之后，熟能生巧，三步均可合成一步，一气呵成。

直接计算法是一种简单快捷、效率很高的实用工具。实战中的使用频率非常高，实用价值非常大，但需要说明两点：

第一，实战中的机会数是不断变化的，要随时修正它的数值。

第二，机会数的计算为博弈者提供了重要的参考数据，对牌张的取舍有很强的指导作用，但它并不能保证你一定会成功。因为能够让你胡牌的那个关键张何时能出现，非你我可以控制。就像股市中的K线图，为操作者提供了重要的分析工具，却不能确保你一定会赢。

俗话说："尽人事，而听天命。"成功与否在很多情况下，不是自己能主宰的，是多种因素共同决定的。

【教学案例4】

计算这手牌的机会数。

教学图4

1. 找机会数：

观察可知：摸1、2、3筒或7、8、9万，即可听牌。

2．计算：

机会数6个，明牌4个，故J（教学图4）＝6×4－4＝20。

【教学案例5】

计算这手牌的机会数。

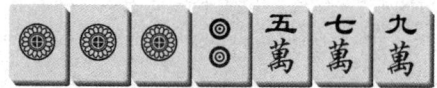

教学图5

1．找机会数：

观察可知：摸2、3筒或5、6、8、9万，均可听牌。

2．计算：

机会数6个，明牌数3个（2筒和5、9万各1张），故J（教学图5）＝6×4－3＝21。

【教学案例6】

计算这手牌的机会数。

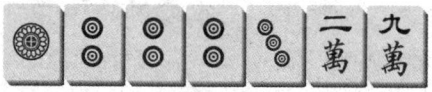

教学图6

1．找机会数：

观察可知：进2筒或1、2、3、4、7、8、9万，均可听牌。

2．计算：

机会数8个，明牌有5个（2筒3张，2、9万各1张），故J（教学图6）＝8×4－5＝27。

【教学案例7】

分别计算出1、2、3筒各自的机会数。

教学图7

观察可知：

1筒：摸1、2、3筒，均可听牌，故J（1筒）＝3×4＝12。

2筒：摸1、2、3、4筒，均可听牌，故J（2筒）＝4×4＝16。

3筒：摸1、2、3、4、5筒，均可听牌，故J（3筒）＝5×4＝20。

注：

1．此处计算的是理论值。

2．不要把此处1、2、3筒的计算结果与第一节中的计算结果混为一谈，此处是2张组合，彼处是3张组合。

实战案例1

2015年同学聚会，郊游南山。在农家小院聚餐之后，跳舞唱歌，喝茶聊天，打牌下棋，各取所需。

下面这手牌是开战后的第一盘，那天手顺，牌来得好，通过几圈的摸牌后，手中的牌就基本成型了。

牌型见下图所示：

实战图1

这是刚刚摸进4万的图形，该怎么打？

这手牌对新手来说，仅凭观察很难判断该打哪一张。

可供选择的牌有：5筒或1、8万。

分别计算一下就清楚了：

打5筒：进1、2、3、4、5、6、7、8、9万，均可听牌，所以J（5筒）$= 9 \times 4 - 10 = 26$。

打1万：进3、4、5、6、7筒或4、6、7、8、9万，均可听牌，所以J（1万）$= 10 \times 4 - 10 = 30$。

打8万：进3、4、5、6、7筒或1、2、3、4、5、6万，均可听牌，所以J（1万）$= 11 \times 4 - 10 = 34$。

比较可知：

打8万是最佳选择，打5筒是最差选择。

实战过程：

打掉8万；下一轮摸进4筒，然后退1万。

牌型变化如下：

实战图1-1

已经听牌：胡3、6筒或4万。

最后结果是：3筒自摸。

盘后点评：

这手牌取胜的关键是打掉8万，如果不通过机会数计算，找到最佳的打牌路径，这手牌能否这么顺利地听牌自摸那就很难说了。

实战案例2

这是一个读者提供的一副牌。

他说，实战中他反复琢磨了好一阵，觉得打掉9筒最合理，最后输了。事后他请教了好几个高手,几乎都认为应该打9筒。

牌型如图所示:

实战图2

我想只要看过《成都麻将高级打法》和《麻将理论与实战打法》的读者,绝对不会出现这样的错误。这手牌一眼就能看出,打4筒是最佳选择。因为打掉4筒之后,这手牌就变成了"四人抬轿"。

牌型变化如下:

实战图2-1

从这个简化图中一眼就能看出,打4筒是最佳选择。

没有看过这两本书的读者也没关系,用机会数计算一下就清楚了。

结合原图,计算如下:

1. 打9筒:只要进4、7、8筒或3万,就可以下听。所以J(9筒)= $4 \times 4 - 3 = 13$;

2. 打1万:只要进4、7筒,2万,就可以下听。所以J(1万)= $3 \times 4 - 3 = 9$;

3. 打4筒:只要进7、8、9筒,1、2、3万,就可以下叫。J(4筒)= $6 \times 4 - 4 = 20$。

计算结果:

还是打4筒最佳;打9筒次之;打1万最糟糕。

问题拓展:

如果把5万换成4万,应该打哪一张?

◆ **本节小结** ◆

本节的主要知识点是：

1．机会数定理

该定理是"机会数"理论的核心内容，它将一手牌的好坏程度、听牌能力的大小用数字计算的方式表示出来，对麻将博弈者取舍张有重要的参考作用，该定理有很强的实战应用价值。

2．机会数的计算方法

这个计算方法是"机会数"理论在实战中的重要工具，特别是对复杂牌型的判断十分科学，由于是数学计算，其准确性极高，为麻将博弈者的实战操作提供出最科学、最准确的数据参考意见。

第三节　2张牌的组合秘籍

在本节里我们主要研究2张牌的组合如何听牌的问题。

按照麻将规则：3张成副，2张听牌。多张听牌的本质也是以2张为最小单元，所以2张组合如何听牌有极其重要的意义。

本节的主要知识点有三个：

第一个：2张"无听牌型"的组合秘籍；

第二个：2张牌的组合秘籍图表；

第三个：对子和顺子的基本属性及其攻防特点。

一、2张"无听牌型"的组合秘籍

所谓2张"无听牌型"是指2个毫无关联的单张牌，它们组合在一起既不是顺子，也不是对子，当然是无听牌型。

接下来我们就要研究这看似毫无关联的2张牌，在什么情况下组合效率最高？什么样的组合最容易下听？

1. 基本概念

首先我们要从理论上搞清楚下听的基本原理。

2张牌组合的牌型有很多，有好有坏。为了便于研究，我把它分成两个大类：第一类是有听牌型；第二类是无听牌型。

第一类有听牌型：

类似23、34、45、56、67、78……这些以两头听牌的组合当然是最好的牌型；

类似12、89、13、79、11、22、33……这些以边张听牌、间张听牌和对子听牌的组合为次好的牌型。

不管是最好还是次好，它们都是属于有听牌型，既然有听，那么相对于无听而言，它们都是好牌型。

在此我给出一个打牌过程中的指导性原则，即优先原则。

优先原则：凡是已经"下听"的牌型必须优先保留。

这个原则有很强的实战意义，对判断牌型的好与坏是立竿见影。无论是2张组合、3张组合，还是多张组合等都必须遵从这一原则。

第二类无听牌型：

在2张组合里还有一类是没有听牌的，类似14、15、25、37、48……这类牌型我称之为"无听牌型"或"无叫牌型"。

无听牌型和有听牌型是完全不同的两个类型，不在一个层面上，无听牌型至少要进一张牌才能听牌，才能晋级为有听牌型。我们现在的工作就要重点研究这一类牌型，目的是找到一种科学的方法，通过最优化的打牌路径，让这些牌型改变结构，变成对子或顺子晋级到有听牌型中去。

在介绍这部分内容之前，我先提一个常识性的问题：

假设你手上有2、5万，现在摸进了8万，该怎么打？

如果你的回答是：保留5万，打掉2万或者8万。那我明确地告诉你：回答错误，而且还错得很严重。正确的打法是打掉5万。

你可能想不到吧，这么简单的、这么常识性的东西怎么会是错的呢？因为在我们的习惯思维里，都是打边张留中张。这就是上一节提到的那个问题：打边张留中张是有条件的，这个条件就是在两个孤张的情况下才成立。一旦条件变化这个说法就不成立了。

既然回答是错的，那么错在什么地方呢？

这就需要把它们进行两两比较，怎么比较？

最科学的办法就是计算出它们各自的机会数，然后比较大小。

下面我们就来计算它们的机会数。

【教学案例1】

首先看25万的组合，如下图：

教学图1

怎样才能让它们下听？

观察可知：

摸1、2、3、4、5、6、7万这7张牌中的任何一张都可以"下听"。7这个数就是25万组合的机会数。

这个机会数有多大呢？因为每一个数字牌有4张，所以25万组合的机会数就是J（25万）＝7×4＝28。

这是理论值，实战中要减掉看得见的明牌。

【教学案例2】

再看28万组合的机会数是多少？

教学图2

观察可知：

只要摸进1、2、3、4、6、7、8、9万这8张牌中的任何一张都可以下听，所以J（28万）＝8×4＝32。

【教学案例3】

再看58万组合的机会数是多少？

教学图3

观察可知：

只要摸进3、4、5、6、7、8、9万这7张牌中的任何一张都可以下听，所以J（58万）＝7×4＝28。

计算结果：

J（25万）＝28，J（28万）＝32，J（58万）＝28。

清清楚楚表明：

在25、28、58万的组合中，28万的组合最好。

上面的计算结果完全颠覆了我们的习惯认知，甚至让人有些难以接受，25万、58万的组合为什么没有28万的组合好？5万是中张，机会数不是最大吗？怎么会是这样？

打了很多年的牌，都是这种打法：留中张，打边张。越靠近数字5的牌越好。其实，这就是习惯思维造成的误区，也是一般麻将爱好者长期打牌而技术得不到提高的一个原因。

这个问题的原因就在于5和2，5和8靠得都比较近，它们各自的机会数里面有相同的数字3和7参与了计算，这就叫劳动力重复，浪费资源。而2和8万离得较远，它们各自的机会数里面没有相同的数字参与计算，这就叫人尽其才，物尽其用。所以28万的组合效率最高。

其实如果你很喜欢动脑筋的话，从牌型组合的直观上可以看出端倪。两个相互靠得很近的牌，机会数里面重叠的数字比较多，也就是受到的约束条件多。其结果就是组合效率低，机会数不大。

如果用一个生活中的现象来比喻也很形象，就好像一个单身青年在没有恋爱之前，其自由度是很高的，一旦恋爱之后，自由度就大大地降低了，因为其受到的约束条件增多了。

两张牌的组合，越靠近中间5这个数，参与计算的数字重叠的概率就越大，减去重复计算的那部分数字之后，实际的机会数没有想象的那么大。民间有一种说法，"牌从孤张起"。意思就是孤张牌的自由度大，组合的可能性更多，这个说法在这里用数字计算的结果给出了最好的诠释。

特别是2、3、7、8这几张牌，自由度大，可以左右逢源，将1~9这9个数连接起来，它们在麻将中的重要地位就不言而喻了。

实战当中，特别是开局到中场阶段，遇到这类牌型：1223558、25557889、1123347、3677899，等等，不要随随便便把孤张8、2、7、3打掉，应该先把所谓的"爆肚子"牌2、8、3、7打掉。关于这方面的相关知识和具体打法，后面的实战案例中会有介绍。

【教学案例4】

判断下面两手牌，谁好谁差？

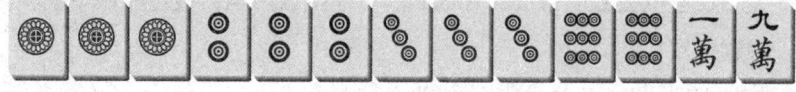

教学图4-1

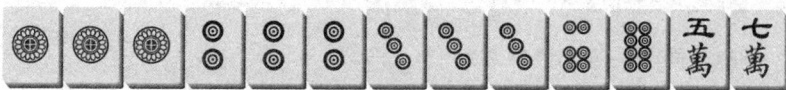

教学图4-2

第一步，把已经成副的牌张分离出去。

第二步，将剩下的牌张重新组合。

牌型如图所示：

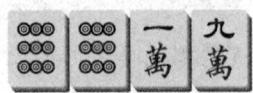

教学图4-1-1

教学图4-2-1

要比较的其实就是这两个图。

观察图4-1-1可知：

摸9筒或1、2、3、7、8、9万，均可听牌；明牌是：9筒2张，1、9万各1张。故机会数J（图4-1）＝7×4-4＝24。

观察图4-2-1可知：

摸6、7、8筒或5、6、7万，均可听牌；明牌是：6、8筒，5、7万各1张。故机会数J（图4-2）＝6×4-4＝20。

计算结果表明：

图4-1比图4-2要好。

如果没有机会数的帮助，你的判断可能会很困难，甚至无从下手。

问题拓展：

如果把图中的7万改成6万，结果是什么？

【教学案例5】

判断下面两手牌，谁好谁差？

同时计算出此时59万组合的机会数。

教学图5-1

教学图5-2

首先是观察：

这两手牌粗略一看，好像都差不多，都是5、9万和5、9万比较，用文字肯定说不清楚，用直接计算法计算一下就清楚了。

对教学图5-1：

进1、2、3、4、5、6、7、8、9万，均可听牌；明牌有7张：1万3张、2、3、5、9万各1张，故J（图5-1）＝9×4－7＝29。

对教学图5-2：

进3、4、5、6、7、8、9万，均可听牌，明牌有5张，3万3张，5、9万各1张，故J（图5-2）＝7×4－5＝23。

计算结果显示：

图5-1比图5-2要好一些。

再来计算59万组合的机会数：

观察59万：只要进3、4、5、6、7、8、9万，均可听牌，机会数是7×4＝28，但要分别减掉两手牌中各自对应的明牌。

图5-1中：明牌有3、5、9各1张，合计3张，所以J（图5-1：59万）＝28－3＝25。

图5-2中：明牌有3万3张，5、9万各1张，合计5张，所以：J（图5-2：59万）＝28－5＝23。

计算表明：

J（图5-1：59万）＝25。

J（图5-2：59万）= 23。

说明图5-1比图5-2要好。

实战案例1

就在我开始写这本书的时候，有一天中午，我去小区附近一家理发店理发。中午顾客不多，老板和几个伙计在店堂门口打牌。

见我去了，老板说："朱老师，稍等片刻，我这里马上要完了。"

我说："没关系，你打完了再给我剪。"

本来也不着急，就站在老板旁边观战。他们打的是成都麻将，已经快结束了。老板虽然有清一色的架构，但迟迟未能听牌。

牌型如下图所示：

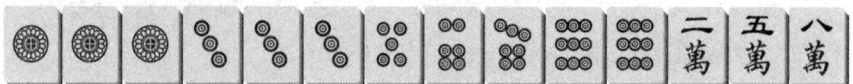

实战图1

这是刚刚摸进9筒的牌型。

老板说："当务之急是要尽快下叫，不然要当赔家？"

坐下家和对家的两个小伙子门前各有一副杠牌。

对家小伙子开玩笑说："没得叫的话，你赔得大哟。"

下叫小伙子说："你的衣服裤儿都要输脱。"

老板伸手抓住8万准备打，我连忙制止："要不得。"

我指着5万说："打这张。"

老板感到不解，我说："你打嘛，不会错。"

老板在犹豫中打出了5万。

实战图1-1

下一圈，摸条子打掉。

再下一圈，摸9万，退2万。

牌型变化如下：

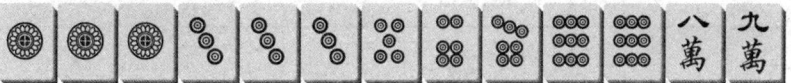

实战图1-2

现已听牌：胡边张7万。

此时离牌局结束只有最后一圈了。

老板松了一口气，说："终于下叫了。"

话音刚落，下家就打出了7万。

老板高兴地说："哈哈，我胡了。看哪个把衣服裤儿输脱。"

老板对我说："这手牌全靠你指导。怎么要打中间张5万？"

事后我给他解释了其中的原因，他才明白过来。

他说："没看出来，原来你是高手。"

2. 2张"无听牌型"的组合秘籍

通过前面的介绍，我们对2张牌的"无听组合"的机会数计算方法已经有所了解。大家可以尝试把它们都计算出来，由于组合的数量较多，在此就不一一进行计算了，我将它们的计算结果制成了下面的图表，以方便读者查阅和记忆，希望读者对这个表的内容进行计算验证。表中的数值大小都是理论值，实际值的大小要减去所有明牌的张数。

表1-2　2张牌无听组合秘籍图

组合	机会数
14、19、69	24
15、18、25、29、58、59	28

组合	机会数
16、17、26、28、36、39、47、48、49	32
27、37、38	36

秘籍图的分析讨论：

第一，27、37、38三种组合最好，听牌能力最强，机会数=36。

14、19、69三种组合最差，听牌能力最弱，机会数=24。

其他组合介于这二者之间。

第二，牌型27、37、38的意义：

这3种组合的机会数都=36。

36这个数是个什么概念？在机会数里面是大还是小？

我给大家一个直观概念：边张、间张胡牌的机会数=4，两头听的顺子最大机会数=8，3个听的顺子最大机会数=11，对比之后你觉得36这数是大还是小，想必你应该有所体会了吧。

27、37、38这3种组合效率最高，每个数字牌的辐射（连接）能力最强，辐射效果都达到了极致，只用2个数就把1~9这9个数全部连接起来，可谓功能极强、效率极高。民间说法"3、7张不能随便打"在此处得到了数学上的诠释。看似两个不相关的孤张，其实紧密相关，摸任何一张牌都可以"下听"。实战中，如果遇到了27、37、38这3种牌型，千万不要将它们随随便便地拆开打！一旦拆开，威力倍减。

第三，图表中的所有组合数都是以5为中心，两两对称的，这种对称关系方便记忆。

这张图表的意义还在于：

对于2张牌的"无听组合"，我们不仅认识了它的外貌，而且知道了它的内部结构，知道了它和其他数的连接关系，对它的性质特点都了如指掌。实战中只要看到它们的外貌，就知道哪些该打，哪些该留。就像我们认识的朋友那样，只要一看到他的照片，不需要别人介绍，我们就知道这个人的本事有多大,他的智商有多高,他的性格脾气怎么样,等等。

建议读者将这个组合表记在脑子里,这样的话,你在牌桌上就可以得心应手地取舍牌张,省去现场计算的麻烦事。

下面我们通过案例分析来学习这个图表的使用。

【教学案例6】

教学图6

1. 如果现在摸进了7万,该怎么打?

答案是:打掉1万或4万,留下7万。

从表1-2可以看到:17万和47万的机会数都是32,而14万的机会数是24,所以应该打掉1万或4万。

从理论上讲,17、47万这两种组合的机会数是一样的,都是32,所以,打1万和打4万没有区别。只不过在实战中,人们习惯打1万,因为它是边张,这其实是认知上的一个误区。

2. 如果现在摸进的是8万,又该怎么打?

答案是:打1万。因为48万的机会数最大,等于32。

【教学案例7】

如果摸进8万,该怎么打?

教学图7

查表可知:

25万组合的机会数是28,而28万组合的机会数是32。所以摸8万打掉5

万是最正确的打法。

如果摸进的是9万，又该怎么打？

牌型见下图：

教学图7-1

查表可知：

25、29、59这3种组合的机会数都是28。所以2、5、9这三张牌，理论上打哪一张都是一样的。是不是觉得很不可理解。

【教学案例8】

如果现在摸进3万，该怎么打？

教学图8

查表可知：

69万组合的机会数是24，而36万或39万组合的机会数是32，后两者比前者整整大出了8，所以答案是打掉9万或6万，留下3万。

【教学案例9】

如果现在摸进了1万该怎么打？

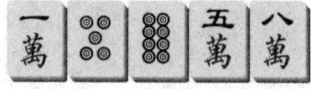

教学图9

查表可知：

15、18、58万的组合机会数都是28，所以理论上打哪一张都是一样的，既然都一样，实战中通常先打边张1万。

如果摸进的是2万，又该怎么打？

应该打掉5万，留下2万。因为25、58万组合的机会数都是28，而28万组合的机会数是32，后者好于前者，所以打掉5万是最佳选择。

【教学案例10】

这是本书一开始给出的两手牌，判断它们的好坏程度，在第一节里我们已经给出了它们成副的机会数是相等的，都是41。

现在我们用刚刚学过的2张牌组合秘籍来判断一下它们各自听牌的机会数是多少。

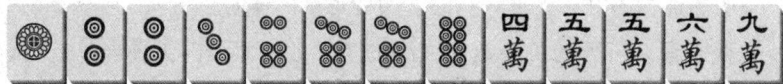

图10-1

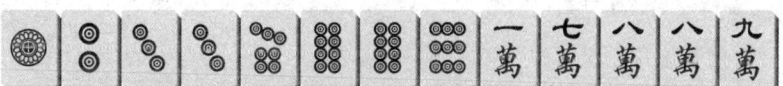

图10-1

第一步，先将成副的牌分离出去。

第二步，剩下的牌重新组合。

分别见下面图形：

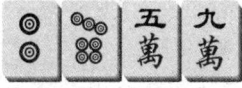

图10-1-1

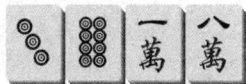

图10-2-1

这两个简化图虽然不是标准的"四人抬轿",但用我们刚刚学过的2张牌组合秘籍的理论,可以把它们的"无听组合"机会数计算出来。

对图10-1-1:

J(27筒)=9×4-8=28,J(59万)=7×4-5=23,合计J(图10-1-1)=28+23=51。

对图10-1-2:

J(38筒)=9×4-8=28,J(18万)=7×4-5=23,合计J(图10-1-2)=28+23=51。

计算结果表明:

这两手牌下听的机会数都是51。

从听牌能力的好坏程度来判断,两者也是一样的。

一般来说,听牌的机会数比成副的机会数要大,因为前者是2张牌的组合,后者是3张牌的组合。

【教学案例11】

这手牌应该怎么打?

教学图11

这手牌仅凭观察是不好打的。

可供选择的牌张有:2筒,1万,4万,8万。

把它们各自的机会数计算如下:

1. 打2筒:进1、2、3、4、5、6、7、8、9万均可听牌,所以,机会数J(2筒)=9×4-10=26。

2. 打1万:进1、2、3、4筒或4、6、7、8、9万均可听牌,所以,机会数J(1万)=9×4-10=26。

3. 打4万:进1、2、3、4筒或1、6、7、8、9万均可听牌,所以,机会数J（4万）＝9×4－10＝26。

4．打8万：进1、2、3、4筒或1、2、3、4、5、6万均可听牌，所以，机会数J（8万）＝10×4－10＝30。

对比计算结果：

打8万才是最佳选择；

打2筒和打1、4万的结果是一样的，但不是最佳选择。

这个结果是通过数学计算得到的，毋庸置疑。

【教学案例12】

将上面的牌张略微变动一下，见下图，该怎么打？

教学图12

可以打掉的牌有4张：1筒、1万、4万、8万。

请通过自己的计算找出最佳打法。建议你先不要看下面的结果，通过自己的计算再与下面的结果核对一下正确与否。

为了节约时间，计算过程在此免去，计算结果如下：

J（1筒）＝26，

J（1万）＝22，

J（4万）＝22，

J（8万）＝26。

计算结果表明，正确的打法是打掉1筒或8万。

实战案例2

前不久，一个读者与我交流了他打的一手牌。

牌型如下图所示：

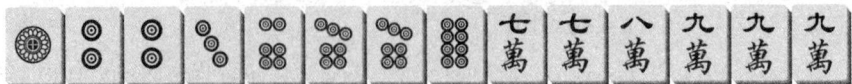

实战图2

这是刚刚摸进9万的牌型。

他的实战过程是：

打2筒；

下一轮，摸4筒，退7筒；

接下来，摸3筒，退8万。

他说：如果一开始就退8万，3筒就是自摸。现在退8万，出去就放了一个对子胡，对家还说，你早点打嘛，刚刚才听牌。

牌型变化为：

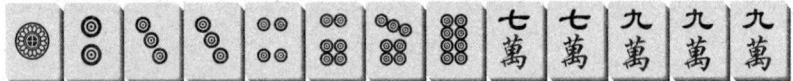

实战图2-1

再下一轮，桌面上出现了5筒，他叫了胡牌。

最终结果还是输了。他想知道这手牌的正确打法。

解读如下：

从原图看：

左边的筒子分解后剩下2、7筒；27组合是无听组合中的最强者，其机会数是36，一般情况下不要轻易拆开。

右边的万子可以分解成两个组合：78999、77999。

很明显看出：第一个组合进6、9万就可以变成两副牌；而第二个组合只能进7万才能变成两副牌。

说明第一个分解图才是最佳的，见下图：

图10-2-1

从图中一眼就可以看出，打掉一张是"四人抬轿"。

左边的筒子27组合是"无听组合"中的最强者，通常情况下，不要随便拆开，所以打7万才是最佳选择。

不妨结合原图用机会数计算来验证一下：

打2筒：进5、6、7、8、9筒或5、6、7、8、9万，均可听牌，所以，机会数J（2筒）＝10×4－10＝30。

打7筒：进1、2、3、4筒或5、6、7、8、9万，均可听牌，所以，机会数J（7筒）＝9×4－10＝26。

打7万：进1、2、3、4、5、6、7、8、9筒或6、9万，均可听牌，所以，机会数J（7万）＝11×4－11＝33。

打8万：进1、2、3、4、5、6、7、8、9筒、7万，均可听牌，所以，机会数J（8万）＝10×4－10＝30。

验证结果表明：

打7万依然是最佳选择！

实战案例3

一个星期五的下午，朋友相邀参加饭局。饭局之后免不了娱乐几圈，中场阶段遇到下面这手牌，真是打得很着急，差点流汗了。

桌面情况是：四家门前都有杠牌，牌局马上就要结束了。

牌型如下图所示：

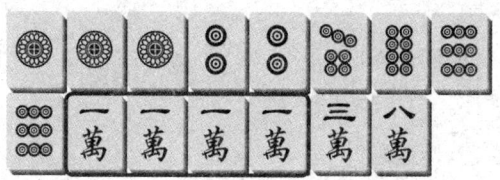

实战图3

这是刚刚摸进8筒的牌型。该怎么打？

看了牌墙，我最多还能摸两次牌。如果听不了牌，不仅暗杠1万的比分得不到，还要当赔家，那就有点惨了，好在刚刚摸进了8筒。

右边的万子38是无听组合中的最强者，一旦拆开，威力倍减，那么可以考虑的牌张只能在筒子中做出选择。

实战过程：

打掉9筒！

牌型变化如下：

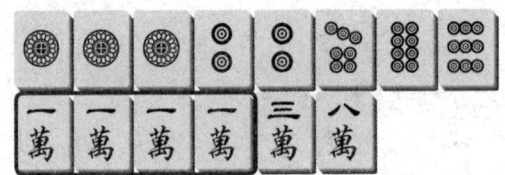

实战图3-1

我听见有旁观者小声说："可能打错了哟。"

错不错，可以验算一下：

打9筒：进2筒或1、2、3、4、5、6、7、8、9万，均可听牌，所以，机会数J（9筒）=10×4−8=32。

打8万：进2、6、7、8、9筒或1、2、3、4、5万，均可听牌，所以，机会数J（8万）=10×4−11=29。

打3万：进2、6、7、8、9筒或6、7、8、9万，均可听牌，所以，机会数J（3万）=9×4−7=29。

计算结果表明：

打9筒依然是最佳选择！

实战后续进程：

最后一圈摸7万，退3万。

牌型变化如下：

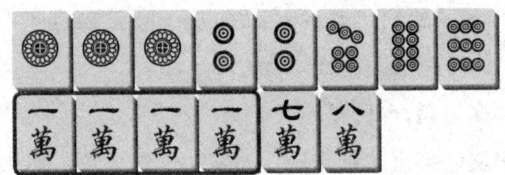

实战图3-2

终于听牌：胡6、9万。

上家摸最后一张牌，打出了9万，放了我的"海底炮"。

盘后点评：

如果最后的关键张不是打9筒，这手牌就下不了听，只有当赔家。

实战案例4

这是我在重庆南山和朋友打的一手牌，那天观战的人特别多。

桌面的情况是：牌局已到尾盘阶段，对家和上下两家门前都有杠牌，对家还是二副杠牌，而我的门前不仅没有杠牌，连听牌的资格都还没有，倘若牌局结束还没听牌，那就肯定当赔家无疑，岂不是输惨！

牌型如下图所示：

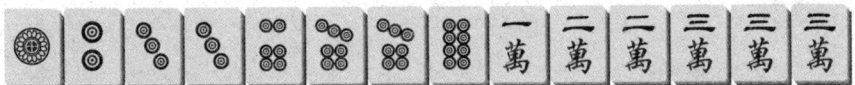

实战图4

好在刚刚摸进了2万，现在该怎么打？

实战过程：

打掉1万！

立刻引起阵阵议论，"肯定打错了。"

"没对哟，下不了叫要赔惨。"

……

之后的进程如我所料：打掉1万后的第2圈就摸进了4筒，然后打掉7筒，胡2、5筒。此时牌墙上还剩3张牌。

有人说："真是运气好。"

事后我给朋友们解读这种打法，大家才恍然大悟：原来如此。

现在就来解读一下这手牌，先把成副的牌分离出去。

牌型如图所示：

图4-1

左边的筒子是37组合，无听牌型中的最强者，通常情况下不宜拆开打。而打掉1万之后，无论摸哪一张筒子都会听牌；反之，如果打掉3筒或7筒情况就没那么乐观了，这是一眼就能看出来的。

最科学的办法就是计算验证：

打3筒：进5、6、7、8、9筒或1、2、3、4万都可以下听（结合原图看），机会数J（3筒）$= 9 \times 4 - 10 = 26$。

打7筒与打3筒等价。

打1万：进1、2、3、4、5、6、7、8、9筒或2万都可以下听，机会数机会数J（1万）$= 10 \times 4 - 10 = 30$。

计算结果表明：

打1万依然是最佳选择。

盘后点评：

打1万是本局取胜的关键。

二、对子和顺子牌型

对子和顺子是两张组合中最好的牌型。它们有各自不同的属性，各自不同的结构和特点，它们在实战中的功能和作用是不相同的。

1. 对子和顺子的属性

从战略层面上讲：

对子属于进攻型，可以通过摸牌或碰牌来调节和改变牌型，可以冲出手牌与对手较量。顺子属于防御型，只能通过摸牌或吃牌来调节牌型，只能待在家里苦练内功。

从战术层面上讲：

对子属于主动型，性格外向，具有攻击性，有对子的牌可以打得很灵活，可以用碰牌这个手段进行腾挪转身，改变牌型结构，寻求新的突破点。从麻将功能上来说，对子主外，有点像男人。而顺子牌属于被动型，属性温和，不具有攻击性。从麻将功能上来说，顺子主内，有点像女人。

手牌里如果没有对子，打法上就没有那么灵活。

请看下面的牌型：

【教学案例13】

教学图13

这手牌是典型的对子胡，听牌1筒和1万，机会数（教学图13）＝4。很明显，对子胡听牌，机会数不大。

【教学案例14】

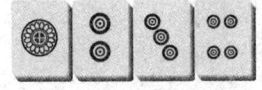

教学图14

这是典型的顺子胡，1、4筒听牌，机会数J（教学图14）＝6，显然大于对子胡。如果牌池中已经打现了1、4筒各3张，这手牌就成了"死叫"，怎么办？唯一的办法就是通过自己摸牌来重新下听，显然很困难。

【教学案例15】

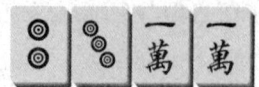

教学图15

这手牌也是1、4筒听牌，机会数J（教学图15）=8。

如果牌池中已经打现了1、4筒各4张，表面上看这手牌也成了"死叫"。其实不然，这手牌除了可以通过摸牌来重新下听之外，还可以通过碰牌来改变牌型，达到重新下听的目的。由于有对子1万，这手牌可以打活。

上面的三个教学案例分别给出了对子听牌，顺子听牌，二者联合听牌的机会数情况。很明显，当对子和顺子联合听牌时机会数最大。

很多牌手对胡牌的理解和认识还停留在感性阶段，民间有句俗话"对处不如间"，意思就是对对胡还不如间张或边张胡牌容易。道理很简单，因为对子胡的机会数是2，间张或边张胡牌的机会数是4。

其实这里有一个误区：一个对子的机会数是2，比不上间张或边张，但是一个对子不能听牌，对子胡听牌总是有两个对子，两个对子的机会数就是4，与间张或边张相同。另外，"间张胡"只有一种花色可以胡，面很窄。而"对子胡"可以有两种花色胡牌，面较宽。

从实战攻防来说，顺子牌和对子牌是各有短长。

顺子主内，善于防守和调控。

对子主外，善于进攻和布局。

若将二者分开使用，效果都不好，只有将它们结合使用，才能够达到双剑合璧的效果。

实战证明：

合则威力倍增，分则威力减半。

上面的两个案例11和12就很能说明问题。

实战案例5

这是本人在成都三圣乡和朋友打的一手牌。

牌局已到尾盘,如果再不下听,本人暗杠的2副牌:1筒和2筒就有可能是无效杠牌,不仅得不了分,还可能当赔家,现在该怎么打?

牌型如图所示:

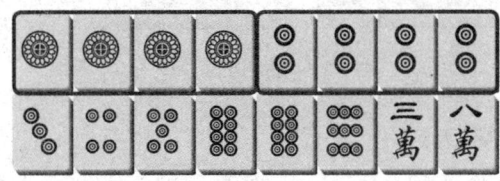

实战图5

实战过程:

打掉9筒,留下对子8筒,和3、8万。

这就是刚刚介绍的"对子和顺子,合则威力倍增"。虽然3、8万现在还不是严格意义上的顺子,但是,3、8万的组合是"无听牌型"中的最强者,加上8筒做将牌,下听的概率是非常大的。

计算一下就知道了:

打9筒:进8筒或1、2、3、4、5、6、7、8、9万,均可下听,J(9筒)= 10×4-4=36,听牌的可能性非常大。

打8万:进7、8、9筒或1、2、3、4、5万,均可下听,J(8万)= 8×4-4=28。

计算结果表明:打9筒是最佳选择。

牌型变化如下:

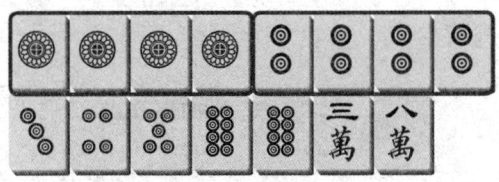

实战图5-1

实战后续进程是：

下一圈摸进6万，打掉3万，听牌间张7万。

牌型变化如下：

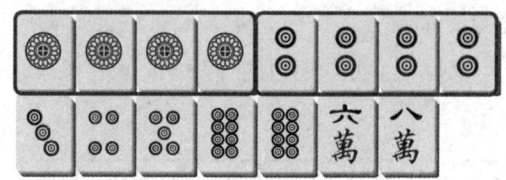

实战图5-2

现已听牌：胡7万。

这时牌墙的牌只剩下2张了。虽然最后没有胡牌，但是没有当赔家，还赢了三家的2副暗杠，赚得够多了。

这手牌如果让新手来打，很有可能会打8万，甚至3万；如果你不是新手，但不知道3、8万组合的威力，你也很有可能打错。如果打错，让这手牌下不了听，岂不是亏大了。

2．对子和顺子的组合秘籍

这二者的组合就如武林中的雌雄双剑合璧，威力倍增。

通过对机会数的排查，我将对子和顺子的最佳组合排列如下：

【教学案例16】

教学图16：2个听，胡6、9万，机会数J＝8

【教学案例17】

教学图17：3个听，胡1、4、7万，机会数J＝11

【教学案例18】

教学图18：3个听，胡2、5、8万，机会数J=11

【教学案例19】

教学图19：3个听，胡3、6、9万，机会数J=11

从上面的组合中，我们得到下面三个结果：

第一，有2个听，且机会数=8的牌型只有1个；

第二，有3个听，且机会数=11的牌型也只有1个（2、5、8和3、6、9的牌型与1、4、7的牌型本质上是1个。）；

第三，牌型中的对子是带头大哥，它不仅可以让手中的顺子有最佳组合，必要时它可以亲自出征，用辗转腾挪的碰牌战术，使牌型结构发生变化，使胡牌的位置发生移动，以变化莫测的诡异方式取得胜利。

实战案例6

这是本人在成都幸福梅林和朋友打的一手牌。

那天运气好，开局不久就已听牌，胡9筒和1万。

牌型如下图所示：

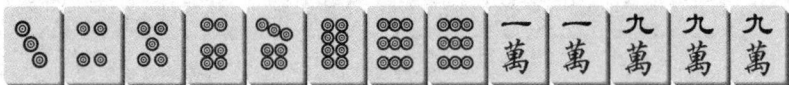

实战图6

由于3个9万的存在，总想杠牌之后再胡牌。

实战过程是：

当牌桌上打出9筒的时候，立即叫碰，然后放飞3筒。

牌型变化如下：

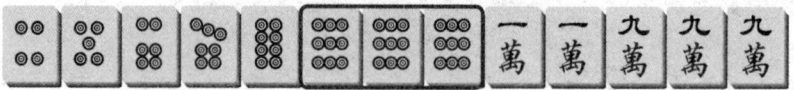

实战图6-1

重新听牌：胡3、6、9筒。

之所以打3筒，胡3、6、9筒，是想胡在9筒上，多赢一番牌，况且才开局不久，风险不大。所以放弃了打8筒，胡2、5、8筒的想法。

实战后续进程：

两圈之后，摸进9万暗杠，再一摸，3筒又回来了，杠上花赢三家。

盘后点评：

这手牌如果没有一点追求，如果不用"放飞鸽"这种打法，就没有杠上花的胜利。"放飞鸽"打法的本意就是贪图自摸，本人对这种战术非常喜欢，也颇有心得，相关知识在本书中篇里有专门介绍。

实战案例7

这是本人在重庆铁山坪公园和朋友打的一手牌。

桌面情况是：牌局已经过半，手中的牌非常好，而且已经听牌。

牌型如下图所示：

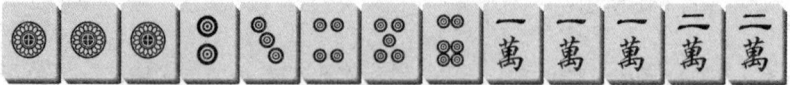

实战图7

胡1、4、7筒和2万，有4个听。

这是典型的对子和顺子组合的牌型。

这手牌的价值最少也是自摸,如果能够碰2万,1万的价值就提升了,杠1万就是大概率事件。这么好的牌,肯定不会胡一个小胡。

实战过程:

上家打出4筒,对家叫碰,放过;

一圈之后,对家暗杠7筒,有点后悔了;

再过一圈,桌面出现2万,立马叫碰,然后放飞6筒。

牌型变化如下:

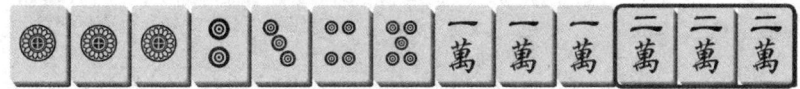

实战图7-1

重新听牌:胡2、3、5、6筒。

实战后续进程:

摸1万暗杠,又摸2筒,杠上花,赢三家。

盘后点评:

这手牌打杠上花,赢这么多的关键是碰2万,放飞6筒。对子的灵活性在此得到了充分的体现。

实战案例8

2017年,同学聚会,在南山一个农家院。饭局之后,打牌聊天各取所需。下面这手牌是我在开局不久后形成的。

牌型如下图所示:

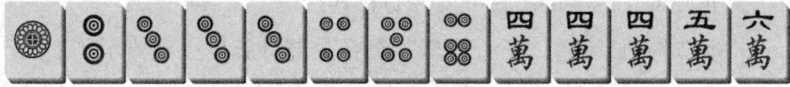

实战图8

现已听牌:胡3筒和4、7万。

当桌面出现3筒的时候,立马叫碰,之后怎么打?

因为牌型太好,所以选择"放飞鸽"打法。这里有两种放飞:

第一,放飞1筒:胡1、4、7筒;

第二,放飞6万:胡3、5、6万。

实战进程:

因为3筒已经断桥,胡1、4、7筒应该更容易,所以放飞1筒。

牌型变化如下:

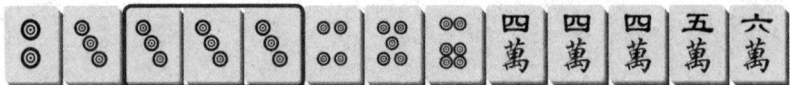

实战图8-1

重新听牌:胡1、4、7筒。

现在变成了4万作将,筒子一顺溜的牌型:23456、44。典型的对子加顺子的组合牌型,加上3筒断桥,胡牌易如反掌。

实战后续进程:

1筒自摸,赢三家。

盘后点评:

这手牌取胜的关键是碰3筒,放飞1筒。

◆ 本节小结 ◆

根据牌型计算结果我们得出了以下结论:

1. 在2张"无听牌型"的组合中:27、37、38的牌型结构是最好的,其机会数=36;其组合效率最高,只用2张牌就把1~9这9个数全部连接起来了。实战中对于这样的组合不要轻易将其拆开。

2. 本节将2张牌的"无听牌型"组合全部计算出来制成了"2张无听组合秘籍图",这个秘籍图对牌张的取舍有重要的指导意义。

3. 本节研究了对子和顺子的基本属性及攻防特点。

第四节　3张牌的组合秘籍

在本节里我们主要研究3张牌的组合如何听牌的问题。

按照麻将规则：

3张成副，2张听牌。既然是2张听牌，那么3张牌的组合中必有一张是多余的，如何操作，我将给读者一一介绍。

本节的主要知识点有2个：

第一个：3张"无听牌型"的组合秘籍；

第二个：2～3张"无听牌型"的组合秘籍图。

一、3张"无听牌型"的组合秘籍

与2张牌组合相类似，3张牌的组合数量也有很多，有好有坏。为便于研究，同样把它们分成两个大类：有听牌型和无听牌型。

1．基本概念

第一类，有听牌型：

类似112、113、223、246、334、357、788等，这类牌型与2张组合中的顺子或对子比较起来，没有那么干净，有点拖泥带水，在没有成副之前，取舍很纠结，打掉谁都不好使。

总体来说，这些组合是好牌型，既然是好牌型，"优先原则"当然也适用于它，实战中这些牌型就需要优先保留。

第二类，无听牌型：

在3张组合里还有一类是没有听牌的，类似147、258、369等，既不是对子，也不是顺子，而是3张互不关联的孤立牌。

这样的"无听牌型"共有10个，它们是：

147、148、149、158、159、169、258、259、269、369

实战中这样的牌型会时不时地出现，由于它们互不关联，通常的方法就是将它们逐个打掉。

接下来,我们将重点研究这10个无听牌型在实战中的应用。

2．3张"无听牌型"的组合秘籍

147、258、369,这样的组合看似毫无关联,其实并非如此。我们先用机会数定理来计算一下它们听牌的机会数有多大。

【教学案例1】

我们先来计算147组合的机会数,如下图所示:

教学图1:J(147筒)＝9×4＝36

观察可知:

只要摸进1、2、3、4、5、6、7、8、9筒中的任何一张,都可以下听,所以J(147筒)＝9×4＝36。

【教学案例2】

再来计算258组合的机会数,如下图所示:

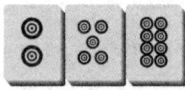

教学图2:J(258筒)＝9×4＝36

观察可知:

只要摸进1、2、3、4、5、6、7、8、9筒中的任何一张,都可以下听,所以J(258筒)＝9×4＝36。

【教学案例3】

再来计算369组合的机会数,如图所示:

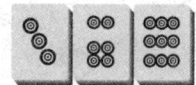

教学图3: J (369筒) = 9×4 = 36

观察可知:

只要摸进1、2、3、4、5、6、7、8、9筒中的任何一张,都可以下听,所以J (369筒) = 9×4 = 36。

同理,我们可以计算出其他7个组合148、149、158、159、169、259、269的机会数,计算结果表明它们的机会数也都是36。

3张"无听组合"秘籍结论一:

通过上面的计算,我们看到147、258、369……这10个组合其实是很不错的,它们用三张牌将1~9这9个数全部连接起来,这就意味着对这10个牌型来说,只要摸进1、2、3、4、5、6、7、8、9筒中的任何一张牌,都可以使它们听牌,而晋级到"有听牌型"中去。

这个计算结果是不是有点出乎你的意料。

实战案例1

我第一次参加重庆市竞技麻将比赛,在第二轮的晋级赛中,有一手牌处理得相当不错,这得益于头天晚上对牌型的一些研究。

牌型如下图所示:

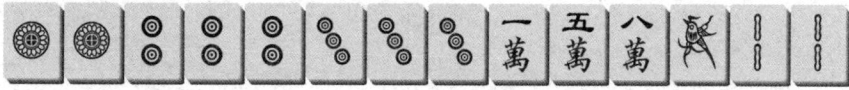

实战图1

刚刚摸进2条，牌桌上1条已被碰，3条打现1张。该怎么打？

左边的筒子只要碰1筒就是一色三节高24番，由于222333的筒子组合，碰1筒应该是大概率事件。

这是一个二次进张的问题，首先要解决的是如何才能打成一阶听牌，即成为有听牌型。万子158和条子122应该打掉谁？

打1万，58万和122条成为有听牌型的机会数J=11×4−9=35。

打1条，158万和11条的机会数J=10×4−5=35。

实战过程：

打掉1条，保留一对2条。

牌型变化如下：

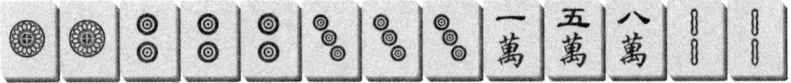

实战图1-1

下一轮摸进3万，退8万。

牌型变化如下：

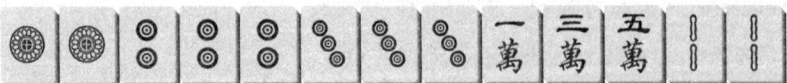

实战图1-2

再下一轮，碰1筒，退5万，有诱出2万之意图。

牌型变化如下：

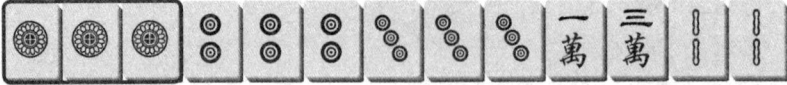

实战图1-3

最后的结果是2万自摸，赢三家。

盘后点评：

这手牌取胜的关键是打1条，将条子122的牌型保留了碰牌的机会，放弃了进3、4条的机会，完整地保留了158的万子牌型。

3张"无听组合"秘籍结论二：

接下来，我们对下面这10个牌型做进一步的讨论：

147、148、149、158、159、169、258、259、269、369

第一，这10组数都是以5为中心两两对称的：147、369；158、259；148、269；149、169；159；258；最后2组数是自己与自己对称。

第二，这10个牌型不要轻易将它们拆开打，只有保留了它们的完整性，它们的威力才能最大限度地发挥出来。

第三，如果非要在它们中间打掉一张，应该打掉谁呢？

计算结果如下：

147、148、149、158——打1，

258——打5，

159——打1或9，

169、259、269、369——打9。

结论：

258打中间5；147、369等打边张1或9，这个边张的特点是它离中间那张牌最靠近，如149打1，因为1离中间张4更靠近。169打9。

注意：上面第三点中说的"非要打掉一张"这句话的含义，就是一定要在三张牌中给出一个明确的建议。

其实，从理论上讲：

258的组合，打5是唯一的。

147的组合，只要不打7，打1或4都是一样的。

369的组合，只要不打3，打6或9都是一样的。

158、259的组合，打哪一张都是一样的。

其余的5个组合才是真正需要打边张1或9。

如果记不住这些没关系，用机会数定理计算一下就清楚了。

下面我们将通过若干案例来学习这部分知识，请大家对这些牌例认真阅读，细细体会。因为牌桌上千变万化，此处不可能都涉及，只能通过牌例的方式让大家去学习理解和掌握。

【教学案例4】

下图的牌型不用计算，应该打哪一张才是正确的？

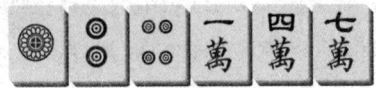

教学图4

第一，用"优先原则"来判断。根据优先原则："凡是已经'下听'的牌型必须优先保留。"124筒的牌型组合中，因为有顺子12和24，视为已经听牌，既然已经听牌，1筒和4筒就有一个是多余的，在都是多余张的情况下，当然应该首先考虑打掉1筒。

第二，用3张"无听牌型"组合秘籍的结论来判断：不要轻易将这10个牌型拆开打。万子147的组合其实是个不错的牌型，只要摸进任何一张万子都能听牌，所以能够完整地保留当然更好。

综合上面两点：最佳的选择应该是打1筒。

【教学案例5】

下图的牌型不用计算，应该打哪一张才是正确的？

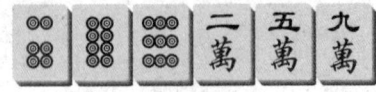

教学图5

第一，根据优先原则：689筒视为已经听牌，既然已经听牌，9筒就是多余张,当然应该首先考虑打掉9筒。

第二,根据3张"无听牌型"组合秘籍的结论:万子259只要摸进任何一张万子都能听牌,所以能够完整地保留当然更好。

综合上面两点:最佳的选择应该是打9筒。

【教学案例6】

下图的牌型不用计算,应该打哪一张才是正确的?

教学图6

这是很多牌手都会打错的一个案例。

绝大多数牌手会选择打1万,以为1万是绝对的边张和孤张,这就是认识上的一个误区,也是很多牌手长期打牌而技术得不到提高的原因所在。其实,16万的组合比69万的组合机会数要大,J(16万)=8×4=32,J(69万)=6×4=24,所以应该打9万。

正确的解答是:

第一,根据优先原则:246筒视为已经听牌,虽然视为听牌,但不能确定哪一张是多余的,所以246筒都应该保留。

第二,既然246筒保留,那就只能在1、9万之间做选择。根据3张"无听牌型"组合秘籍的结论:这个边张离中间张应该最靠近,那就是9万。

综合上面两点:最佳的选择应该是打9万。

上面几个案例的判断都很简单明了,判断过程中使用了"优先原则"和"无听牌型组合秘籍"的结论,不需要计算。所谓不需要计算,其实是在使用经过了大量计算后得出的结论做判断。

注意:

这种判断虽然没有计算法那么严密,但简单快捷,有很强的实用价值,适合比较简单的牌型。

二、2～3张"无听牌型"的组合秘籍图

在上一节里,我们把2张组合中的"无听牌型"组合秘籍制成了图表1-2,现在,我把3张"无听牌型"的组合秘籍放进图表1-2中,组合成一个新的图表1-3,目的是为了分析讨论的方便,也是为了记忆的方便。这个图表的实用价值很高,读者应尽可能地记住。

表1-3 2～3张牌无听组合秘籍图

组合	机会数
14、19、69	24
15、18、25、29、58、59	28
16、17、26、28、36、39、47、48、49	32
27、37、38	36
147、148、149、158、159、169、258、259、269、369	36

无听组合秘籍图的研究结论:

第一,27、37、38和147、258、369、148、149、158、159、169、259、269这13个牌型是"无听牌型"里最好的组合,其机会数的理论值=36,下听的概率非常大。

第二,从组合效率来看,27、37、38效率最高,只用两个数就把1～9连接起来了。虽然147、258、369也把1～9连接起来了,但效率没有前者高。前者的实际机会数是34,后者的实际机会数是33。

第三,1和9虽然是边张,从来都不受待见,但是一旦它们分别和47、36对应组合在一起,就威力无穷。2和8也是不得宠的,但是只要它们分别和7、3对应组合,其威力更是巨大无比。

第四,实战中遇到27、28、37、147、258、369等的牌型时,不要轻易拆开打。

如果必须要在三张中打掉一张时,请记住:

258打中间5；

147、369等打边张1或9，这个边张的特点是离中间张最近。

图表的意义还在于：

对于2张牌和3张牌的组合图形，我们不仅认识了它的外貌，而且知道了它的内部结构，知道了它和其他数的连接关系，对它的性质特点都了如指掌。这对于我们在实战中对牌型的判断、对牌张的取舍有很强的指导作用。建议读者把图表1-3的内容记在脑子里，这样你就可以在打牌过程中，省掉计算的麻烦，直接用结论进行判断，简单快捷，效果良好。

记得我在重庆市竞技麻将比赛时，曾经用小纸片将其中的一些组合写下来，放在兜里，利用暂停休息的空当拿出来默看记忆，目的就是为了打败对手，赢得比赛。那时的钻研精神真的值得点赞，为了一副牌可以一个通宵不睡觉，获得灵感后，马上写下来，以备下次再战。

当年的那些第一手资料，为我现在的系统研究提供了很好的帮助，对此我应该对自己表示感谢。

下面，我们将通过若干牌例来解读它们。

【教学案例7】

打哪一张才是正确的？

教学图7

筒子是有听牌型，应该优先保留。

万子258是无听牌型中最好的组合，实际机会数＝33。

条子16是无听牌型中的中等组合，实际机会数＝30。

从计算结果来看，应该打条子，1条。

但是实际情况并非如此简单。

首先，从牌的张数来看，这应该是三门花色都齐全的牌型。

其次，无论是三张筒子，还是三张万子，成副之后都有一张是多余的，从这个意义上讲，打掉万子或者筒子更合理。

再其次，这手牌最少需要3次进张才能听牌，在3次进张过程中，计算是无法预测牌的走向的，在这种情况下计算是失效的。

因此，对这种牌型的研究目前我本人还没有找到最终的答案或许根本就没有最终的答案，这也许正是麻将的魅力所在。

如果要我来作出选择，我偏向于打5万。因为258万的实际机会数是33，28万的实际机会数是30，两者相差不是很大。打掉5万，并不影响28万的成副；相反，如果打掉1条，就完全影响了条子的成副。

【教学案例8】

这手牌该怎么打？

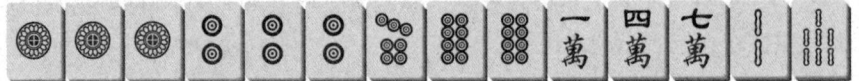

教学图8

先将筒子111、222分离出去。

图形变成如下：

教学图8-1

分析如下：

788的筒子既是对子又是顺子，属于"有听牌型"，当然要保留；

147的万子是"无听牌型"中的最好组合，实际机会数是33；

27的条子也是"无听牌型"中的最好组合，实际机会数是34。

比较之下，只能在147万里打掉一张。

打哪一张？根据"无听组合秘籍图的研究结论"，应该打1万。

问题拓展：

如果将图中的7万换成9万，该怎么打？

因为J（14万）＝24，J（49万）＝32

结论：更应该打1万。

【教学案例9】

这手牌该怎么打？

教学图9

先将筒子123、999分离出去。

牌型变化如下：

教学图9-1

分析如下：

455筒子是有听牌型，不能打；

38的条子实际机会数是34；

258的万子实际机会数是33；

所以，只能考虑打万子。

打哪一张？根据"无听组合秘籍图的研究结论"，应该打5万。

问题拓展：

如果将图中的8万换成9万，该怎么打？

因为J（25万）＝J（29）＝J（59）＝28。

结论：在机会数都一样的情况下，选择打9万。

【教学案例10】

这手牌该怎么打？

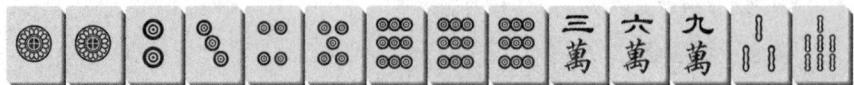

教学图10

先将筒子345、999分离出去。

牌型变化为：

教学图10-1

分析如下：

筒子当然不能打；

369的万子机会数是33；

37的条子机会数是34。

所以，只能考虑打万子。

打哪一张？根据无听组合秘籍图的研究结论，应该打9万。

问题拓展：

如果将图中的3万换成2万，该怎么打？

因为J（26万）＝32，J（69）＝24

结论：依然应该打9万。

【教学案例11】

这手牌应该打掉哪一张？

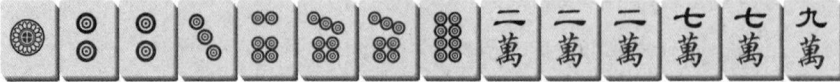

教学图11

先把123、678筒和222万分离出去。

图形变化如下：

教学图11-1

从牌型计算结果里我们知道：

27筒的组合是最好的，既然最好，原则上就不能打掉。再根据优先原则：已经"下听"的牌型必须优先保留，779万属于优先保留的牌型。两个牌型都好怎么判断？那就计算它们的机会数：

打2筒：进5、6、7、8、9筒或7、8、9万，均可听牌，所以J（2筒）= $8 \times 4 - 7 = 25$。（注意：减明牌数时，一定要结合原图看。）

打7筒：进1、2、3筒或7、8、9万，均可听牌，所以J（7筒）= $6 \times 4 - 7 = 17$。

打7万：进2、7筒或8万可以听牌，J（7万）= $3 \times 4 - 4 = 8$。

打9万：进1、2、3、4、5、6、7、8、9筒或7万均可听牌，J（9万）= $10 \times 4 - 10 = 30$。

对比可知：

打9万是最正确的，打7万是最不科学的。

其实，凡是阅读过《成都麻将高级打法》和《麻将理论与实战打法》这两本书的读者，相信一眼就能看出应该打9万。因为打掉9万就是一个"四人抬轿"的牌型，而四人抬轿中留对子是最佳选择。一对7万加上27筒这么强大的组合，使得这手牌听牌的概率非常大。

【教学案例12】

这手牌应该怎么打？

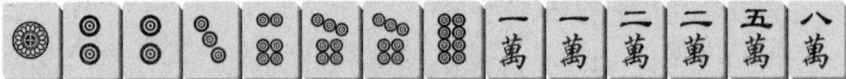

教学图12

先把123、678筒分离出去，牌型简化如下：

教学图12-1

根据"优先原则"，12万是要保留的。

那么可以考虑的牌只能在27筒和58万中间来选择。27筒、58万相比较（注意：112258万，可分解为112 258万）。在此处实际的机会数是：

J（27筒）＝9×4－8＝28，

J（25万）＝7×4－5＝23，J（58万）＝7×4－2＝26，J（28万）＝8×4－5＝27。

对比可知：打5万应该是最佳选择。

实战案例1

这是一个读者咨询的一手牌。

牌型如下图所示：

实战图1

这是他刚刚摸进六万后的牌型。

实战中他选择了打2筒。

最后这手牌打输了,他的问题是:这时候打2筒对不对?

我们将上图分解如下:

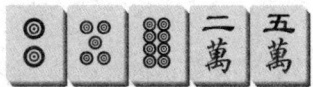

实战图1-1

从图中可以明显地看出筒子和万子都是"无听牌型",现在要做的工作就是分别计算出左边258筒子的机会数,和右边25万子的机会数,然后加以比较,究竟哪个好,再做出取舍。

J(258筒)=9×4-6=30;

J(25万)=7×4-5=23。

对比可知:

左边的筒子好于右边的万子,所以应该选择打万子。

这是计算给出的结果,但情况并非如此简单。这手牌的情况和前面的"教学案例7"有相同之处。由于这手牌最少还要3次进张才能听牌,这是计算无法预测的,但从牌张的数量来看,打筒子应该更合理一些。

如果选择打筒子,打哪一张更合理呢?

由原图可知:

J(25筒)=7×4-3=25,

J(58筒)=7×4-5=23,

J(28筒)=8×4-5=27。

计算结果表明:

应该保留28筒的组合;打5筒是最佳选择,打8筒是次佳选择,打2筒是最差的选择。而这位读者恰恰选择了打2筒。

实战案例2

这是参加重庆市竞技麻将比赛打的一手牌。

桌面的情况是：牌局接近尾盘，虽然我门前暗杠了1筒和1万，但手上的牌却很不理想；牌池中筒子已打现：3、7筒各2张，4、6筒各1张。

牌型如图所示；

实战图2

这是刚摸进7万时的牌型。

先将成副的牌分离出去。

分解后的牌型如下：

实战图2-1

现在该怎么打？

很多人赞同打2筒。其理由是1筒已经杠牌，2筒的组合空间少了4张牌，听起来很有道理，但这个解释只说对了一半，而且只有这个理由，说明他们对3张牌的组合秘籍完全不懂，可以原谅。

如果你是我的读者，也认为该打2筒，说明你完全没有认真看书或者说看了也是白看。虽然1筒杠了，压缩了2筒的组合空间，但5筒周边也有很多牌，组合空间不也是被压缩了吗。

关键的问题是：你对258的组合秘籍弄清楚了没有？对于这个分解图，用2~3张无听组合秘籍图的分析结果来看，258和37的组合都很好，相比之下37组合的比258组合还要好那么一点点，因此必须在258万中打掉1张。打哪张呢？根据秘籍图的结论，只能打中间张5筒。

于是图形简化如图2-2：

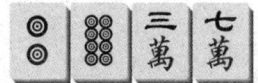

图2-2

实战进程是：

之后摸进6筒，退2筒；再以后摸进3万退7万，听牌7筒。之后碰3万，退6筒，单钓8筒。最终8筒自摸赢三家。

如果还不明白其中道理的读者可以实际验算一下258筒在本案例中它们各自两两组合的机会数：

J（28筒）＝7×4－12＝16；

J（25筒）＝6×4－13＝11；

J（58筒）＝7×4－13＝15。

计算清清楚楚地表明：28筒的组合比25筒、58筒的组合好。

实战案例3

这是在成都峨眉山打的一手牌。

桌面情况是：四家万子，两家条子两家筒子，34万已经被杠。本人的牌还很糟糕，若不尽快下听，恐怕就要当赔家了。

这是刚刚摸进7万的牌型：

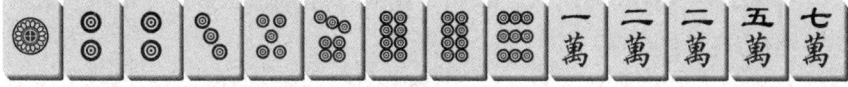

实战图3

现在怎么打？

先将筒子123、789分离出去。

牌型如下图所示：

实战图3-1

现在又该怎么打？

很多牌手主张打2筒或8筒，这的确是一个令很多牌手感到困惑的牌型。因为无论怎么打，都不可能进一张牌就下听。怎么办？

这道题与前面的实战案例1有相同之处，57万肯定不能拆。只能在258筒和122万的组合中来考虑，前者是无听牌型，后者是有听牌型，打掉哪张才能尽快打成有听牌型，成为一阶听牌呢？

从理论上讲，打5筒应该是最佳选择。但实际情况是四家做万子，且34万已经被杠。故实战中选择了打1万。

这个问题可否做如下探讨，既然258很容易成为顺子，那就姑且当它们是顺子246，于是就把上面的牌型置换成下面的图形：

实战图3-2

从这个图你就能够看出：

如果打掉1万，进2、5筒或6万，可以听牌。

如果打掉其他任何一张，都听不了牌，最少要2次进牌才能下听。所以打掉1万是最佳选择。

这种类型的组合就是我们下一节要研究的"7张无叫"牌型，一看就知道打1万才是最正确的选择。

实战进程是：

打掉1万，随后摸进4筒，退2筒；之后又摸进2万，退8筒。

牌型变成如图所示：

实战图3-3

把2万分离出去，就是一个典型的"四人抬轿"牌型。

最后的结果是：

摸7万退5万，诱出了2万，赢了一个杠牌，最终6筒自摸。

◆ 本节小结 ◆

从牌型计算结果我们得出了以下结论：

一、本节给出了3张"无听牌型"组合的10个最佳牌型：

147、148、149、158、159、169、258、259、269、369

这10个牌型是3张"无听组合"牌型中的最强组合，其机会数是36，用3张牌将1～9这9个数全部连接起来，虽然效率没有27、37、38的组合高，但至少是3张"无听组合"中最好的组合。

实战中如果遇到27、37、38、147、258、369、……等组合时，不要将它们轻易拆开打。

如果必须要在三张中打掉一张时，请务必记住：

258打中间张5；

147、369等打边张1或9，这个边张是离中间张最近的那一张。

二、1和9虽然是边张，从来都不受待见，但是一旦它们分别和47、36对应组合在一起，就威力无穷。2和8也是不得宠的，但是只要它们分别和7、3对应组合，其威力更是巨大无比。

三、本节最重要的内容是给出了"2~3张无听牌型"的组合秘籍图。

对图中的13个重要牌型：

27、37、3、8、147、258、369、148、149、158、159、169、259、269

一定要熟记于心，特别是遇到：

对子（将牌）+27、37、38、147……258、369

这样的牌型时，更不要随便拆开打，只有听牌之后才能拆。因为，一旦拆开，听牌的概率就大大降低了。

第五节　多张牌的组合秘籍

多张的广义是指2张以上，此处是指4张以上，应该说4张以上的牌型都是"有听牌型"，因为你找不出一个4张组合的"无听牌型"。与2张和3张牌型不同的是，多张牌型的研究重点是如何让听牌的机会数最大，前者的研究重点是如何让"无听牌型"变为"有听牌型"。

一、机会数与图形

我们知道，对子和顺子如果分开使用，效果一般，战绩一般般。我曾经统计过100副牌，百分之九十四以上都是对子和顺子联手胡的牌，纯粹的对子胡和顺子胡加起来也只有百分之五左右，虽然统计的样本不多，不能作为一个定论，但大概可以看出两者单独作战的能力的确不咋样，用"差"字来形容一点都不过分。但是一旦二者联合作战，则威力倍增。

如果用刻子和其相邻的顺子来组合情况又会如何呢？

读者到此可以停顿下来，想象一下刻子和顺子的组合情况……

你会发现一个有趣的现象：

3张牌的刻子既可以看成是一个独立的牌型，也可以看成是对子与包括自己在内的一个顺子相组合的一个牌型。

请看下图：

【教学案例1】

教学图1

如果把2筒看成一副刻子,那么这个牌型就是刻子2筒和顺子34筒的组合,这手牌的听就是2、5筒;

如果把2筒看成是对子,那么这个牌型就是对子2筒和顺子234筒的组合,这手牌的听就是2、7筒。

如此看来,这手牌的听就有3个:2、5、7筒。

再看下一个牌例:

【教学案例2】

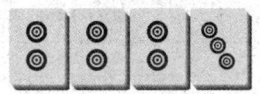

教学图2

如果把2筒看成一副刻子,那么这个牌型就是刻子2筒和单张3筒的组合,这手牌就胡3筒单吊;

如果把2筒看成一个对子,那么这个牌型就是对子2筒和顺子23筒的组合,这手牌的听就是1、4筒。

如此看来,这手牌有3个听:1、3、4筒。仅仅4张牌就有3个听,可见刻子和顺子组合的威力远远大于对子和顺子组合的威力。

根据上面的讨论,我用"机会数"理论和排列组合的方法,计算出了3~9个听的各种牌型组合,由于数量庞大,篇幅有限,计算过程在此省略,下面只给出具有代表性,同时也有观赏性的几种组合。

教学组图:

3个听:

图3:胡1、3、4筒,机会数J = 11

4个听：

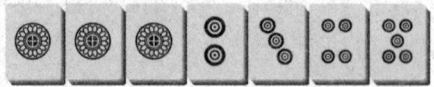

图4：胡2、3、5、6筒，机会数J = 13

5个听：

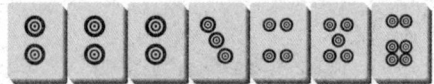

图5：胡1、4、7和3、6筒，机会数J = 17

6个听：

图6：胡1、4、7和3、6、9筒，机会数J = 19

7个听：

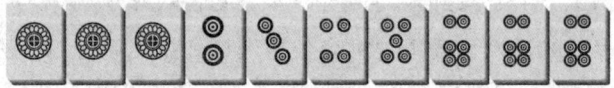

图7：胡1、2、3、4、5、6、7筒，机会数J = 18

8个听：

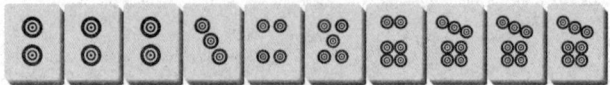

图8：胡1、2、3、4、5、6、7、8筒，机会数J = 22

9个听（九莲宝灯）：

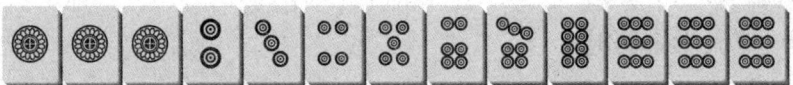

图9：胡1、2、3、4、5、6、7、8、9筒，机会数J = 23

最后这个图形称为"九莲宝灯"，是麻将中的顶级杀手。其特点是见张杀张，13张牌通杀，所谓13张其实只有9张。

真正的13张通杀是麻将番种里的"十三幺"。

其牌型如下图所示：

图10：十三幺：胡图中任何一张牌，J = 39

这就是"十三幺"的标准牌型，胡图中任何一张牌。

这个番种看似很难，其实没有想象那么难，一旦做成，胡牌的概率是很大的。我在比赛中曾经两次成功地做过这个番种。

"九莲宝灯"是一个具有艺术美感的理想图。

这种牌型的组合概率极低，我研究麻将数十年，参与麻将博弈40年，麻将中的什么番种都做过，就连"天胡"（也叫"起手胡"）都做过，唯有这"九莲宝灯"没有做过，不能不说是"平生一大憾事"。

上面的图形里，除了7个听以上的牌型难度较大之外，6个听及其以下的牌型没有想象那么难。在我的实战经历中，五六个听的牌型时不时就会遇到。这种遇到不是碰巧，不是偶然，是人为的操作，有意识的取舍。在此我把这个操作的秘籍介绍给大家，也不枉我多年的研究。

随时记住这样的牌型：2223456、2223456789、45678999、2345678999等牌型可以形象地比作"火箭筒"，也可以想象一根铁棍的终端装了个大铁球，这样的牌型是麻将牌张中最好的牌型，威力巨大。

请看如下图形：

【教学案例3】

已经听牌：胡8筒、2万，如果出现了2万该怎么打？

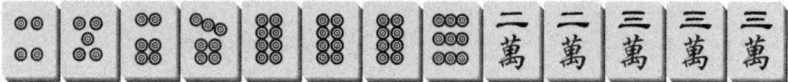

教学图3

请仔细观察：

如果采用"放飞鸽"战术，碰2万，然后放飞9筒。

牌型将变化为：

教学图3-1

重新听牌：胡3、4、6、7、9筒。

左边的筒子就是一个"火箭筒"，瞧瞧它的威力有多大。

通过"放飞鸽"的操作，胡牌空间瞬间扩大了很多，从2个听变成了5个听，机会数增大了5倍多。这才叫真正的不自摸不胡牌。

如果桌上打出的是8筒，同样可以用"放飞鸽"的战术：碰8筒，然后放飞9筒或2万。胡牌的空间同样扩大了很多。

实战中遇到这样的牌型，千万不要随随便便就胡了。

实战案例1

自从在重庆市中国竞技麻将比赛中三次夺冠之后，前来挑战的各路江湖高手络绎不绝。本案例是在一次挑战赛中打出来的。

牌型如图所示：

实战图1

现已听牌：胡4、7万。

桌面的情况是：

4筒已全部打现，4万已被对家碰牌。虽然是个两头听的牌型，但没有想象那么乐观。当时我的最大希望是杠3筒或者弄个自摸，但就目前这个牌型来看很难做到这一点。况且时间也不容许，3筒若真出现了，敢杠吗？不担心杠牌之后下不了听吗？这些问题是必须要考虑清楚的。

实战过程是：

下一手摸进了9万，于是退5万。

牌型变化如下：

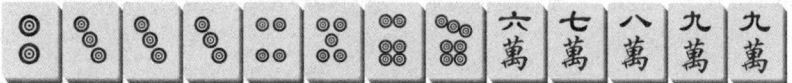

实战图1-1

重新听牌：胡3筒和9万对处。

应该说旁边观战的很多人并没有真正懂得我这么打的意图，从现象看，仅仅是因为4万已碰，换一个听牌的方式而已，其实不然。

实战进程是：

过了一圈，桌面上打出9万，立马叫碰，然后放飞2筒。

牌型变化如下：

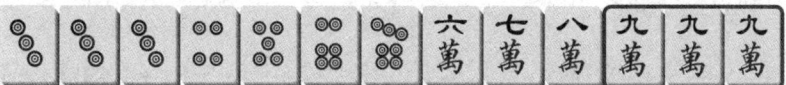

实战图1-2

放飞2筒之后，牌型发生了翻天覆地的大变化。

看看现在的筒子结构有多好：刻子＋棍子，好一个"火箭筒"！5个听：2、4、5、7、8筒。

这时观战的人中有人窃窃私语："太凶了，肯定是自摸。"

由于4筒全部打现，手中的3筒杠牌是大概率事件。

实战后续进程：

临近结束时，居然自己把3筒摸起来了，暗杠之后摸进7筒，杠上开花，赢三家。那种成功的喜悦真是无法用语言表述的。

俗话说得好：功夫不负有心人。机会是留给有准备的人的。

实战案例2

下面这手牌是我参加重庆市"鹰冠杯"竞技麻将决赛时打的一手牌。记得决赛当天的上午，开赛差不多1个小时左右，就拿到了这手牌。起手就抓了9张万子，经过几轮的摸牌之后，手中的牌已经成型。

牌型如下图所示：

实战图2

现已听牌：胡6、9筒。

桌面的情况是：上家是明显地在做筒子清一色。虽然这手牌只差两张就是万子清一色，但是没有必要冒险再打筒子出去。过了一圈，摸进了8筒，感觉机会来了，于是退7筒。

牌型变化如下：

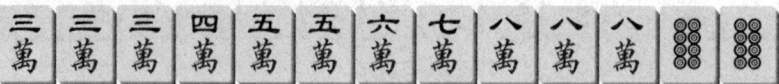

实战图2-1

重新听牌：胡3、6万和8筒。

之所以感觉机会来了，那是因为，如果牌桌上出现了8筒，碰掉之后，整手牌将是海阔天空，那就是自摸的时候到了。

实战进程是：

下家打出8筒，立马叫碰，然后放飞5万。

牌型变化如下：

实战图2-2

重新听牌：胡2、3、4、5、6、7、8、9万，8个听。

是我有史以来听牌最多的一次，只差胡1万，不然就是通杀。

5万放飞之后，左边的万子就变成了两个"火箭筒"连接的形状，胡牌空间瞬间暴增。这么宽的胡牌面，说实话，那是不想自摸都难。虽然番数不大，但是能够做出8个听的牌型来，这是有史以来第一次。

从放飞5万的那一刻起，心里就有一种成就感，这是我通过自己的努力，亲手做出来的，而且是在这么大的比赛中一手一手打出来的。

实战最后结果是：

4万自摸。

那一刻，那种成功的自豪感是没法用语言来表述的。至今想来，依然为当初打出来的这手牌感到自豪。

事后，一旁观看的裁判说："从来没有遇到过8个听的牌。"

二、"四人抬轿"

"四人抬轿"这个牌型在多张牌的组合里是我重点研究的一个牌型，是我这些年来征战沙场，取得不俗成绩的一个秘密武器。

1. "四人抬轿"的组合秘籍

这个牌型的特点是只有4张牌,但是,你可别小看这四张牌,这4张牌里藏有大秘密,我现在给大家揭秘。

先看下面几个图形:

【教学案例4】

教学图4:J=10

【教学案例5】

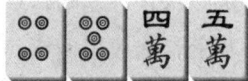

教学图5:J=28

【教学案例6】

教学图6:J=36

从这几个图中我们可以看到以下事实:

1．残局阶段:一旦形成"四人抬轿"是很容易下听的(4个幺九的极端牌型除外),就连教学图4这样非常糟糕的牌型,机会数J(教学图4)=3×4-2=10,也是个很不错的数值,比两头听牌的顺子(机会数=8)还要大2,可见教学图4这样的烂牌也很容易下听。

2．教学图5是最好的两个顺子牌,机会数J(教学图5)=8×4-4=28。比教学图4好多了,听牌是非常容易的事。

3．教学图6是对子+单张的最好牌型,听牌的机会数J(教学图6)=

10×4－4＝36。比教学图5的牌型还容易听牌。

由此，可以得出两个重要的结论：

第一，"四人抬轿"是很容易下听的。

第二，有对子的"四人抬轿"更容易下听。

2. "四人抬轿"的形成秘籍

"四人抬轿"的牌型必须是由5张牌打掉一张之后所形成的，通常是两种花色，很少是由一种花色构成，无论是一种还是两种都没关系。在5张牌的选择过程中通常会遇到这样几种情况：

第一，没有对子：14 689、12 147、369 27等；

第二，有1个对子：11 258、23 667、258 11等。

在第一种情况下，打掉一个多余张就形成没有对子的"四人抬轿"，这个选择在一般情况下，牌手能够比较快地作出决定。

在第二种情况下，是打掉孤张还是打掉对子的挨张，对牌手来说可能很纠结，最简单的办法就是用机会数的计算结果来判断。

请看下图：

【教学案例7】

教学图7

打1筒：进2筒、1、2、3、5、6、7、8、9万，均可听牌，故J（1筒）＝9×4－4＝32。

打1万：进1、2、3筒或5、6、7、8、9万，均可听牌，所以J（1万）＝8×4－4＝28。

结论：打对子的挨张1筒是最佳选择。

问题拓展:

如果把7万换成4万,该怎么打?

通过计算可知,打1万是最佳选择。

再来看另一种情况:

【教学案例8】

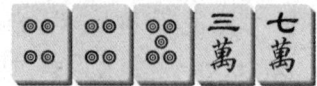

教学图8: J = 36

左边的筒子是最好的结构,右边的万子也是最好的结构,在这种情况下打哪一张才是最佳选择?

计算可知:

打5筒、打3万或7万,结果都是一样的,机会数都是36。

把"四人抬轿"形成的秘籍总结如下:

1．通常情况下,要用机会数的计算结果来判断打掉哪一张。

2．在两边都是最好的组合时,打对子的挨张不会亏。

3．任何情况下都不能拆开对子。

以我的实战经验来看,当手中的牌快要下听的时候,最好是朝"四人抬轿"这个方向去做。即便错了,也不会错到哪里去。这个打法的好处在于:让牌型简化,方便观察,省去临场分析和计算的环节;只要打成"四人抬轿",听牌是迟早的事,根本不用担心这一点。

【教学案例9】

下面这手牌怎么打,效率最高?桌面情况是:5、6筒已被碰。

教学图9

遇到这样的牌型，首先要看能不能做成"四人抬轿"。

观察可知：打掉4筒或3、7万就成为"四人抬轿"。

在这3张牌中选哪一张呢？从前面学过的2张牌组合秘籍里知道，37万的组合是最佳组合，所以应该打掉4筒。

这种判断应该在1秒之内就完成。

牌型见下图：

教学图9-1：四人抬轿

这个"四人抬轿"很容易下听，计算一下就清楚了。

观察可知：

只要进1筒或1、2、3、4、5、6、7、8、9万，均可听牌，机会数J（教学图9-1）＝10×4－10＝30。

这么大的机会数，听牌就是小菜一碟，根本不值一提，很简单的事情。

【教学案例10】

下面这手牌怎么打，效率最高？

教学图10

可以考虑打掉的牌有：3筒或2、9万。

牌型见下图：

教学图10-1：四人抬轿

这个图形打掉1张就是"四人抬轿"。

原则上344筒是"有听牌型",它们既是对子又是连张,应该保留。那就在万子中间作出选择,从原图可以看出,打2万应该是最佳选择。

如果你没有把握,结合原图计算一下就知道了。

打2万:进1、2、3、4、5筒或4、5、6、7、8、9万,均可下听,机会数J(2万)$= 11 \times 4 - 11 = 33$。

打3筒:进4筒或1、2、3、4、5、6、7、8、9万,均可下听,机会数J(3筒)$= 10 \times 4 - 10 = 30$。

打9万:进1、2、3、4、5筒或1、2、3、4、5万,均可下听,机会数J(9万)$= 10 \times 4 - 10 = 30$。

计算结果比较:

打2万还是最佳选择。

其实这副牌的关键问题是不打4筒,即便是打了3筒或9万,也错不了多少。为什么?

因为机会数33、30已经是很大的数了,在这种情况下,它们的差别不是很明显。之所以这么说,是因为有学员觉得打4筒也应该可以,留下34筒的顺子进张也很宽。这个想法不是没道理,至少说明这个学员在思考。虽然结果不对,因为"四人抬轿"的最佳牌型是留下对子。

实战案例1

实战图1是一位读者两周前咨询的一手牌。

他说实战中,他暗杠1万之后,摸进了2万,牌型就感觉迷茫了。他将图形分解成了筒子147和万子47,这5张牌不知道打哪一张,最后选择了打1筒,之前桌面上有一个4筒。殊不知打掉1筒之后,接连摸了两个1筒,后悔惨了。

最后这手牌打输了,连牌都听不了。

事后咨询了不少高手,都没有给出一个让他信服的解答,前不久,在朋友的推荐下,他买了《成都麻将高级打法》和《麻将理论与实战打法》这两本书,并就此问题希望我给予解答。

牌型如图所示:

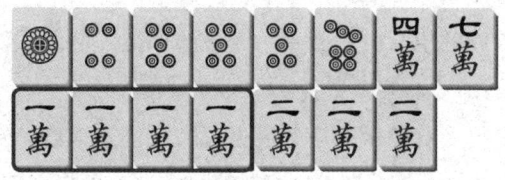

实战图1

下面我就刚刚学过的知识给大家作一个分析。

先将已经成副的牌分离出去。

分离之后,牌型见下图:

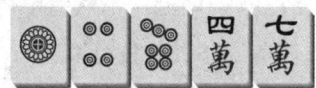

实战图1-1

现在打掉一张就是"四人抬轿",问题是打哪一张?用前面介绍过的组合秘籍图表1-3来对比就知道了:

组合147筒的机会数:$J(147筒)=9\times4-6=30$;

组合47万的机会数:$J(47万)=8\times4-5=27$。

对比之下147筒的组合要好于47万的组合,所以应该考虑打万子。

虽然计算给出了参考意见,但情况应该没有这么简单。这个案例与第四节的"教学案例7"有相似之处。

第一,这手牌最少也要两次进张才能下听,计算无法预测牌的走向或者说计算在此处是失效的。

第二,从牌的张数来看,似乎更应该留万子,打掉筒子。

这个问题看似无解,但我个人更倾向于打筒子。那么打哪一张筒子?如果根据第四节中的"无听牌型组合秘籍图"的结论来判断,那就应该打1筒。最好的办法就是结合原图计算一下：

J（14筒）= 6×4−6 = 18

J（17筒）= 8×4−5 = 27

J（47筒）= 8×4−6 = 26。

比较可知17筒的组合机会数最大，应该保留。所以即使要打筒子也应该打4筒，而不是1筒。

这个读者在得到我的微信解答后说："自己是学数学专业的，这个解答让人信服，如果早点学会"机会数"理论，这手牌肯定不会打输。"

实战案例2

这是2019年在重庆南山郊游聚会时，指导朋友打的一手牌。

桌面的情况是：牌局已接近尾盘，虽然门前1筒暗杠，但牌情并不乐观，如果牌局结束还没有听牌，不仅暗杠得不了分，还将当赔家。

牌型见下图所示：

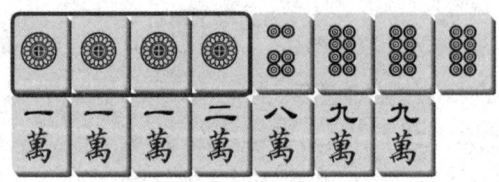

实战图2

这是刚刚摸进9万后的牌型。

该打哪一张？朋友完全没有主意，可能是因为没有下听的原因，心里有点紧张。我教他把图形分解，先把成副的牌分离出去。

牌型变化如下：

实战图2-1

牌型一分解，一下就很清楚了：

打8万应该是最佳选择。

实战过程是：

打掉8万，牌型变化如下：

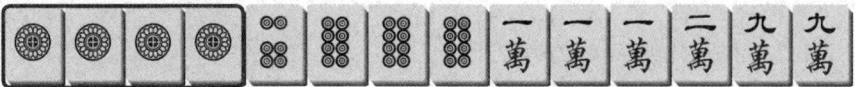

实战图2

之后摸进5筒，再退2万，最后7筒自摸赢三家。

如果你对打6筒或2、8万，看不清楚，验算一下就行：

打6筒：进1、2、3、4、6、7、8、9万，均可听牌，机会数J（6筒）＝ $8×4-7=25$；

打2万：进4、5、6、7、8筒或6、7、8、9万，均可听牌，机会数J（2万）＝ $9×4-7=29$；

打8万：进4、5、6、7、8筒或1、2、3、4、9万，均可听牌，机会数J（8万）＝ $10×4-10=30$。

验算表明：打8万是最佳选择。

实战案例3

这是一个读者请教的一手牌。

他说牌局进行到这里的时候，他有点茫然，不知该打哪一张：筒子都是连张，肯定不能打，只能在万子中间做选择。考虑再三之后选择了打3万。殊不知，刚刚打掉3万，转眼摸起来2万，虽然后悔，但是很无奈，当时的想法是：3万比2万好，我都打掉了，何况2万呢，所以还是打掉了2万。

最终这手牌打输了，输得还有点惨，他说，如果当初他选择打7万，那就是1万自摸，赢家就是他自己。

牌型如图所示：

实战图3

这是他刚摸进7筒时的牌形。

对这样的牌型，要学会拆牌，简化。筒子可以拆成两种形式：
12345 5677，1234556 77。

第一种形式：需要进3、6筒，7筒是多余的。

第二种形式：可以看成是：123456 577，那么5筒就是多余的。

将上面两种分解图和37万组合可以得到两个"四人抬轿"。

牌型如下图所示：

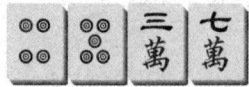

实战图3-1

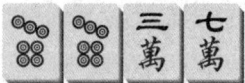

实战图3-2

从前面学过的内容，一看便知有对子的"四人抬轿"肯定比没有对子的"四人抬轿"更好，所以分解后的实战图32-2应该比32-1要好。

如果你觉得把图形分解成两个比较麻烦，那就将原图简化如下：

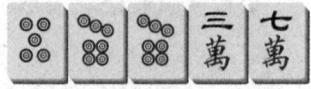

实战图3-3

从该图形来看打5筒似乎是最佳选择，究竟如何，结合原图验算如下：

上篇 "机会数"理论

打5筒：进7筒或1、2、3、4、5、6、7、8、9万均可听牌，所以J（5筒）$= 10 \times 4 - 7 = 33$；

打3万：进3、4、5、6、7筒或5、6、7、8、9万均可听牌，所以J（3万）$= 10 \times 4 - 11 = 29$；

打7万，进1、3、4、5、6、7筒、或1、2、3、4、5万均可听牌，所以J（7万）$= 11 \times 4 - 9 = 35$。

计算结果明明白白地显示：打7万才是最佳的选择。

实战案例4

这也是一位读者咨询的一手牌。

他说当摸进4万之后就觉得有点懵，见下图。考虑良久之后，最后打掉7筒。其理由是：牌型分解之后7筒就是一个孤张，万子是连张肯定不能打，之所以不打1筒，是觉得1筒很好碰，碰掉之后打4万或6万就可以胡1、4筒。结果这手牌打输了，输得还很惨。

事后觉得输得有点冤，请教了不少高手，大多数的人都认为应该打7筒，也有人觉得应该打1筒，还有人觉得应该打4万或6万。他说，感觉是越问越糊涂，究竟应该怎么打才是最佳选择，希望我给予解答。

牌型见下图所示：

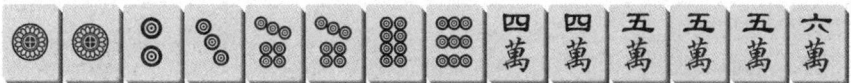

实战图4

这个牌型分解对筒子来说是唯一的，对万子来说有两种形式：

万子分解一：555 446

万子分解二：456 455

把这两个分解图分别与1筒和7筒构成"四人抬轿"如下：

实战图4-1

实战图4-2

结合原图分别计算打掉1、7筒或4、6万的机会数如下：

J（1筒）＝12×4－10＝38；

J（7筒）＝11×4－10＝34；

J（6万）＝10×4－10＝30；

J（4万）＝10×4－11＝29。

如果你对分解图不感兴趣或者不习惯，也没关系，直接观察原图，选择那些可以考虑打掉的牌张来进行计算，然后进行判断。

计算结果表明：

本案例中打筒子是正确的选择，1筒和7筒的机会数分别为38，34，最佳选择应该是打1筒，而这位读者偏偏选择了打7筒。

看看吧，没有"机会数"理论作指导，打牌就是瞎蒙。

实战案例5

这是我在重庆市"鹰冠杯"竞技麻将比赛中遇到的一手牌。

我是庄家，开盘不久，手中的牌就基本成型了。

牌型见下图所示：

实战图5

这是刚刚摸进发财的牌型,该打哪一张牌?

我想只要是跟随我的介绍一路学习过来的朋友,一眼就能看出来,不应该有误判,那就是打3筒或者6筒。因为打掉3筒或6筒就是一个"四人抬轿"。如果你的判断也是这样,说明你的水平提高了,值得点赞。

实战进程是:

打掉3筒,摸进4万,退1万。

牌型变化如下:

实战图5-1

虽然还未听牌,但万子已经是"四人抬轿"了。

两圈以后,摸进8万退9万。

牌型变化如下:

实战图5-2

现已听牌:胡2、5万。

最后结果是2万自摸。

盘后点评:

很多人都认为3456筒是连张,13、89万是间张和边张,应该打掉1万或9万,如果我们打掉1万。

牌型将变成如下:

实战图5-3

进3、6筒或3、7万可听牌，J（1万）= 4×4-3 = 13。
如果打掉9万，牌型变化如下：

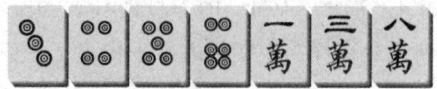

实战图5-4

进3、6筒或2、8万可听牌，J（1万）= 4×4-3 = 13。
如果按实战打法，打掉3筒，牌型变化如下：

实战图5-5

进1、2、3、7、8、9万，均可听牌，J（1万）= 6×4-4 = 20。
计算结果表明，打3筒或6筒是最佳选择。
从这个牌例可以看出"四人抬轿"的重要性，残局阶段打错一手，就可能把方向打偏了，导致全盘皆输。

实战案例6

2019年同学聚会，在南山一个农家小院。饭局后各取所需，聊天闲逛，打牌唱歌。下面这手牌是一个绰号叫"杀手"的"老麻将"打的。
牌型如下图所示：

实战图6

这是刚刚摸进6万时的牌型。
杀手考虑片刻后，打掉9筒；没想到下一轮又把9筒摸起来了。

"真是怪了。"杀手考虑片刻,还是把9筒打出去了。

再下一轮,杀手又把9筒摸起来了。

气得他"吐血":"啥子怪相牌哟,连摸3个9筒。"

"还是不要你。"杀手边说边打。

这次9筒出去就没那么幸运了,出去就点了对家一炮。

"杀手,你今天状态不佳哟,尽杀自己。"对家同学调侃他。

这手牌的最后结果是,杀手没能听牌,还当了赔家。

验牌时,对家的同学说:"你怎么会连打3个9筒嘛,你应该问问朱教授,打哪一张合适。"

杀手看着我说:"9筒没有打错吧?"

我说:"最佳选择应该是打5万。"

对家同学说:"听到没有,朱教授说应该打5万。"

下面我们就来看看打9筒和打5万这两者的差别。

1. 打9筒,牌型变化如下:

实战图6-1

观察可知:

打9筒,剩下的牌是"四人抬轿"。

牌型可分解为:

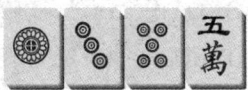

实战图6-2

结合原图可知:

进1、2、4、5、6筒和2、5万,均可听牌,J(9筒)= $7 \times 4 - 5 = 23$。

2. 打5万,牌型变化如图:

实战图6-3

观察可知：

打5万，剩下的牌也是"四人抬轿"。

牌型可分解为：

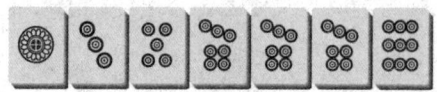

实战图6-4

由于5、9筒都和7筒有关联，所以分解图保留3个7筒，目的就是为了分析时不漏掉牌张。由此图可知：

进1、2、4、5、6、8、9筒，均可听牌，J（5万）＝7×4－3＝25。

显然打5万才是最佳选择。

三、"7张无听"

与"四人抬轿"相类似的还有一种牌型叫"7张无听"。

它是我在创立"机会数"理论中用到的一个名称。这个牌型有7张牌，比"四人抬轿"多了3张，其特征是只要进1张牌就可以下听。

"7张无听"最适合中局阶段，麻将中最不容易发现的秘密就隐藏在这7张牌中。稍不留神，机会就从手上溜走。事实上对于不知道这个秘密的人，即便这个机会在他面前停留很久也肯定抓不住。

"7张无听"的打法有违常理，它颠覆了我们的习惯打法。

1. "7张无听"的组合秘籍

这个牌型是由7张准叫牌组合而成。

其特点是：只需要进一张牌就可下听；至少有一个对子。这是肯定的，因为在"7张无听"这个牌型中你找不出没有对子的。

其基本图形如下：

教学组图：

教学组图1："7张无听"，1个对子

教学组图2："7张无听"，1个对子

教学组图3："7张无听"，2个对子

上面的几个牌型告诉我们以下事实：

第一，中局阶段：一旦形成"7张无听"离听牌就只有一步之遥；一旦错过，整手牌就打偏了，就会走冤枉路，原本进1次牌就可以听牌的，结果需要进2次，3次，甚至多次。实战中，每进1张牌都要看一看，观察一下：打掉哪一张牌之后，剩下的7张牌是"7张无听"。

第二，牌型特点：一般情况下由两门以上花色构成；有一两个对子；进1张牌即可下听。

下面来看看"7张无听"是怎么形成的。

2．"7张无听"的形成秘籍

"7张无听"肯定是由8张牌打掉1张之后形成的，在8张牌的取舍问题上，有哪些秘籍？下面我来给大家介绍。

请看下面的牌型：

【教学案例9】

教学图9

这是刚刚摸进5筒后形成的牌型。

现在的问题是：打哪一张才能让这手牌以最快的速度下听？

打4筒：进3、5万或3条，均可听牌，J（4筒）＝3×4＝12。

打5筒：进什么牌都下不了听。

打2万：进5万、3条，均可听牌，J（2万）＝2×4＝8。

打6万：进3万、3条，均可听牌，J（6万）＝2×4＝8。

打2条：进什么牌都下不了听。

打4条：进什么牌都下不了听。

结论：打4筒是最佳选择。你没有想到吧？

【教学案例10】

教学图10

打4筒：进2、4、6、8万，均可听牌，J（4筒）＝4×4＝16。

打1万：进4、8万，均可听牌，J（4筒）＝2×4＝8。

打9万：进2、6万，均可听牌，J（4筒）＝2×4＝8。

除此而外，打什么都下不了听。

结论：打4筒为最佳选择。

【教学案例11】

教学图11

这是"7张无听"牌型中,有2个对子的情况:

打4筒:进5筒或1、3、4、8万,可听牌,J(4筒)= 5×4−4=16。

打2万:进3、5、6筒或3、8万,可听牌,J(2万)= 5×4−4=16。

除此而外,打5筒或3万,机会数=12。

结论:打4筒或2万为最佳选择。

把上面几种情况归纳如下:

所有的结果都指向应该打4筒,也就是打掉5筒的邻居或称5筒的挨张。

这个结论可概括为:

在8张牌的情况下,正确的打法是打掉对子的挨张,使其成为"7张无听";如果不能成为"7张无听",则结论不成立。

这个结果有点出人意料。但是上面的计算清清楚楚地表明:打掉4筒是正确的!

455筒这么好的牌型,却要打掉4筒,这个结论的确有些让人难以接受,因为这个结论颠覆了我们的习惯认知。如果不这样打,保留4筒,那你就违反了科学。保留4筒的结果是:无论如何,你也不可能进一张牌就下听,至少得进2次牌,才能下听。

说实话,最初面对这个结论的时候,我也深感意外。但事实就是如此,毋庸置疑。很多牌手对自己的习惯思维坚定不移,这也正是这些牌手虽然长期厮杀于麻将场中,技术水平却得不到提高的原因所在。

通常情况下,开牌不久手上就会有2副已经成副的牌型,将它们分离出去,检查剩下的7张牌符不符合"7张无听"的要求;如果符合就按照上面的结论去打;如果不符合就朝"7张无听"的牌型去做。

【教学案例12】

下面这手牌怎么打，效率最高？

教学图12

刚刚摸进2条，该怎么打？

如果你对"7张无听"还不熟悉，那就一步一步来做。

第一步，把成副的两坎牌123、123分离出去；

第二步，将剩下的牌重新组合。

牌型如下图所示：

教学图12-1

观察可知：

打掉7筒，这手牌就是一个"7张无听"牌型。如果保留7筒，它就不是标准的"7张无听"。一旦错过这个机会，这手牌听牌的速度和机会数就变小了，牌就打偏了。所以正确的打法就是打掉7筒！

这种打法完全颠覆了常规打法。

我曾就这手牌询问过不少牌手，得到的答案都是打9万、5万或打1条，没有一个认为应该打7筒。这就是习惯思维造成的误区。

验算一下就清楚了。

打7筒：进6、8万或3条，均可听牌，J（7筒）＝3×4＝12，

打5万：进8万、3条，均可听牌，J（5万）＝2×4＝8，

打9万：进6万、3条，均可听牌，J（9万）＝2×4＝8，

打1条：进什么也听不了牌。

计算结果清清楚楚表明：打7筒才是最佳选择。

实战案例1

这是2016年在重庆南泉和亲朋好友聚会时打的一手牌。

牌局已是尾盘,上下两家都有杠牌,对家碰了1筒。本人的牌还很糟糕,倘若结束时还听不了牌,那就成了赔家,输得就有点惨。

牌型如下图所示:

实战图1

这是刚刚摸进8筒后的牌型。

此时你觉得应该打哪一张?

如果你打9筒,那就大错特错了。这个牌型打掉6万或2筒就是"7张无听",进1张牌就能下听。如果打9筒至少要2次进张才能听牌。

实战过程:

打掉2筒。

牌型变化如下:

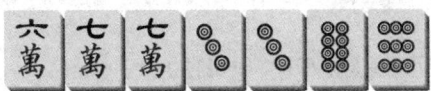

实战图1-1

观察可知:

此牌型是有2个对子的"7张无听"。

实战进程:

下一手摸6筒,退9筒;再下一手,摸进8筒,退6筒。

牌型变化如实战图1-2:

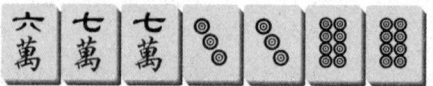

实战图1-2

不管怎么变，始终记住一点：保证进一张牌就能下听。

实战后续：

牌桌上打出了3筒，碰牌之后，打7万。

从当时的牌情来看，对子胡的可能性很小，所以听牌5、8万。

牌型变化如下：

实战图1

现已听牌：胡5、8万。

最后的结果是：

暗杠2万，摸进8万，赢了三家的杠上开花。

如果这手牌一开始打掉的是9筒，结果就是两回事了。

实战案例2

这是参加重庆市竞技麻将比赛时打的一手牌。

牌局的情况是：战局接近尾声，手上的牌还未下听。虽然1筒和1万暗杠，但离听牌还差的较远，此外，三家对条子好像不感兴趣。

牌型如下图所示：

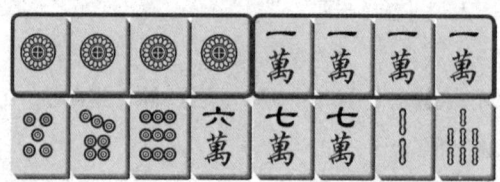

实战图2

这是刚刚摸进2条的牌型，该怎么打？

先将1筒和1万分离出去。

剩下的牌重新组合。

牌型变化如下：

实战图2-1

观察可知：

虽然2、7不是顺子，是2个孤立张，按说应该打掉，但2、7条的组合是"无听牌型"中的最强者，进任何一张条子都可以成为顺子或对子。所以我留下27条的组合，然后打出6万。

实战过程：

打掉6万。

两圈之后，摸进8筒，退5筒，坚信条子很快可以摸上来。事实证明，我的判断没有错，一圈之后摸进3条，退7条。

牌型变化为：

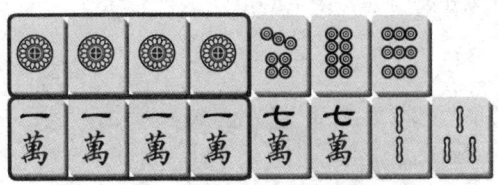

实战图2-2

现已听牌：胡1、4条。

最后的结果是1条自摸，关住三家。

如果不这样打，结局如何很难预料。

实战案例3

这是一个读者咨询的一手牌。

他说，他正在学习《成都麻将高级打法》书中的"7张无听"，这是他的一手实战牌。摸进了8筒之后，感觉有点懵了，按照"7张无听"的打牌原则，现在不知道往下该怎么打。

牌型如下图所示：

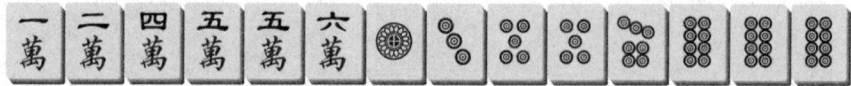

实战图3

他觉得可供选择的打法有几种：

打1万，打5万，打7筒。

其顾虑是：打1万感觉不太对；打5万觉得是中张，如果打掉，再摸3、4、6、7万不是就打丢了吗？打7筒，觉得和3个8筒相靠，万一摸6、9筒呢？

实战中他还是选择了打7筒，最终这手牌打输了。

下面对这手牌进行解读。

先将成副的牌分离出去，余下的重新组合。

牌型变化如下：

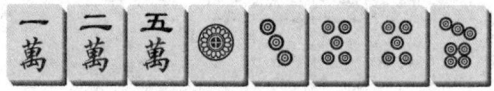

实战图3-1

应该打哪一张？

一看就知道，打5万就成为"7张无听"。如果打7筒，就会把567筒打丢了，那就明显打偏了，中场打偏了，这手牌就很难说了。

实战案例4

前不久,有一个读者说他正在学习"7张无听"这个牌型,并将自己打的一手牌发给我,请我指正。

这手牌如下图所示:

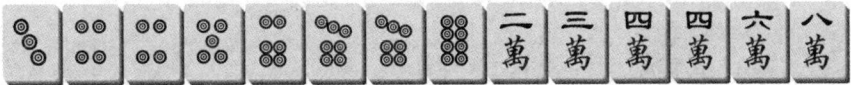

实战图4

上图是他刚刚摸进2万时的牌型。

实战过程是:

他打掉8筒,形成一个"7张无听"的牌型。

牌型变化如下:

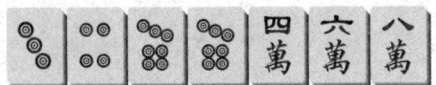

实战图4-1

现在只要进2、5筒或5、7万就可听牌,机会数 = $4 \times 4 - 1 = 15$。

实战过程:

他摸5万,退8万;最后5筒自摸,赢了三家。

我首先对这位读者表示祝贺。并告诉他,从他打掉8筒把这个图形分解成"7张无听"那一刻起,他的打法都是正确的。

但我还告诉他,如果打掉4筒或7筒,这个牌型还可以分解成"四人抬轿",那就更简单。

以打掉7筒为例,牌型变化如下:

实战图4-2

结合原图，只要摸进4筒或1、4、5、7、8万均可听牌，机会数＝6×4－5＝19，不仅机会数增大了，牌型也更为简单。

打4筒情况也是如此。

一般来说，图形应该朝简单化的方向走，能够分解成"四人抬轿"的就不要分解成"7张无听"。

实战案例5

2016年到成都参加生日宴会，宴会后主人安排娱乐：打牌。

下面这手牌起手就是一个"7张无听"。

牌型如下图所示：

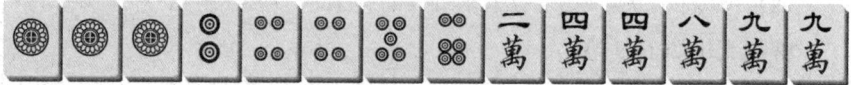

实战图5

这是刚刚摸进9万的牌型。

先将111、456筒分离出去。

将余下的牌重新组合。

牌型简化如下：

实战图5-1

一看就知道应该打8万或2万。

打8万：进3筒或3、4、9万可听牌，J（8万）＝4×4－4＝12。

打2万：进3筒或4、7、9万可听牌，J（2万）＝4×4－4＝12。

如果你不小心打掉了2筒，这手牌就彻底打偏了，无论你怎么弄，都不可能进一张就下听。

实战过程：

打掉8万。之后碰9万，退2万。

牌型变化如下：

实战图5-2

现已听牌：胡3筒。

下一轮，摸4筒，退2筒。

牌型变化如下：

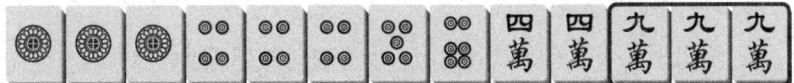

实战图5-3

重新听牌：胡4、7筒和4万。

没想到2筒出去就被对家碰，对家碰牌后随即打出1筒，点了我的直杠，杠起来一张无用的条子，退掉。

牌型变化为：

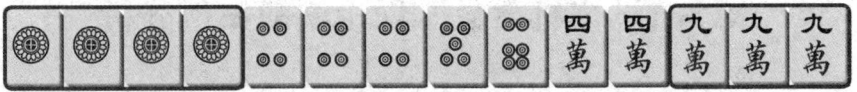

实战图5-4

依旧听牌：胡4、7筒和4万。

现在这手牌的价值得到了很大提升，弄个自摸应该不成问题。

实战进程是：

碰4万，放飞6筒。

牌型变化为：

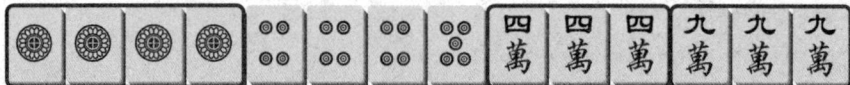

实战图5-5

再次听牌，胡3、5、6筒。

最后的结果是：

明杠9万，杠起来一张3筒，杠上花。

仅此一手牌就奠定了全场不输的基础。

◆ **本节小结** ◆

本节的重点内容是：

1．给出了多个听的牌型组合，"火箭筒"牌型实战性很强。
2．"四人抬轿"牌型主要用于残局打法。
3．"7张无听"牌型主要用于中局打法。

"四人抬轿"和"7张无听"这两种牌型是实战中的重要工具，有很强的实战应用价值。

第六节 "机会数"理论实战案例分析

本节中，我们将通过若干案例的分析来帮助读者理解和掌握"机会数"理论在实战中的应用。实战中的牌情变化多端、诡异莫测，牌桌上的很多细枝末节不可能在正文里一一描述，只能通过牌例的介绍，让你感受到那种身临其境的现场氛围。后面的牌例大多数来自我的实战。

本人曾做过一个统计：对我身边朋友中麻将技术比较好的一些牌手进行现场观摩，事后交流，收集整理数据等。通过50副牌的统计结果显示，正确率不到百分之五，对关键环节处理的正确率不到百分之十。虽然从统计学的角度来看，50副牌的样本空间数量太少，但多少反映出麻将技术的现实状况。这个观点没有瞧不起牌手的意思,只是一个客观的记录。

这个统计结果说明,在现实的麻将博弈中,绝大多数的牌手都是凭感觉在打牌,没有科学的方法作指导,更没有经过系统的训练。

实战教学案例一

有的牌手不赞同我的观点,甚至从外地来重庆与我交流,我随意摆了两副牌,请朋友在15秒内做出选择,结果没有一手牌选择正确。

为什么要在15秒内做出选择?

因为竞技麻将比赛规定:从摸牌到出牌必须10秒内完成,每桌一个裁判,秒表计时。2001年日本一个麻将代表队来重庆在劲力酒店同我们比赛,采用的也是这个规则。我给15秒已经将时间延长了一半。

先看下面一手牌:

牌型1

实战教学图1-1

你能在15秒内看出应该打哪一张吗?为什么?

如果你能看出来,且能够说出其中的道理,那我给你点赞,说明你的麻将水平已经很高了。如果你不能,就跟随我一起来探讨。

这手牌可以考虑打掉的牌有:2、6筒或3、6万。

分别计算如下:

打2筒:J(2筒)= 8×4−4 = 28;

打6筒:J(6筒)= 10×4−10 = 30;

打3万:J(3万)= 14×4−10 = 46;

打6万:J(6万)= 13×4−10 = 42。

计算结果表明：

打3万是最佳选择，打6万是次佳选择，打筒子都是不正确的选择，打2筒是最糟糕的选择。

我将上面的牌稍做调整，形成下面的图形：

牌型2

实战教学图1-2

现在你能在15秒之内看出应该打哪一张吗？

如果你不能，就再跟随我一起来探讨一下。

这手牌可以考虑打掉的牌有：2、3筒或1、4、7万。

分别计算如下：

打2筒：J（2筒）= $10 \times 4 - 10 = 30$；

打3筒：J（3筒）= $6 \times 4 - 5 = 19$；

打1万：J（1万）= $11 \times 4 - 9 = 35$；

打4万：J（4万）= $11 \times 4 - 9 = 35$；

打7万：J（7万）= $12 \times 4 - 9 = 39$。

计算结果表明：

打7万是最佳选择；打1万或4万结果都一样，是次佳选择；打筒子都是不正确的选择，打3筒是最糟糕的选择。

上面两手牌有一个共同点，那就是打筒子都不正确。

原因很简单，主要有两点：

第一，筒子全部是连张，一个整体，打掉一张就破坏了它的结构；万子则不然，是两副牌组合成的，打掉一张没有破坏它的结构。

第二，原图中的万子比筒子多2张牌，那么在剩下来的筒子和万子的各自组合中，筒子的数量多一些，组合就容易一些；反之万子的数量要少一些，组合起来就困难一些。

综上两点，打万子是最佳选择。

那么应该打哪一张万子更合适呢？

第一手牌中的2223牌型，它的辐射（组合）空间只能从1连接至5；而6678牌型，它的辐射（组合）空间可以从4连接至9。明显比2223牌型的组合空间要大，这是牌型结构所决定的。所以应该保留辐射空间大的，打掉辐射空间小的。这么一比较，当然就应该选择打掉3万。

第二手牌中的1234牌型本身可以拆成123、234两个牌型，而7789只能拆成一个789。对比之下，前者既可以拆成这样，又可以拆成那样，明显选择的余地大，意味着组合空间大；而后者只能拆成一个牌型，没有多余的选择，所以7万明显就是个多余张，打7万就是最佳选择。

上面两副牌并不难，一拆牌就能看出是一个"四人抬轿"。

当然最权威，最具说服力的解释就是机会数的计算结果。实践证明，实战中的很多牌型靠经验，凭观察来作出取舍是很难保证其正确性的，最科学的打法就是用"机会数"理论作指导。

实战教学案例二

某单位举行麻将比赛，请我去策划相关事宜。比赛前，很多人早早来到赛场想学习机会数的计算方法。

我对大家说，既然想学机会数的计算，我也不另找案例，从实战出发，从现在起你们正常打，我叫停的时候大家就停，我就以你们手中的牌作案例，教你们如何？大家觉得这个方法不错。

下面这两手牌就是现场两位牌手的牌。

牌型1：

实战教学图2-1

这是坐庄家位置的牌手刚刚摸进4筒的牌型。

我叫暂停后,问大家:这手牌该怎么打?

现场的牌手纷纷议论,众说纷纭,最后相对比较集中的意见是:

打8万或者3筒。

之后我就开始用机会数的计算方法来逐个计算。

如果打8万:进1、2、3、4筒或2、5、7万,均可听牌,J(8万)= $7 \times 4 - 9 = 19$。

如果打3筒:进2筒或2、3、4、5、6、7、8、9万,均可听牌,J(3筒)$= 9 \times 4 - 10 = 26$。

计算表明打3筒肯定比打8万要合理。

最后,我问大家你们没考虑过打2筒或4、7万?

大家说,因为2筒和4、7万既是对子又是连子,打掉不合适。

我说计算一下就清楚了。

打2筒:进1、4筒或2~9万,可听牌,J(2筒)$= 10 \times 4 - 11 = 29$。

打4万:进1~5筒或2、5~9万,可听牌,J(4万)$= 11 \times 4 - 11 = 33$。

打7万:进1~5筒或2~6、9万,可听牌,J(7万)$= 11 \times 4 - 11 = 33$。

我说:"计算结果清清楚楚表明,打4万或7万才是这手牌的最佳选择。所以打牌不能凭感觉,必须要用科学的计算。"

有人说:"照这种标准来衡量,我们打的好多牌都是错的。"

我说:"这话说得对,实战中我们打的很多牌的确是错的。"

又有人说:"难怪朱教授你会得冠军。"

牌型2:

实战教学图2-2

这手牌应该打哪一张?

只能在条子566789、万子788这两组中来选择。结果,学员们大多数选择了打7万，少数人选择了打5条。

计算一下就清楚了：

打5条：进6条或2、5、6、8、9万，均可听牌，所以J（5条）＝6×4－7＝17；

打6条：进4、7条或2、5、6、8、9万，均可听牌，所以J（6条）＝7×4－6＝22；

打9条：进4、7条或2、5、6、8、9万，均可听牌，所以J（9条）＝7×4－6＝22；

打7万：进4、6、7条或2、5、8万，均可听牌，所以J（7万）＝6×4－8＝16；

打8万：进4、6、7条或2、5、6、9万，均可听牌，所以J（8万）＝7×4－6＝22。

计算结果表明：打6、9条或8万才是最佳选择。

事实证明，实战中的很多打法的确是错的。

现场教学效果很好，学员纷纷表示，过去打牌都是凭感觉，靠经验，错得太多了，机会数的计算最科学，最不容易出错。

下面就请欣赏机会数在实战中的精彩打法。

欣赏的同时请跟随我的解读来加强你对"机会数"理论的学习和掌握。

实战案例1

自从凤凰卫视采访我之后，来找我的人逐渐增多，绝大多数是来拜师学艺的，但都被我一一拒绝，因为本人从不收徒；也有来所谓讨教的。

下图就是由朋友引荐在茶楼切磋时出现的一手牌。打的规则是重庆版的成都麻将：血战到底，但可以不打缺花色，其他规定都一样。

那天天气很好，心情也好，似乎牌也拿得好。开战第二盘，机会就来了，摸牌三四圈之后，牌型就如图所示：

实战图1

已经听牌：胡5、8筒和1、4万。

机会数J（实战图1）＝4×4－6＝10；不仅胡牌面宽，而且还有两个刻子，所以这手牌的价值最起码也是一个自摸，力争收获一个杠牌。

实战过程：

当对家打出1万的时候，我叫了杠。如果就此胡牌，那也太小家子气了，杠起来2万，打掉3万。

牌型变化如下：

实战图1-1

重新听牌：胡5、8筒和2万。

机会数J（实战图1-1）＝3×4－5＝7，机会数虽然变小了，但却赢了一个杠牌。

两圈之后，桌面上出现了2万，我立马叫碰，然后放飞6筒，这种"放飞鸽"战术打法在下一篇里会专门介绍。

如果此时胡牌，这手牌的价值并没有体现出来，所以再次采取"放飞鸽"这种战术，将胡牌重心全部转移到筒子上来。

牌型变化如下：

实战图1-2

再次听牌：胡6、7、9筒。

机会数J（实战图1-2）= 3×4−2 = 10，机会数变大了，胡牌空间也相应增加了。

没想到6筒打出去，上家碰牌，心中出现一丝懊悔：这"飞鸽"没有放对，放出的鸽子可能飞不回来了。

下一圈，摸1条，退7筒，将胡牌重心全部转移到条子上。没想到，7筒出去，也被上家碰牌。

牌型如下图所示：

实战图1-3

再次听牌：胡1、4条。

机会数J（实战图1-3）= 2×4−2 = 6，虽然机会数变小了一点，但非常值得期待地是杠8筒的可能性增大了很多。因为牌池中曾经打过7筒，现在7筒已经被打断，8筒出来的概率相当大。

实战后续进程：

就在我满怀期待地等着杠8筒的时候，一不小心摸了一张2万起来，奇迹也就在这时候出现了：明杠2万，杠进来的是1条，杠上开花，关住三家。既然已经做成了杠上花，8筒的期待也就放弃了。

盘后点评：

1．本局的几个关键打法是：杠1万；之后碰2万，放飞6筒；再之后摸1条，把胡牌重心再次转移。

2．本局采用的两个主要打法是：放飞鸽战术和腾挪战术。这两个战术的具体打法将在本书的中篇里详细介绍。

实战案例2

每次去成都，总喜欢去三圣乡的幸福梅林、荷塘月色郊游，这里空气好,环境好,是休闲放松的好地方。这是我在成都三圣乡和亲朋好友打的一手成都麻将牌,开局不久手上的牌就基本成型了。

牌型如图所示:

实战图2

这手牌该怎么打?

我们首先对这手牌进行一下评估:

这手牌只要摸4、7筒或2、5、8万即可下叫,机会数$J = 5 \times 4 - 4 = 16$。当下家打出6筒的时候,是碰还是不碰?相信很多牌手是说不清楚的。凭我当时的粗略估算,碰牌是肯定可行的。

实战过程是:

碰6筒,退2条。

牌型变成如下:

实战图2-1

对这个图形的机会数重新做个计算:

摸5、6、7、8、9筒或1、2、3、4、5、6、7、8万均可下叫,机会数J(实战图2-1)$= 13 \times 4 - 13 = 39$,比碰牌前的16增大了23。计算结果大这么多也有点出乎我自己的预料。

实战后续进程是:

摸进了6筒不杠,退5筒。

牌型变化如图:

实战图2-1

再次听牌：胡2、5、8万。

实战最后结果是：2万自摸。

盘后点评：

我们有必要对这手牌进行一下讨论：

1．如果下家或对家打出的是5筒或者5万，碰还是不碰？

2．如果是上家打出的5、6筒或5万，碰还是不碰？

解答1：如果碰5筒。

牌型变成下图所示：

实战图2-2

观察可知：

进5、6、7、8、9筒或1、2、3、4、5、6、7、8万，均可下叫，J（图2-2）=13×4－13=39，机会数比碰前增大了23，碰牌是正确的。

如果碰5万。

牌型变成下图所示：

实战图2-3

观察可知：

进4、5、6、7、8筒或5、6、7、8万均可下叫，J（图2-3）=9×4－10=26，机会数比碰牌前增大了10。同样是可以碰的。

解答2：如果是上家打出的5、6筒或5万，碰不碰就值得探讨了。

虽然碰牌后机会数变大了，而且大了很多，的确很有诱惑力；但毕竟轮到我摸牌了，碰牌就意味着放弃一次下听的机会，所以，碰与不碰完全取决于临场的感觉。就我个人而言，我偏向于摸牌。

实战案例3

前不久一位读者和我交流了一手牌。

最后的情况是输了，而且输得很惨。下来之后询问了很多老麻将，多数人认为他没有打错，少数人觉得应该打1万。越弄越糊涂，究竟应该怎样打才是最正确的，希望我给予解答。

牌型如下图所示：

实战图3

他说实战中他选择了打9筒。

我问他："你手中有书吗？"

他说："有。"

我说："难道你没有看书？"

他说："看了，没怎么懂。"

我想只要是稍微认真看过书的读者都不可能出现这样的错误。这是一个很简单的牌型，只要打掉4筒就是"四人抬轿"。

如果还不清楚，简单算一下就知道：

打9筒：进4、7、8筒或2万，可听牌，J（9筒）＝$4\times4-3=13$；

打1万：进4、7筒或3、4万，可听牌，J（1万）＝$4\times4-3=13$；

打4筒：进7、8、9筒或1、2、3、4万，均可听牌，J（4筒）＝$7\times4-4=24$。

正确的打法应该是打4筒!

打9筒,打1万,不仅是错的,而且还错得相当严重。而这位读者看书不认真,恰恰选择了最糟糕的打法,让到了嘴边的肉跑掉了。

实战案例4

这是在重庆某一茶楼和朋友切磋时打的一手牌。

这手牌虽然还没有听牌,但听牌的渠道多得很:

进2、3、4、5、6、7、8、9筒或1、2、3、4、5万均可听牌,J(实战图4)= 13×4-13=39,这么大的机会数,听牌不就是小菜一碟吗?

牌型如下图所示:

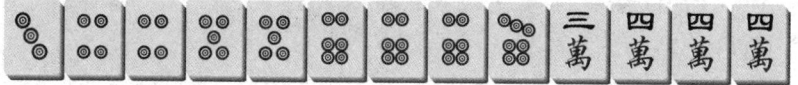

实战图4

这手牌的价值最起码也是个自摸。

最关键的问题是如何把6筒和4万的价值发挥出来,为了实现这个目标,打法上就要激进一点,那就是能碰则碰。

实战过程如下:

当牌桌上出现5筒时,立马叫碰,然后打3筒。

注意:

即便是现在拦腰碰了5筒,听牌的机会数依然很大:进4、5、6、7、8、9筒或1、2、3、4、5万均可听牌,J(5筒)= 11×4-13=31。

牌型变化如下:

实战图4-1

实战进程：

过了两圈，牌桌上打出4筒，立马叫碰；然后打出3万。

牌型变化如下：

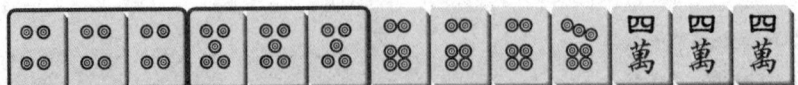

实战图4-2

现已听牌：胡5、7、8筒。

之所以把牌听在筒子上：一是筒子出现的机会多；二是想胡在5筒上。心里想的是杠6筒或4万。

没有想到的是转过来就把7筒摸起来了，对子胡自摸。虽然没有杠牌，但对子胡自摸赢三家也还是很不错了。

盘后点评：

当拿到一手好牌时，要有一点追求，要千方百计把这手牌运作好，让这手牌的价值得到最大限度的发挥。

实战案例5

这是一个考你基本功的案例。

2019年在重庆渝北一个农家乐朋友聚会，我和一个新手联合，牌进中局手上的牌已基本成型。

牌型如下图所示：

实战图5

进3、6筒或5、7万可听牌，机会数J（实战图）＝4×4－1＝15。

现在这个牌型将筒子567、万子123分离出去，就是"7张无听"。

牌型分解如下：

实战图5-1

当对家打出5筒的时候，怎么打？

碰还是不碰，你在10秒内能看出来吗？如果碰掉5筒，这个图形立马变成"四人抬轿"。

在前面一节里已经说过：图形应该朝简单的方向走，能够分解成"四人抬轿"的就不要分解成"7张无叫"。

实战过程：

由于6788筒是连张，所以碰5筒，打4筒。

牌型变化如下：

实战图5-2

观察可知：

进5、8筒或1、4、5、7、8万，均可听牌，机会数J（实战图）= $7×4-5=23$。不仅机会数增大了，牌型也简单多了。

实战后续进程是：

摸8筒，打4万。

牌型变化为：

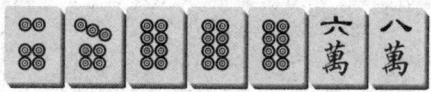

实战图5-3

打4万有诱出1、7万的因素在里面。

尾盘阶段，这种打法很有效。下一圈就把7万诱出来了。

盘后点评：

1．如果不碰5筒，这牌就打得太死板了。案例中的5筒是对家打出来的，如果是上家打出来的，是碰还是不碰？我的观点倾向于摸牌，不然就错过了一次下听的机会，毕竟碰了也没有听牌。

2．如果桌面上打出来的是8筒，碰还是不碰？

实战案例6

下面这手牌是在成都三圣乡和朋友休闲时打出来的。

桌面情况是：除我之外，三家都有杠牌。

牌型见下图所示：

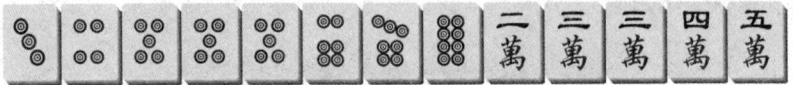

实战图6

尾盘阶段终于听牌：胡1、4万。

如果只赢一个小胡，还不够抵别人的一个杠牌，除了自摸能够把比分追平之外，别无他法。

就在牌局快要结束的时候，手上摸进了一张5筒。

牌型变化如下：

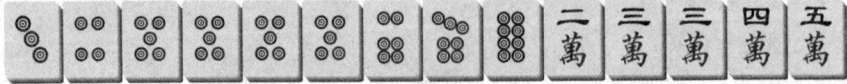

实战图6-1

杠还是不杠？

如果不杠，可以万子听牌：胡2、5万或3、6万。

如果杠5筒，牌型变化如下：

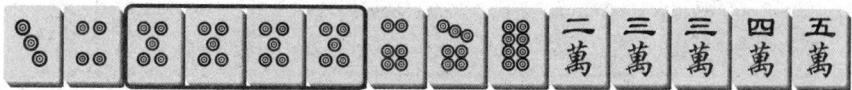

实战图6-2

看了一下牌墙,估计还能摸三次牌。

第一,暗杠之后,进2、3、4筒或1、2、3、4、5、6万,均可听牌,J(实战图6-2)=9×4-7=29;机会数这么大,听牌没有问题。

第二,之前已经输了,暗杠可以追平比分。

实战进程:

暗杠5筒,摸1万,退3筒。

牌型变化为:

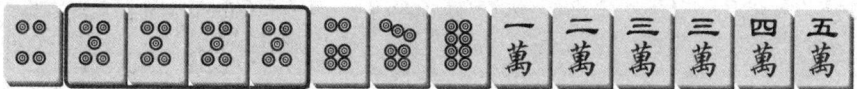

实战图6-3

已经听牌:单吊4筒。

把单吊听在杠牌旁边是容易成功的;最后是对家放炮成全了我。

盘后点评:

这手牌暗杠打得有点激进,如果你在实战中,没有输掉太多的比分,甚至还有赢的比分,不建议你采用这种打法。

实战案例7

这是2018年同学聚会,在南山农家乐娱乐时打的一手牌。

桌面情况是:牌局接近尾盘,手上的牌还比较糟糕,既没有下听,也没有杠牌,其他三家似乎都已听牌,其中两家还有杠牌,形势很严峻。

牌型如图所示:

实战图7

请注意：

右边的万子148，是3张无听牌型中的最强者，机会数＝36，进任何一张万子都会成为有听牌型。左边的34筒虽然很好，但2筒已被上家杠了，5筒桌面上已打现了2张，其情况很不乐观。

实战过程是：

桌面上出现9筒时，我叫杠，摸进1万，于是打掉3筒。

牌型变化如下：

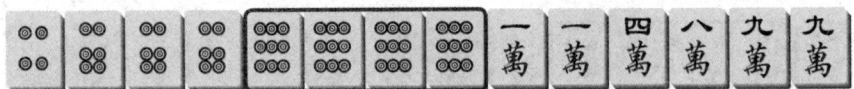

实战图7-1

实战进程：

过了一圈，摸进6万，退4筒。

牌型变化如下：

实战图7-2

实战后续进程：

碰9万，退4万，正确。

牌型变化如下：

实战图7-3

现已听牌：胡7万。

这种打法有诱出7万的作用；如果打8万，诱出5万的效果就没有前者好。4万刚打出，下家的7万就出来了，正好撞到我的枪口上。

盘后点评：

本案例中拆34筒是正确的，如果拆掉148万，情况就是另外一回事了。所以对147、258、369、27、37、38等牌型不要随便拆开。

实战案例8

这是在重庆铁山坪公园郊游，休闲时和朋友打的一手牌。

桌面情况是：牌局已进尾盘，除我之外，两家都有杠牌，好在我已听牌，胡1、4筒，一个自摸就能赢回来，还有剩余。

牌型如下图所示：

实战图8

现已听牌：胡1、4筒。

就在我想自摸的时候，殊不知把3万摸起来了，这暗杠得分的诱惑力实在太大了。如果不杠，依然可以单吊2筒或3筒听牌；如果杠了3万，那就很难说了。从最坏的角度来考虑杠牌以后的情况。

牌型将变成如下：

实战图8-1

此时，进1、2、3、4筒或1、2万，均可听牌，机会数J（实战图8-1）＝6×4－4＝20。机会数这么大，听牌应该不用担心。

实战过程：

暗杠3万，摸1万，退2万。

牌型变化如下：

实战图8

依然听牌：胡1、4筒。

实战后续进程：

两圈以后，1筒自摸，赢了三家。

盘后点评：

这手牌打得有点激进，虽然杠3万之后成为"四人抬轿"，听牌的概率很大，但毕竟是把有听打成了无听。

实战中你如果是胜利者，不建议你采取这种打法，最好是不杠3万，直接退3筒，单吊2筒。看情况发展再变换听牌。

实战案例9

一次聚会，一个朋友向我咨询一手牌。

朋友说，当他自己摸进8万的时候，他很纠结是杠还是不杠。

牌型如下图所示：

实战图9

如果不杠，退7筒，就可以听三张牌：6、7、9万，面很宽，如果自摸，8万还是"四归一"，赢面还挺大。

如果杠8万，担心杠牌之后听不了牌，而且又是尾盘了。

考虑再三,决定不杠为好,退了7筒。殊不知过了两圈还没有自摸,心里发慌了,最后只胡了对家打出来的9万。虽然没有输,但觉得有点可惜,这么好的一手牌,最后只赢了一个小胡。

请我分析一下,问题出在什么地方。

我是这么分析的:

如果暗杠了8万,牌型变化如下:

实战图9-1

此时,只要进2、3、4、5、6、7、8、9筒或4、5、6、7、8、9万均可听牌,机会数J(实战图8-1)= 14×4−14 = 42。这么大的机会数,几乎是只要摸到筒子或万子就可以听牌,还有什么好担心的呢?

而且暗杠就差不多相当于一个自摸的比分,这么大的诱惑,你都不为所动,真乃君子也。

盘后点评:

每当拿到一手好牌,一定要好好运作,使其产生最大效益。过于谨慎会失去很多机会。说实话,这位朋友的心理素质不适合参与竞技运动。

实战案例10

这是2016年在重庆黑山谷春游,和朋友打的一手牌。

那天不太顺利,坐上牌桌之后几乎没有胡过牌,一直输,好不容易在尾盘阶段有了下面这手好牌。

这手牌听牌渠道有很多:

进4、5、6、7、8、9筒或3、4、5、6、7、8、9万,均可听牌,J(实战图10)= 13×4−13 = 39。实战中不可能这么仔细地计算机会数,你需要做的事情是大致估算一下,做到心中有数。

牌型如下图所示：

实战图10

当牌桌上打出4万时，该怎么打？

如果碰牌，可立即听牌3、6、9万。

实战过程：

立马喊杠，摸进6筒，退8万。

三个4万位于连子5678万的端头，杠牌不会对牌型结构造成破坏。此时，进4、5、6、7、8、9筒或3、4、5、6、7、8、9万均可听牌，J（杠4万）＝13×4－14＝38。机会数仅仅比杠牌前减少了1。

牌型变化如下：

实战图10-1

已经听牌：胡5、6、7、8筒。

现在这手牌的价值最少也是杠牌加自摸，小胡是肯定看不上的。

实战后续进程：

当牌桌上出现7筒时，立即叫碰，然后放飞6筒。

牌型变化如下：

实战图10-2

重新听牌：胡4、6、7筒。

实战最后结果是：

7筒自摸，关住三家。就此一手牌把之前输的比分全部赢回来了。

盘后点评：

这手牌打得稍稍有点激进，毕竟已到尾盘，还没有听牌。如果你在前面的战斗中已经有了较好的收获，那么当4万出现的时候，建议你碰牌，然后打掉6筒，听牌3、6、9万；因为4万已经打断，应该很容易胡牌，3个听在手，自摸的可能性是很大的。

实战案例11

一个星期六的早晨电话铃声响起，电话那头传来一个老朋友的声音："听说凤凰卫视都采访你了，你还是要教一下我们打麻将吧。"

"好说，把茅台准备起。"其实他们都知道我不会喝酒。

"要得，好久没聚了，聚一下吧。"

……

饭桌上免不了谈谈麻将方面的东西，比如：2、5、8，打5；碰牌放飞鸽；一个听怎么变2个、变3个，等等，之后再实战几把。

下面这手牌是在轻松愉快的气氛中形成的：

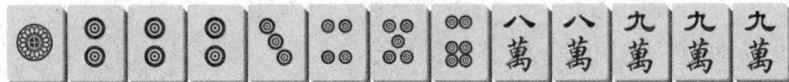

实战图11

那天手气真好，开盘没过几圈，手上的牌就已经成型了，胡2筒、8万，J（实战图11）＝2×4－5＝3。

旁观者说："这个叫好差劲哟。"

我说："就是，能胡牌都不错了。"其实我很清楚，这手牌只要有机会"放飞鸽"牌型立马就会大变样。

说话间，牌桌上打出了8万，我喊碰，然后放飞1筒。

牌型变化如下：

实战图11-1

重新听牌：胡1、3、4、6、7筒。

这一碰一放，牌型立马大变样，胡牌面一下就宽了好多：胡1、3、4、6、7筒，J（实战图11-1）＝5×4-4＝16。

突然有观战者说："朱教授，你在变魔术吗？"

下一圈，转过来又是1筒自摸，没有任何犹豫就打出了。我的考虑是：8万已碰，9万杠牌的可能性很大，这是其一；再说这么多的听牌根本不用担心，这手牌到目前为止，其价值最少也是杠牌加自摸。

果然没有猜错，过了一圈，9万就出来了，等的就是它，立马喊杠，杠了一张无用的条子，退掉。

牌型变化如下：

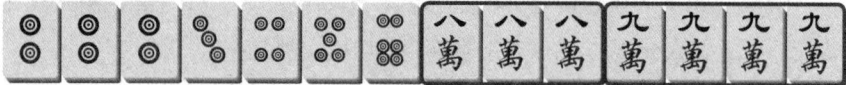

实战图11-2

依旧听牌：胡1、3、4、6、7筒。

我始终相信："机会总是给有准备的人准备的。"牌打到这个份上，听牌面这么宽，不自摸都不得行。

实战后续进程：

明杠8万，杠起来的又是1筒，杠上花，赢三家。

观看者一片哗然："朱教授，你这么打牌，哪个输得起哟。"

"朱教授，你打牌好像是玩魔术一样，完全是在打表演赛。"

……

聚会在愉快的气氛中结束。

周围的朋友都知道，朱教授打牌，自摸打出去是常事。

实战案例12

2015年去成都参加生日宴，生日宴安排在荷塘月色一个农家小院。饭后麻将娱乐，下面这手牌就是在娱乐中出现的。

牌型如下图所示：

实战图12

这是刚刚摸进5万的牌型。

目前这手牌，如果只考虑如何快速听牌，可供选择的牌张有：5筒和1、3、4万。没有一定的基本功，你恐怕很难看出打哪一张是最佳选择。

$J（5筒）=6×4-8=16$，

$J（1万）=6×4-8=16$，

$J（3万）=5×4-6=14$，

$J（4万）=7×4-9=19$。

4万是最佳选择。现有5对半，既有对子胡的可能，又有暗七对的可能。

注意：

5对的牌型看上去很不错，但是在其华丽的外表下，隐藏着巨大的陷阱。稍不留神，一旦错过机会，甚至连牌都有可能都听不了。

如果现在就转身，放弃对子胡、暗七对，那就打1万。这种打法，感觉有点可惜，毕竟已经有了5对。

这种情况的确让牌手感到纠结，考虑片刻之后，还是决定打4万，既保留了对子胡和暗七对的牌型，也为转身做了准备。

牌型变化如下：

实战图12-1

实战过程：

下一手，摸进5筒，退4筒。

牌型变化如下：

实战图12-2

现已听牌：胡2万。

当牌桌上出现1万的时候，立马叫碰，然后打出2万，对子胡听牌。如果继续纠结7对，后果很难估计。

牌型变化为：

实战图12-3

再次听牌：胡9筒、3万。

最后结果是：9筒自摸，赢三家。

盘后点评：

这手牌取胜的关键是转身快。

凡是有5对牌的时候，要特别小心，千万不要被其华丽的外表所迷惑，随时做好转身的准备，千万不要掉进做暗七对的陷阱。

实战案例13

下面这手牌是在成都荷塘月色打的，牌局到中盘阶段，手上的牌已经下听，胡7筒和1、4万，3个听，看上去很不错。

我曾问过好几个朋友。朋友们都说：看上去不错，有3个听，其实不咋样，能胡牌都不错了。

牌型如下图所示：

实战图13

这牌型好不好？

虽然有3个听，看看这3个听的机会数是多少就知道了：

J（实战图13）＝3×4－9＝3。名义上3个听，其实就相当于胡一个边张或间张，胡牌的概率是不大的。但我认为，有三个刻子在手的牌并不多见，至于这三个刻子能够产生多大的效益，这就看你怎么操作了。

这手牌的亮点是在万子上，力争要杠1万或4万之后再胡牌。

实战过程是：

当桌上出现7筒的时候，我立马喊碰，然后打出2万！

注意：

此时如果胡牌，这手牌的价值就完全没有体现出来。

此时如果杠7筒，筒子的链条就被打断，牌的发展很难说，风险较大且不可控，这种图一时之快的打法也是不可取的。

牌型变化如下：

实战图13-1

重新听牌：胡2、3、5万。

殊不知2万出去就被对家碰掉。

牌池中本来就出现了一个2万，现在对家再碰，2万就被打断；这样一来，1万是哪一家也捂不住的。

其实我退2万也希望出现这样的局面。

果然不出所料，打出2万之后，1万很快就出现在牌桌上了。于是直杠

1万，摸进5筒，放飞8筒。

牌型变成如下模样：

实战图13-2

再次听牌：胡2、3、5万。

碰牌后放飞鸽，胡牌面瞬间扩大。

对我来说，目的已经达到，很满足了。没想到更大的惊喜还在后面。

实战后续进程：

下一轮摸进4筒，于是自杠7筒，这种打法叫"偷渡"。没想到杠起来的是3万，杠上花赢三家。

就这一手牌奠定了我在本场战斗中的胜利基础。

盘后点评：

碰7筒退2万是本局的关键。三个刻子的牌型不要轻易胡牌，用"腾挪战术"转移胡牌的重心，即使杠不了牌，也争取自摸。

实战案例14

喜欢打江湖麻将的人，长期混迹于麻将桌上，江湖习气很重，牌打得相当熟练，几乎都是插花牌，手指识牌只不过是小菜一碟。跟这种人打牌没有过硬的技术和良好的心理素质是不行的。

在一次朋友的饭局上，就遇到了这么一位江湖老麻将。饭后朋友安排棋牌室娱乐，"人多接下"。

下面这手牌我正好轮空，观赏了这位老麻将的牌技。

牌型如图所示：

实战图14

这是刚刚摸进八万时的牌型。

老麻将的手指在牌墙上不停地左右滑动，一会左，一会右，显然是在思考该怎么打。最后，打出了2万。

打牌过程中，老麻将从不整理牌，很多时候都是手指识牌，动作圆滑，很油，江湖习气很浓，给人很不舒服的感觉。

我之所以记录这些不规范的行为习惯，是希望读者引以为戒。牌桌上必须礼貌待人，文明行牌，不要把这些不良的江湖习气带到牌桌上。

老麻将打2万是不是最佳路线？

如果你一时看不清楚，那就验算一下：

如果打2万：进3筒或3、4、5、6、8万，均可听牌，所以J（2万）= $6 \times 4 - 10 = 14$。

如果打5万：进3筒或1、3、4、6、8万，均可听牌，所以J（5万）= $6 \times 4 - 8 = 16$。

所以最佳打法是打5万。

这一盘的最后结果是老麻将放了两个炮，输了一个自摸。

这手牌并不复杂，一看就知道是在2、5万之间做选择。

可见江湖老麻将的水平也十分平庸。牌打得熟不代表牌技高。

实战案例15

2019年参加一个朋友的生日宴会，宴会后朋友安排了麻将娱乐。

那天打牌很不顺，从坐上牌桌开始，两个小时的时间里好像只胡了两个小胡，从头到尾胡不了牌，更别说自摸了，输得够惨。结束前的最后一把，按约定是不自摸不胡牌。

牌型如下图所示：

实战图15

当牌桌上打出8筒的时候，怎么打？

如果碰：退8万，听牌3、6、9筒。

如果杠：能否听牌不确定。

计算一下就清楚了：

杠8筒：进2、3、4、5、6、7、8、9筒或4、5、6、7、8、9万，均可听牌，J（杠8筒）＝14×4－14＝42。

这么大的机会数，几乎是摸进筒子和万子就可以听牌。

实战过程：

这么好的机会不能错过，直杠8筒，摸4筒，退8万。之所以不退7万，胡5、8万，是还有别的打算。

牌型变化如下：

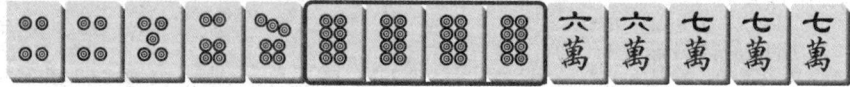

实战图15-1

现已听牌：胡4筒、6万。

下一圈，桌上出现4筒，立马叫碰，放飞6万。这就是刚才下听对处的原因，目的是希望通过放飞鸽，打自摸。

牌型变化如下：

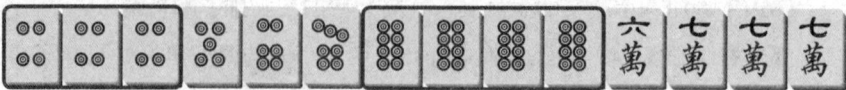

实战图15-2

重新听牌：胡5、6、8万。

实战后续进程：

之后，摸4筒明杠，再摸8万，杠上花。

仅此一手牌，把之前输掉的比分全部赢回来，还有结余。

这就是麻将的魅力所在。

盘后点评：

1. 这手牌取得如此辉煌的战绩，主要归功于暗杠8筒和碰4筒放飞6万。这一波大胆的、华丽的操作是取胜的关键。

2. 本案例中直杠8筒算不上激进打法，毕竟听牌的机会数太大了。

实战案例16

一个周末单位搞活动，举行麻将比赛。

下面这手牌是开赛不久形成的，牌型非常好。

牌型如下图所示：

实战图16

现已听牌：胡1、3、4、6万，J（实战图16）＝4×4－3＝13。

这么好的牌，自摸的可能性非常大。

这时候上家打出了3万，怎么办？

是胡牌？还是贪自摸？

其实，这两种打法都是不可取的，原因在于：

这手牌的价值最少也是杠牌加自摸，现在3万出来正好创造了这个条件。碰掉3万，2万出来的可能性非常大；而且8、9筒杠牌的可能性也很大。在没有杠牌之前，自摸都应该打出去，更别说小胡了。

实战过程：

碰3万，放飞5万。

牌型变化为：

实战图16-1

重新听牌：胡3、4万。

机会数虽然减少了，但是为下一步杠2万创造了很好的条件。

实际情况就是这样，3万被碰，2万是捂不住的。下一圈2万就出现在牌桌上，直杠以后，摸进7筒，退4万。

牌型变化如下：

实战图16-2

再次听牌：胡6、7、8、9筒，J（实战图16-2）=4×4-7=9。

这次听牌和刚开始听牌完全有所不同，虽然机会数相等，但这手牌的价值提高了，有了一个杠牌。

实战后续进程：

还没有等到9筒出来，就8筒自摸了。

两个"四归一"自摸，关住三家，这牌已经够大了。

盘后点评：

1. 这手牌取胜的关键是碰3万，放飞5万，为后面的杠2万，重新听牌筒子，到最后自摸创造了很好的条件。

2. 拿到一手好牌时，要有点追求，一定要最大限度发挥出它的价值，不能随随便便胡一个小胡就了事。

本篇总结

一、"机会数"理论的重要意义

"机会数"理论的创立为麻将文化的研究提供了一种全新的数学工具。我最爱说的一句话是"数学是人类语言最精确的表达形式"。麻将既然可以用数学形式来表示,就意味着一手牌的好与坏不仅可以用语言来描述,而且可以用数学形式精确地表达出来。这种表达方式在"机会数"理论创立之前是从来没有过的,它给人以全新的数字化体验,摒弃了过去用语言描述带来的模糊不清的感觉;"机会数"理论的创立开辟了麻将文化研究的新篇章。

二、机会数的计算方法

机会数的计算方法是"机会数"理论的核心内容,这个核心内容以"机会数定理",即"朱氏定理"的形式表达出来的。

机会数的计算方法有两种:

第一种,单张累加法。

单张牌累加法是在单张牌如何成副的研究过程中产生出来的,其计算过程比较烦琐,主要用于理论研究,实战性比较欠缺。

第二种,直接计算法。

直接计算法是在实战中创立的,严格来说是在单张累加的基础上,通过转换得来的。其计算过程简单明了,实用性很强。

使用这个计算方法时,最重要的一步就是把可以听牌的数字统计准确,然后乘4,再减掉所有看得见的明牌机会数。这个所有看得见的机会数是指自己手上的牌加上牌池中已经出现的牌。整个过程有3个环节:统计机会数,然后乘4,再减去所有明牌张数。前两个环节完全可以当作一个环节来做，数字统计完了立刻乘4，使其成为习惯思维。熟能生巧，多加练习，自然就能加快进程，不会因为计算而耽误了看牌和打牌。

三、"机会数"理论的重要成果

本篇的最重要成果是推出了机会数的计算方法。

这个方法把实战中所遇到的各种可能都进行了量化处理，并给出了最佳打法的明确提示，使牌手对牌张的取舍不再盲目。

本篇的第二个研究成果是对"无听牌型"进行了重点研究，并由此得出了2张组合和3张组合的若干重要结果。

这些结果主要体现在表1-3中，几个重要组合：27、37、38、147……258、369等是无听牌型中的最强组合，通常情况下不要将它们拆开打。如果必须要在三张中打掉一张时，请记住：

258打中间张5；

147、369等打边张1或9，这个边张是离中间张最近的那一张。

本篇的第三个研究成果是对各种牌型进行了系统的研究。

对顺子和对子的属性、作用和功能给出了独到的见解：顺子主内，对子主外，只有两者联合才能发挥出它们特有的威力。

本篇的第四个研究成果是推出了两种重要的实战工具。

这两种重要工具是："四人抬轿"和"7张无听"。分别适用于残局和中局，对残局和中局的打法给出了最佳的打牌路径。

四、"机会数"理论的实战应用价值

"机会数"理论的实用性很强，实战价值很高，主要体现在：对牌型好坏的判断、对牌张取舍的选择和牌型组合的最佳形态上。

1. 对牌型好坏的判断主要采用综合判断方法。

这个方法是利用"优先原则"和牌型组合秘籍的结论来对牌型作出判断，主要是从宏观层面上判断。其特点是简单快捷，不用计算，适合于比较简单的牌型；对复杂牌型的判断不如计算法准确。

2．对牌张的取舍主要采用机会数计算方法。这个计算方法的特点是：计算简单，结果准确。能够指导牌手对牌张作出合理的取舍。可以说没有它，你将寸步难行；没有它，你将输得一塌糊涂。

3．多张牌型的组合秘籍给出了各种牌型的最佳组合方式，对实战中牌型的判断和牌张的取舍有直接的指导作用。

有关"机会数"理论的介绍就到此结束。

本书后面的内容主要是如何利用机会数这个工具在实战中赢得胜利。在以后牌例的介绍中，这些计算过程原则上不会再出现了。因为到此处为止，这些计算过程你应该是烂熟于心了。

中 篇

综合训练营

本篇我将详细地给大家介绍实战中最常见的一些战术打法。这些战术打法是我多年来实战经验的总结和提炼，有极强的实用性。当然这些战术打法会因人而异，希望读者在学习的过程中不要追求全面掌握，不要贪多求全。精通一样比了解十样或许更重要。

如果你觉得其中某种打法你特别喜欢，特别适合于你，那就把它真正弄懂，熟练掌握，把它作为自己的专长来使用，一定会有不错的效果。

本篇所介绍的实战问题对你或许有很多借鉴之处。这些问题涉及牌手常见的一些习惯性打法、一些习惯性动作。你可能不知或许正是由于这些习惯性动作、习惯性打法让你错过了很多赢牌的机会，让你输掉了很多自己浑然不知的牌局或许正是因为这些习惯性打法让你的技术一直得不到提高。

本篇将通过若干牌例来解读这些战法技巧和实战中的问题。

第一节 "放飞鸽"战术

放飞鸽是一种高级战术打法。这种打法的本意是为了贪图自摸，目的是为了扩大赢面，赚取更多的比赛分。

它的技术特征是放弃原本已经胡了的牌：如碰对胡或自摸胡；重新放出另一张牌，不仅使胡牌空间得到拓展，同时等待更有利的机会出现。之所以要放弃胡牌，是因为这手牌的潜在价值还没有被挖掘出来。

这种打法的特点是：高风险，高收益。

这种打法要求牌手具备良好的心理素质。

本人特别喜欢这种打法，也很擅长这种打法，经常在实战中使用，常常收到意想不到的效果；不仅比分大幅度地增加，还常常令对手困惑不解，甚至目瞪口呆，云里雾里。而且，每一次的成功不仅使自己享受到成功的喜悦，还会大大地提高使用这种战术打法的自信心。

放飞鸽这种打法主要涉及两个方面的问题：

第一是技术方面；

第二是心理方面。

分别介绍如下。

一、技术层面

从技术层面上讲放飞鸽这种打法并不复杂，甚至还比较简单。

具体的操作涉及两个方面：

第一，碰牌放飞；

第二，自摸放飞。

1. 碰牌放飞

这种打法的前提条件是：一定是两个对子听牌，也称对处叫。

具体打法是：

当牌桌上出现其中一张对子牌的时候，采取的打法是碰牌，而不是胡牌；碰牌之后再打出某一张特殊的牌，使原本的对处听牌变成两头听牌、三头听牌，甚至多头听牌的格局，以有利于自摸。

碰牌之后，打出去一张牌的这个过程就叫"放飞鸽"。

放出去的这张牌叫"飞鸽"。

请看下图：

【教学案例1】

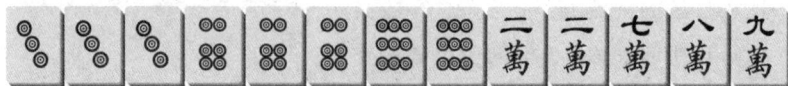

教学图1

这手牌已下听：胡9筒、2万。

具体打法如下：

当牌桌上出现9筒或出现2万的时候，碰掉！然后把9万打出去；重新听牌6、9万。

这种一碰一放的过程就叫"放飞鸽"；放出去的9万就是"飞鸽"。

【教学案例2】

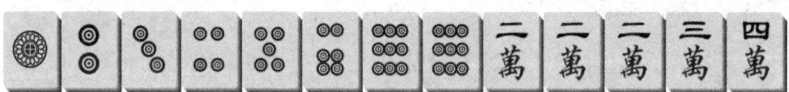

教学图2

这手牌已下听：胡9筒和2、5万。

具体打法如下：

当牌桌上出现9筒的时候，碰掉！

碰掉之后有两种打法：

第一，退掉1筒，重新听牌：胡1、4、7筒；3个听。

第二，退掉4万，重新听牌：胡1、3、4万；3个听。

这种打法使胡牌空间得到了很大改善，大大提高了自摸的可能性。

实战案例1

这是在重庆万盛石林和朋友旅游聚会时打的一手牌。

那天有雨，游览的心情降低，于是早早地回到宾馆开始娱乐。开战之后一两个小时没有胡过牌，晚饭之后继续，情况好像有所改观。再战后的第二盘，牌型明显好转，中盘阶段手中的牌已经听牌了。

牌型见下图所示：

实战图1

已经听牌：胡8、9筒。

这手牌的价值不可能只是一个小胡，最起码也是自摸。

实战过程是：

桌上出现8筒时，立马叫碰，然后放飞5万。

牌型变化如下：

实战图1-1

重新听牌：胡9筒和2、5、8万。

这一碰一放，将胡牌空间大大地打开了。

实战后续进程：

两圈以后，摸进2万暗杠，起来的是8万，杠上花，关住三家。

就这一手牌确定了当天的胜利者非我莫属。

实战案例2

2016年在重庆参加一个朋友的生日宴会，饭局之后应邀参加麻将娱乐，都是好友，气氛轻松愉快，"人多接下"。中场时分我轮空，正好上个卫生间，休息一下，活动一下身体。出来后战斗开始了第二盘。

一个叫二哥的朋友说："朱教授，你来晚了，等下一轮哈。"

我说："没关系，你们打，我正想看看。"

说话间，战斗已经开始，我走到二哥身后，看他打牌。那天二哥手气好，这一轮开局不久手上的牌就成型了。

牌型如下图所示：

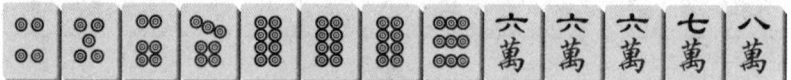

实战图2

这手牌已经下听，胡8筒和6、9万。

二哥很高兴："这一次不自摸不胡牌，把你们几个都关进来。"

对家的朋友说："你莫要得意，哪个关哪个还不晓得。"

说话间，对家把手伸向了牌墙，喊了一声："起来没有？"

"哈哈，真的起来了。"对家将4个9万杠了下来，满脸都是笑。

边笑边说："二哥，你关我，看看现在是哪个关哪个？"

这样一来，二哥的胡牌空间被大大地压缩了。

两圈之后，对家打出了6万。

二哥大喊一声："胡了。哈哈，这下打平了。"

二哥很得意地扭头对我说："没有打错嘛，你看。"他指着三个6万。

我说："你太亏了，等会说。"

牌局结束后，二哥迫不及待地对我说："朱教授，你说说，怎么个亏法？这牌该怎么打？"众人的眼光一下转向了我。

我将二哥的牌摆放好，见实战图2。

我说："你们都看看，如果6万不胡，改为碰，然后放飞鸽，打掉9筒，看看是个什么情况？"

牌型变化如下：

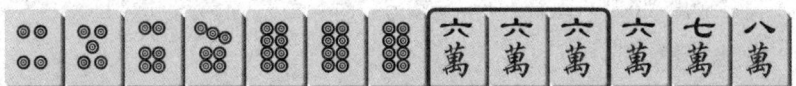

实战图2-1

我说："看一看，现在的胡牌面是不是宽多了，胡3、4、6、7、9筒，这才是真正的不自摸不胡牌。二哥，你是不是亏大了？这手牌的价值你完全没有发挥出来，最起码也是一个带勾自摸。"

二哥说："教授，你怎么当时不给我说一声嘛！"

盘后点评：

这手牌表面看，打平了，其实亏得太多了，最关键的失误是把6万胡了，正确的打法应该是碰6万，然后放飞9筒。

实战案例3

2015年朋友一行到重庆南泉郊游，饭后玩麻将。

那天手气不好，开盘之后差不多一个小时没有胡牌，虽然没有大输，但很多个小输也够可以的了。好不容易拿了一手好牌。

牌型见下图所示：

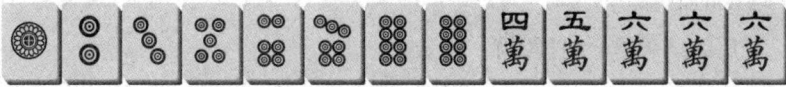

实战图3

现在胡8筒和3、6万。

这手牌的价值最起码是个自摸。

我的计划如下：

如果出现8筒，碰掉之后放飞4万；

如果出现6万，那就直接杠牌，万一摸进3万，杠上花也不一定。

实战过程：

牌桌上出现6万，直杠之后，摸9万打掉；之后摸5万，退4万。

牌型变化如下：

实战图3-1

重新听牌：胡8筒、5万。

实战后续进程：

摸4筒，退8筒。

牌型变化如下：

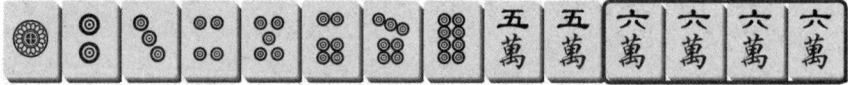

实战图3-2

再次听牌：胡3、6、9筒。

短短几圈，杠了6万，三次重新听牌，胡牌空间得到很大提升。

实战最后进程是：

牌桌上先后打出6、9筒，我都给予放行，因为6、9筒没有被碰，更坚定了自摸的信心。

最后的结果是：自摸9筒，赢三家。

实战案例4

2015年在成都荷塘月色与亲友聚会，饭局后，休闲玩麻将。

开盘不久，手上的牌就下听了。

牌型如下图所示：

实战图4

已经听牌：胡4、7筒和2、5万。

这么好的牌，不可能一个小胡就结束。

实战过程：

桌面出现5万时，碰；放飞6筒。

牌型变化如下：

实战图4-1

重新听牌：胡3、5、6筒。

一圈之后，摸进4筒暗杠，杠起来9万，退5筒。

牌型变化如下：

实战图4-2

再次听牌：胡3、6、9万。

这么短的时间内，牌型发生了很大变化：4筒暗杠，5万四归一，再次听牌，胡3、6、9万。

现在这种情况，自摸的可能性是很大的。

实战的后续进程是：

桌面上先后三次打出过3、6、9万，都通通放过，最后9万自摸。

盘后点评：

这手牌碰5万，放飞6筒是关键！

实战案例5

2015年应邀参加一个朋友的生日宴会，饭局后，主人安排打牌娱乐。那天人多打接下，下面这手牌正好我轮空，观看一个叫周经理的人打牌。尾盘的时候，周经理拿了一手好牌。

牌型如下图所示：

实战图5

已经听牌：胡1、4筒。

这手牌的价值最少应该是个自摸。可能的方案有以下几种：

如果出现6筒可以直接杠牌；

如果出现3筒，应该碰牌之后打2筒；

如果出现6万，应该碰牌之后，放飞3筒。

实战过程是：

当牌桌上出现6万时，周经理喊了一声"杠"。严重失误的打法！杠起来一张无用的条子。

牌型变化如下：

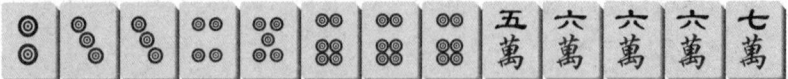

实战图5-1

这手牌现在真的很糟糕。

虽然得了直杠的加分，但是，一手牌打得稀烂，把有听打成无听，而且还是尾盘阶段，能否重新下得了听都很难说，为了图一时之快杠了6万，结果给自己造成这么大的心理负担。这种打法严重不可取。

实战后续进程是：

直到牌局结束时，周经理还是没有下听；不仅直杠的加分没有拿到手，还当了赔家，真是亏大了。

有必要将这手牌分析总结一下。

如果周经理采取的打法是碰6万，放飞3筒，情况是另外一回事。

牌型就会变成如下：

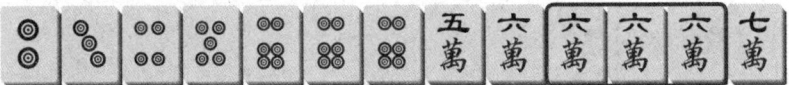

实战图5-2

看看这个图形是什么？

这就是本书上篇中介绍的"多张牌组合秘籍"中的火箭筒牌型，听牌：1、2、4、5、7筒。胡牌空间瞬间扩大很多，不自摸都难。

对比5-1和5-2这两个图：一个在天，一个在地。

盘后点评：

这手牌的败招就是杠6万，把有听打成了无听。

尾盘阶段，时间有限，通常情况下都不应该把有听的牌打成无听的牌，应该根据条件循序渐进朝目标方向去发展，而不要南辕北辙。

2. 自摸放飞

顾名思义：自摸放飞就是自摸了都不要，还要打出去。

你可能会感到不可思议，哪有这种打法哟，自摸都不要；你会不会觉得打牌者脑壳有病，不正常哟。

我清楚地记得1999年我第一次参加"重庆市鹰冠杯中国竞技麻将个人

邀请赛"的时候,我就采用了这种打法:刚刚打出去,转眼又摸回来,而且是自摸。弄得别的选手很懵,还叫了裁判。

从那以后,我对这种打法是情有独钟,花了很多的精力研究这种打法,实战中每当我使用这种打法取得胜利的时候,心中的自豪感油然而生,同时也增强了对这种打法的自信心。我身边的朋友都知道,对我来说自摸打出去不是新鲜事,而是常有的事。

那么,为什么自摸了还打出去呢?

这个道理其实很简单,那就是:当这手牌的价值远远超过一个小胡自摸的时候,就应该打出去。

请看下面的牌型:

【教学案例3】

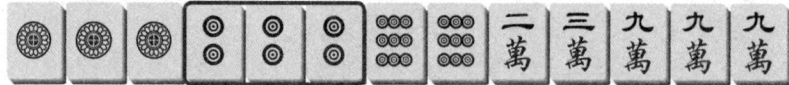

教学图3

现已听牌:胡1、4万。

2筒已经被碰,1筒和9万杠牌是大概率事件,在这种情况下自摸1万或4万是可以打出的。

【教学案例4】

教学图4

现已听牌:单吊1筒。

这手牌进任何一张万子都可以清一色听牌,其价值最少也是清一色自摸或者赢清一色加杠。如果自摸1筒是可以打出去的。

【教学案例5】

教学图5

现已听牌：胡2、3、5筒。

这手牌的价值最少也是小于5（16番）自摸或者是全小（24番）放炮。所以，如果自摸2筒可以要，如果自摸5筒（8番）可以打出去。

实战案例6

2002年参加重庆市渝中区竞技麻将比赛，比赛第二轮开赛不久拿了一手好牌，这手牌在中局阶段形成。

牌型见下图所示：

实战图6

现已听牌：单吊4万。

这手牌的发展方向应该是字一色（64番），现在还差一张牌，不排除还有小四喜的可能。

正在我计划怎样做大的时候，伸手摸进了4万，自摸。怎么办？

如果胡牌，也就是个混一色，16番，感觉很亏。好不容易做到这个份上，差一张牌就是字一色。最后放弃了自摸！依旧退掉4万。

实战过程：

两圈之后，摸进了发财，再退4万。

牌型变化如下：

实战图6-1

重新听牌:单吊发财。

现在的主番是字一色,与之前的混一色不可同日而语。

再过一圈,摸进北风,退发财。

牌型再次改变:

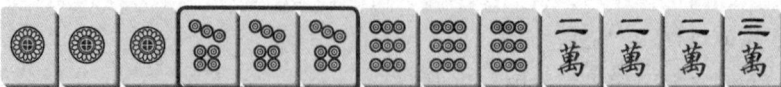

实战图6-2

现在听牌北风。

一旦成功,就将是:字一色加小四喜,有一百三十番左右。

实战后续进程是:

单吊成功,胡了对家的北风。

字一色加小四喜的成功一下就轰动了整个赛场。

事后在一旁观看的裁判说:"朱老师好沉得住气哟,自摸都敢打出去。"

实战案例7

2015年朋友聚会,郊游南山,上午游览,下午打牌。那天天气好,心情也好,牌也拿得好。开盘不久,手上碰7筒就下听了。

牌型见下图所示:

实战图7

现在听牌：胡1、3、4万。

接下来，下家打2筒，对家杠牌。

2筒被杠，这手牌的价值又提高了一个数量级。加上7筒被碰，9筒出来也是大概率事件，所以这手牌目前的价值最少也是杠牌加自摸。

转眼间，手上摸进1万，怎么打？

几乎没有任何犹豫就放出去了！正确，很有欺骗性。如果摸进的是3万，对子胡，我肯定不会放出去了。

实战进程：

两圈之后，1筒果然出现了，杠1筒，摸4筒，退掉。

牌型变化如下：

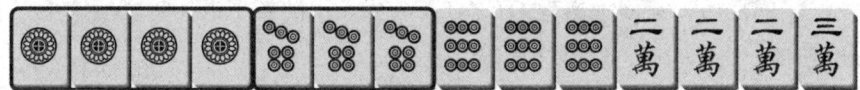

实战图7-1

接下来，上下两家都先后打过1、4万，我都通通放过。第三圈当手上再次摸进1万的时候，我叫了胡牌。

这一出一进，比分几乎翻了两倍。

事后观战的一个朋友说："朱教授这种打法，一般的人都不得行。"

盘后点评：

打出1万，是有追求的一种打法；也是本局的关键。

实战案例8

2015年到三亚旅游，闲暇时在房间玩麻将。气氛轻松愉快，其中一手牌打得很成功，借此机会和大家分享。

牌型如图所示：

实战图8

已经听牌：胡2、3、5筒。

桌面情况是：

战斗进入中局阶段，6筒被上家杠，8万被对家碰，所以刻子9万的价值就提升了；而且1筒也有杠牌的潜力。这手牌最起码也是杠牌加自摸。

实战过程：

摸5筒，因6筒已被杠牌，退2筒意义不大，故放飞5筒。企图杠9万。

一圈之后，桌面上出现9万，杠了一张无用的条子退掉；之后牌桌上出现2筒，立即叫碰，然后打掉4筒。

牌型变成如下：

实战图8-1

现在重新听牌：胡2、3筒。

我有一种强烈的感觉，1筒很快要出来了。果不其然，转过来就把1筒摸上了手，暗杠之后，摸进5万，打掉3筒。

牌型变化如下：

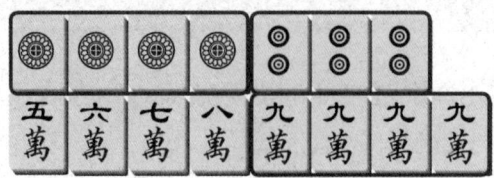

实战图8-2

再次听牌：胡5、8万。

实战后续进程是：8万自摸，赢了三家。

盘后点评：

这手牌放飞5筒是关键。

实战案例9

朋友一行去重庆万盛石林自驾游，晚上无事，就在房间休闲，打牌娱乐。当晚手气不错，一连做成好几个小胡。这手牌也不错。

牌型如下图所示：

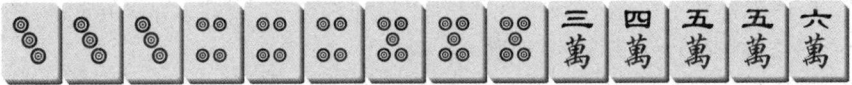

实战图9

这是刚刚摸进5万的牌型。

桌面的情况是：3筒已经打现，6筒已被对家直杠。

综合评估：在这种情况下，4筒和5筒的杠牌的可能性极大，其价值明显提升。因此，这手牌的综合价值应该是杠牌加自摸。

现在该怎么操作？

1．打5万，胡3、6万；

2．打6万，胡2、5万；

3．打3筒，胡4、7万。

很明显打3筒的好处更多：可以让手上持有45筒、24筒的牌手放弃进3筒的想法更强烈，此其一；3筒已经打现，杠牌彻底无望，用3筒做将牌，可以使万子的发展空间更大，此其二。

实战过程是：

打掉3筒，胡4、7万。殊不知，转过来就自摸7万。既然已经想好，就不再犹豫，所以果断放弃胡牌，放飞5万。

牌型变化如下：

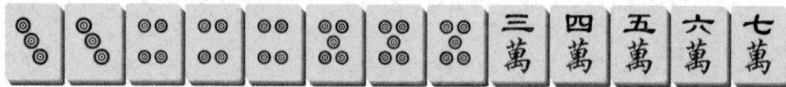

实战图9-1

重新听牌：胡2、5、8万。

牌打到这个份上，就等4、5筒出现，好杠牌。只要分析正确，杠牌应该是大概率事件。

实战后续进程：

两圈之后，摸5筒暗杠，再摸2万，杠上花，赢3家。

盘后点评：

这手牌留5万，打3筒是取胜的关键。

实战案例10

这是去云南旅游，在宾馆休闲时和朋友打的一手牌。

牌型如下图所示：

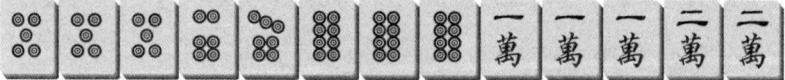

实战图10

已经听牌：胡5、8筒和2万。

桌面情况：对家已碰7筒。

评估分析：既然7筒已碰，8筒的价值就得到提升；加上1万是边张，杠牌的潜力很大。所以这手牌的价值应该不小于自摸加杠。

打牌思路：

1. 如果自摸5、8筒，那就胡牌。

2. 如果自摸2万，就放出7筒。彻底打现4个7筒，逼出8筒。

3. 如果出现5、8筒和1万，通通直杠。

实战过程：

自摸2万，放飞7筒。

牌型变化如下：

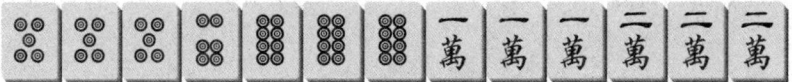

实战图10-1

重新听牌：胡4、6、7筒。

明为3个听，实为2个听，目的是等着杠牌。

果然不出所料，一圈之后，8筒现身，立马叫杠，摸起来2筒，打掉。其他人见状，大都小心翼翼，踩着2、5、8筒子的线开始走。

之后的进程是：

牌桌上出现5筒，杠牌后摸进3万，退6筒。

牌型变化如下：

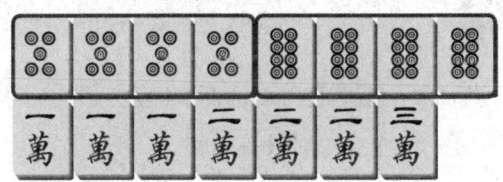

实战图10-2

再次听牌：胡1、2、3、4万。

这么宽的胡牌面，真是不胡牌都不得行。

实战后续进程是：4万自摸。

事后观战的一个朋友说："朱教授，像你这么打，哪个敢和你玩？"

他这话说得没有错，由于这些年来媒体的报道，加上凤凰卫视台的采访，荷兰国家电视台的采访，本人在"麻坛"小有知名度。当然更重要的因素是实战说话，战绩摆在那里。所以，周围的朋友常常请我吃饭，也喜欢跟我聊天，但是饭局之后，打牌就不一定有我了。

朋友们大都很客气地跟我说："朱教授，辛苦您多看看，多转转，多给我们指导指导。"

有的朋友说得就更直白："朱教授，我们和你打等于白送，你不过瘾，我们也不过瘾。"

二、心理层面

"放飞鸽"这种打法要求牌手有一定的心理承受能力，原因有：

第一，"放飞鸽"会给放飞者造成一种恐惧感，担心不能胡回来，毕竟原本是胡了的牌，现在却要等待机会重新胡回来。

第二，放出去的飞鸽有可能被别人碰，被别人杠，甚至被别人胡，那就叫"偷鸡不成蚀把米"，那种后悔的心情要默默地独自承担。

这种打法从经济学的角度来看，是高收益高风险。所以"放飞鸽"的时候要充分评估放飞的风险，要根据自己的心理承受能力来综合考虑。

实战案例11

2017年的一个周末，几个朋友来访，饭局之后免不了打几圈麻将。那天开打之后一直不顺，一个多小时没有胡牌。

朋友见状，很高兴地和我开玩笑，说："朱教授，好不容易看到你输一回，今天怕是翻不回去了。"

我说："啥子好不容易哟，经常都在输。"

说话间，新的一盘开始了，牌似乎有了点起色。

牌型见下图所示：

实战图11

这是刚刚摸进9万时的牌型。

打掉3万就听牌：胡3筒和6、9万。

实战过程：

打3万，对家碰。过了一圈，下家打3筒，我叫碰，碰掉之后放飞7万，没想到7万出去就被对家杠！

牌型变化如下图：

实战图11-1

重新听牌：胡7、8万。

遇到这种事情人人都会感到后悔，这是很正常的。但不能因为后悔影响情绪，更不能因为后悔影响打牌的思路。

评估分析：

放飞虽然失败，但9万出来是肯定的事情，而且2万出来也是大概率事件。这样看来，这手牌的价值应该是杠牌加自摸。

后续进程是：

直杠9万；暗杠2万；摸4筒，退8万。

牌型变化如下：

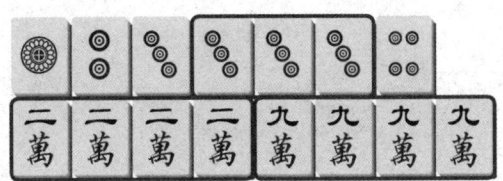

实战图11-2

再次听牌：胡1、4筒。

之后，上下两家分别打出1、4筒，因为没有被碰，所以全都放过。

最后的结果是：1筒自摸，赢的比分远远超过放出去的暗杠分。

事后，朋友说："要赢你一次真的不容易。"

实战案例12

重庆市渝中区举办竞技麻将比赛，在第二天的比赛中，有一手牌打得很有胆识。开盘不久拿了一手不错的好牌。

牌型如下图所示：

实战图12

当牌桌上出现4筒时，该怎么打？

如果杠4筒，后果不可预料，风险不可控。

如果碰4筒，听牌面较宽，为以后的腾挪也打开了空间。

实战过程：

碰4筒，退3筒。

牌型变化如下：

实战图12-1

现已听牌：胡2、3、4、5万。

实战进程：

下一轮自摸3万，考虑片刻打出去。

之所以这么做，是明显感觉这手牌的价值远远超过这么点比分。现在离全中24番已经很近了。

接下来，牌桌上出现了4万，立马叫碰，放飞3万。

牌型变化如下：

实战图12-2

重新听牌：胡3、4、6万。

现在，如果胡6万就是全中，24番。

实战后续进程是：

自摸6万，赢三家，合计九十多番，算是收获了个大瓜。

事后，旁边的裁判说："朱老师自摸都打出去，一般的人不敢这么打。"

实战案例13

周末朋友聚会，一位多年不见的朋友说："朱教授，听说你麻将打得好，今天一定要领教领教。"这手牌是开局不久形成的。

牌型如下图所示：

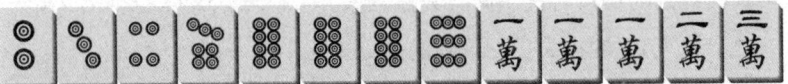

实战图13

已经听牌：胡8筒、1、4万。

当8筒出现在牌桌上时，该怎么打？

实战过程：

碰8筒，放飞3万。

牌型变化如图：

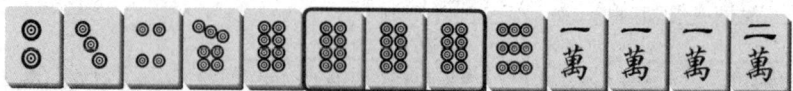

实战图13-1

没想到3万出去就被对家的老朋友杠牌。

老朋友边杠牌边开玩笑:"谢谢教授。你恐怕是'放飞鸽'哟。"

这飞鸽放得有点不爽,值得安慰的是,3万既然打断,1万肯定是捂不住的,杠1万应该不成问题。

接下来,摸6筒,退2万。

牌型变化如下:

实战图13-2

重新听牌:胡6、9筒。

因为8筒已经断桥,这样的牌型是很好胡牌的。

实战后续进程:

直杠对家的1万;自摸9筒,关住三家。

之前放飞3万的损失,与现在的赢分相比不值一提。

老朋友说:"朱教授,你这飞鸽放得好,多的都拿回去了。"

实战案例14

2017年的一个周末,朋友相约到南山郊游,中午在一个农家小院吃饭,之后在树荫下打牌,春日阳光照得人暖洋洋的,鸟语花香,室外休闲,很惬意。牌局快结束的时候,手上的牌也基本成型了。

牌型如下图所示：

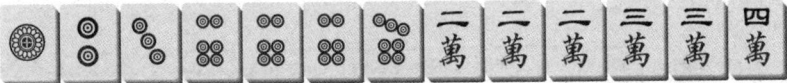

实战图14

当6筒出现在牌桌上时，怎么打？

杠牌显然不是最好的选择，后续的走向无法预测。

实战过程：

碰6筒，退4万。

牌型变化如下：

实战图14-1

现已听牌：胡5、8筒。

这样的牌打起来才叫心情舒畅，真的就是随心所欲。如果杠了6筒，牌的发展不可预测，压力大，心情也不好，打牌的乐趣就完全丧失了，战绩肯定不会好的。

接下来摸进7筒，感觉机会来了。

后续进程是：

采用"偷渡"打法：杠6筒！摸起来的又是4万，于是退3万。

牌型变化如下：

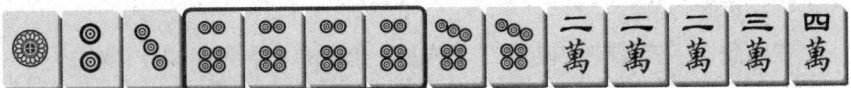

实战图14-2

重新听牌：胡7筒和2、5万。

不管怎么腾挪，手中的牌始终有听。

下一圈，桌面上打出了7筒，立马叫碰，又把4万退出。

牌型再次变化：

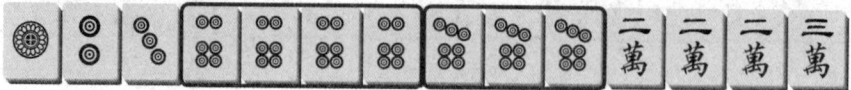

实战图14-3

再次听牌：胡1、3、4万。

牌就是要这么打，才算是真正打活了。

最后的结果是：1万自摸。

虽然这手牌做得并不大，但整个过程给人以轻松愉快，任你在牌海中遨游，这才是打牌的真谛。

实战案例15

2019年的一个周末应邀参加一个朋友的生日聚会，饭局后主人安排棋牌室娱乐，"人多接下"，因为主人应酬多，我俩就合伙打。

下面这手牌是尾盘阶段形成的，看上去非常不错。

牌型如下图所示：

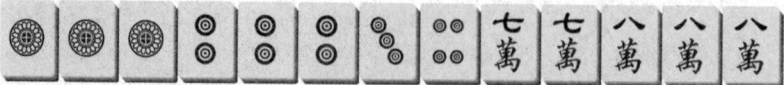

实战图15

现已听牌：胡2、5筒和7万。

没想到伸手就把5筒摸起来了，自摸。考虑片刻，还是决定退掉。

因为这手牌的价值不应该只是一个小胡自摸，最少也应该有个四归一，如果刚才摸的是2筒，那肯定就胡牌了。

殊不知，5筒出去就被对家杠了，心中有那么一点点后悔。

接下来，牌桌上出现了2筒，怎么打？

实战过程：

碰2筒，放飞4筒。

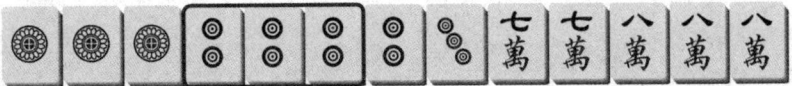

实战图15-1

重新听牌：胡1、4筒和7万。

现在，杠1筒是肯定的，如果能碰7万，8万出来的概率也很大。

出乎意料的是，没等这些设想实现我就1筒自摸了。

两个四归一自摸，这牌也够大了。

第二节　腾挪战术

腾挪战术是一种高级战术，是实战中使用频率很高的一种打法。

它的技术特征是：

通过吃牌、碰牌、杠牌、"放飞鸽"、自摸等方式，不断地改变听牌的花色和数字，目的是让这手牌的价值最大限度地发挥出来，达到物尽其用的目的。当手中的牌有暗刻，希望杠牌加分；或希望自摸；或希望达到某种目的，比如定点打击等，就可以采用这种战术。

本人对这一战术非常喜欢，也很擅长这种打法，从一定程度上讲这种打法有欺骗成分，所以在欺骗战术里也经常用到这种打法。

腾挪打法有四大特点：

特点之一：改变胡牌的花色，实现有针对性的定点打击。

特点之二：可以将一手较差的牌，变成一手较好的牌。

特点之三：具有很大的隐蔽性，让对手防不胜防。

特点之四：灵活多变，不拘泥于原地等待，有游击战的特点。

可以说，腾挪战术是一种综合性战术，它对牌手的应变能力、战术素养和技术的全面掌握都要求较高。

下面，我将通过案例来介绍这种战术的应用。

实战案例1

下面这手牌我在《麻将理论与实战打法》中引用过，是实施定点打击的一个很好案例，是我印象很深，感觉很自豪的一个案例。

这是我在重庆"鹰冠杯"竞技麻将锦标赛决赛中打的一手牌。

当时的情况是我和第二名比分相差不大，三名以后的选手已经不构成威胁，第二名的选手坐我对家。决战之时，我制定的战略方针就是重点打击第二名选手。我手中的牌在中局阶段就听牌了。

牌型如下图所示：

实战图1

已经听牌：胡五万。

按照竞技麻将比赛规则，最少8番才能胡，这手牌胡间张5万有9番。但这手牌的潜力很大，分别有3个1筒、3个1万和3个1条的刻子；还有全小的架构，运作好了将会赢得很高的比赛分。

实战过程是：

当上家打出5万的时候，完全不为所动，放过。

伸手摸了张3万，然后退6万。

牌型变化如下：

实战图1-1

重新听牌：胡2、5万。

当下家打出1筒时，立马叫碰，然后退4万，

牌型变成如下：

实战图1-2

再次听牌：胡2、3万。

腾挪之后，牌型发生了本质上的变化，番种的分值大大提高了，既有全小番种24分，又有3同刻番种16分，等等。

接下来的问题是怎样才能够胡对家的牌？

如果胡对家，比分一下就能拉开很大距离，其对我的威胁就基本解除了。如果胡上家或下家，意义就没那么大，对家的威胁只是减小了，而没有解除。所以，用这手牌为契机，一举击败对手是最重要的。

现在的问题是，对家似乎也需要万子，其条子倒是打出过1条和2条，该怎么办呢？最好的办法是把听牌换成条子。

实战打法是：

摸进3条，打出3万。

牌型变化如下：

实战图1-3

再次听牌：胡2、3条。

胡条子正是胡在对家的软肋上。一圈之后，上家打2条，我放过。当对家再次打出2条的时候，我当然不可能再放过了。

事后，旁边的裁判说："真是稳得起，别人两次放炮都不要。"

至此一战，我和第二名选手的比分拉开了很大距离，虽然以后仍有小

的起伏，但对比赛结果已经没有影响了。

实战案例2

这是我在重庆一家棋牌俱乐部挑战赛中的一手牌。

开赛后，坐对家位置的牌手性格张扬，心浮气躁，给人一种很冲的感觉，很想找个机会教训他一下，正好下面这手牌给我了这个机会。

中局阶段手中的牌已经下听：胡2、3、5、6筒。

牌型如下图所示：

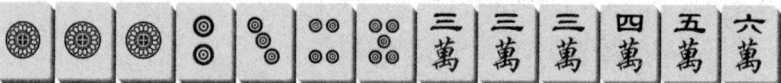

实战图2

先说明一下：重庆麻将没有"查叫"之规定，所以盘中"划船"之事屡见不鲜，要想定点胡某个人的牌不是那么容易的。

桌面情况是：对家似乎也在做筒子，前两手分别打出过6万、2万。所以要想胡对家的牌，必须要重新听牌，胡万子。

实战过程：

摸1筒暗杠，再摸6万，退2筒。

牌型变为如下：

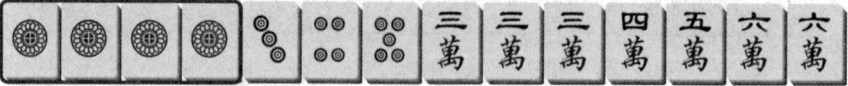

实战图2-1

重新听牌：胡3、6万。

有意识地把听牌放在万子上，其目的是想打击对家。

紧接着，上家打出3万，我立马叫碰，然后放飞5万。

牌型变化如下：

实战图2-2

重新听牌：胡2、5万。

之所以放飞5万，有两个原因：

第一，对家刚刚才打过2万，胡对家的可能性很大。

第二，万子牌型33334 66，由于3万已经打断，胡2、5万是很容易的。

碰3万，退5万，还要胡2、5万。这种打法是根本想不到的。

实战后续进程：

下一圈，上家打出2万，放过。但是当对家打出5万时我叫了胡牌。

对家是一脸的不解："你不是刚才打了5万吗？"

我说："我如果不打5万，怎么能胡你的牌呢？"

自此一战，对家的士气一落千丈，输得一塌糊涂。

实战案例3

2018年5月参加一个朋友的生日聚会。

饭局快结束的时候，朋友对大家说："今天特意请了几个麻将高手，想向朱教授请教。一会吃完饭，请大家到楼上棋牌室观战。"

这些年来，应对这样的事情太多了。

开局前几盘大家都打得很稳，没有大输大赢的情况出现。四五盘之后，桌面的情况有了一点变化，感觉起手的牌似乎要好一些了。

下面这手牌是中局时我手中的牌型：

实战图3

已经听牌：胡3、6筒、5、8万。

按照我的一贯原则：当一手好牌出现的时候，一定要充分发挥其价值，当然前提是风险可控，这手牌的价值最少也是一个自摸。

实战过程：

当8万出现的时候，我叫了杠，摸进1万，退7万。

牌型变化如图：

实战图3-1

重新听牌：胡5万。

虽然听牌数量少了，但是已经赢了一个直杠分。

过了两圈，摸进1万，退6万。

牌型变成如下：

实战图3-2

再次听牌：胡3、6筒和1万。

牌型有了较大的改观。

当桌面上出现1万的时候，我立马叫碰，然后放飞5筒。

牌型变化如下：

实战图3-3

第三次重新下听：胡2、4、5筒。

实战后续进程：

下一圈摸3筒，暗杠；摸起来5万，于是退4筒。

牌型变化为：

实战图3-4

第四次重新下听：胡2、5万。

我多次说过，机会总是给有准备的人准备的。

最后的结果是：2万自摸，关住三家。

当自摸那一刻，围观者一下炸了锅："太厉害了。"

"打得真是好，换了5次叫。"

"心理素质太好了。"

……

实战案例4

这是2017年在成都荷塘月色和朋友聚会时打的一手牌。

那天情况不是太好，上半场可以说是毫无建树。

饭桌上，朋友开玩笑："朱教授，今天没见你发威。"

饭局之后继续再战，情况似乎有所改观，再战的首盘牌型明显好转，通过几圈的摸牌居然听牌了。

牌型如下图所示：

实战图4

已经听牌：胡1、2筒。

右边的万子很有潜力，特别是9万杠牌的潜力如果能够发挥出来，这手牌的价值最少也应该是个自摸。

实战进程是：

当牌桌上出现2筒的时候，立马叫碰，然后打出6万！

这是腾挪战术的关键招，放飞6万使胡牌的空间瞬间暴增。

牌型如图所示：

实战图4-1

重新听牌：胡1筒和3、6、9万。

过了两圈，手上摸起来9万。怎么办？要自摸还是要暗杠？

如果现在胡牌无非就是带勾（四归一）自摸。

如果暗杠也差不多赢了一个自摸。更重要的是：暗杠之后胡牌空间依然很大；而且有杠上花的可能；再且时间还很充裕，胡牌不用担心。

鉴于这几种考虑，最终我选择了暗杠9万！好牌。

牌型变化如下：

实战图4-2

再次听牌：胡3、6、9万。

奇迹就在此时发生了：杠起来的是6万，杠上花，赢三家。

仅此一手，不仅把输掉的比分赢了回来，还小有收获。

朋友说："本来想你今天做点贡献，没想到你一把就赢了这么多。"

盘后点评：

1. 在输了比分的情况下，战略方针要激进一点。
2. 放飞6万和暗杠9万是取胜的两个关键。

实战案例5

这是在成都三圣乡春游时和亲朋好友休闲时打的一手牌。

中局阶段手上的牌已经成型。

牌型如图所示：

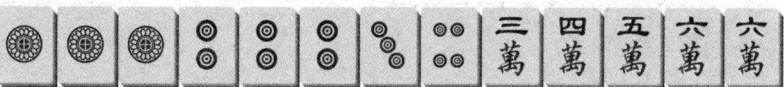

实战图5

已经听牌：胡2、5筒和6万。

这手牌的价值应该有杠，有自摸。

实战过程：

桌上出现6万，碰牌之后放飞4筒。

牌型如下图所示：

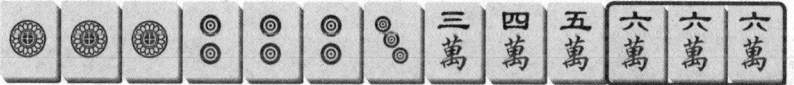

实战图5-1

重新听牌：胡1、2、3、4筒。

不料4筒打出去就被上家碰，上家紧接着打出1筒，点了我的杠牌，杠起来的是2万，于是退3筒。

牌型变化如下：

实战图5-2

再次听牌：胡2、5万。

没想到3筒出去又被上家碰，牌池中已经出现过3筒，所以3筒被彻底打断，2筒的价值就提升了，杠2筒是迟早的事。

实战后续进程：

之后牌桌上相继出现2、5万，我都一一放过，目的是等2筒出现。

临近结束前，2筒终于出现了，杠牌之后摸进9万，退掉。

牌型变化为：

实战图5-2

直杠2筒之后，依然胡2、5万。

实战的最后结果是：

2万自摸，赢三家。

盘后点评：

这手牌取胜的关键是放飞4筒。

实战案例6

下面这手牌是和重庆的朋友打的"推倒胡"。

打牌过程中先后四次腾挪，更换听牌。

这手牌来得快，摸得顺，没有几圈就听牌了。

牌型如下图所示：

实战图6

现在已听牌：胡间张8条。

实战过程：

当5万出现时，碰掉，然后退7条；腾挪一次。

牌型变化如下：

实战图6-1

重新听牌：单吊9条。

下一手摸进6万，退9条，胡3、6万；腾挪二次。

牌型变化如下：

实战图6-2

再次听牌：胡3、6万。

再下一手摸进7筒，于是退6万；腾挪三次。

牌型变化如下：

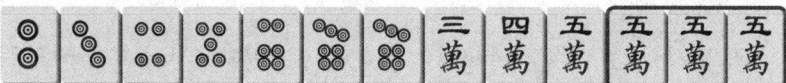

实战图6-3

再次听牌：胡1、4、7筒。

桌面情况是：

1筒未现，4、7筒各现一个。

之所以换成胡筒子，很大因素是冲着3个听，想自摸。殊不知一圈之后，对家暗杠1筒，顿时感到腾挪错了，现在只剩2张4筒和1张7筒可胡，可以肯定的是对家手上的4、7筒至少有1张。

对家暗杠1筒之后，退出8条，上家碰。又轮到我摸牌，摸了一张9条。此时8条已经打断，9条只出现了1次，就是先前我打的。既然8条已经断桥，9条是捂不住的。

实战后续进程：

退7筒，单吊9条；第四次腾挪。

牌型变化如下：

实战图6-4

再次听牌：胡9条。

又过一圈摸进2万，然后明杠5万——"偷渡"，居然9条杠上花，关住三家。经过四次腾挪终于修成了正果。

盘后点评：

注意：这手牌在四次腾挪过程中，始终保持着听牌。

实战案例7

杠牌的时机。

2022年元旦节当天，同往常一样，吃过早饭就进入了本书的最后阶段。下午朋友来访，闲聊之余就打起了麻将。下面这手牌完全可以作为腾挪的一个示范牌例，中后盘阶段这手牌成下面模样。

牌型如下图所示：

实战图7

这是刚刚摸进6筒的牌型。该怎么打？

如果暗杠6筒，可以立马得分，但是暗杠之后，牌的发展完全未知，听牌的可能性非常小，风险完全不可控。

如果不杠，可以立马听牌。

实战过程：退9筒。

牌型变化如下：

实战图7-1

已经下听，单吊8万。

接下来摸4万，退8万。还是觉得杠牌的时机不成熟。

牌型变化为：

实战图7-2

重新听牌：胡4、7万。

接下来，摸3万，退4万，依然觉得杠牌时机还不成熟。

牌型变化为：

实战图7-3

再次听牌：胡3、6、9万。

下一轮，摸3筒，暗杠6筒，时机已经成熟。

牌型变化为：

实战图7-4

依然听牌3、6、9万。

当时我有强烈的感觉是杠上花。

果不其然，杠起来的是9万，关住三家。

朋友说："你完全把我们当成羊羔宰哟。"

盘后点评：

这手牌完全是通过摸牌的方式进行腾挪，杠牌不能草率，暗杠的时机要把握得恰到好处，这是取胜的关键。

第三节　欺骗战术

欺骗就是叫人上当受骗。用在兵法上就是设置陷阱，让敌方掉入其中吃败仗。麻将博弈中，如何设置陷阱，让对手上当受骗，让自己从中受益，这是一种高级战术。

这些年来，我对欺骗战术情有独钟，花了很多的时间学习和研究这方面的问题，在实战中取得了不错的战绩。特别是在与高手博弈中，看到所设置的陷阱让对手一步一步地趋近，最后掉入其中，输得狼狈不堪的苦相，那种成就感，那种成功的喜悦感是无法用语言来描述的。

欺骗战术涉及两方面的问题：

第一，心理问题。人在极度高兴和极度沮丧的时候最容易上当受骗。因为极度高兴的时候，容易忘乎所以，放松警惕，而忽视了危险；极度沮丧的时候，对自己毫无信心，对事情悲观失望，行为上过于谨慎。

欺骗战术正是利用人性的这些弱点来设置陷阱，让对手坠入其中。

比如，某个牌手门前碰了三副筒子，手上连续打出1、2、3万，你还敢打筒子吗？你肯定认为他的筒子清一色已经听牌了。其实他根本就不是在做清一色，而是在做对子胡，但是你并不清楚呀，你肯定会这么想：既然危险这么大，还是稳妥些好，打别的花色吧。这就是常规思维或叫大众思维。殊不知，打其他花色正是别人想要的结果。

反过来看这个牌手，他故意在门前放了三副筒子，高调宣扬自己在做筒子清一色，制造清一色的恐慌气氛，让其他牌手望而却步，从而改打其他花色，而这种情况的出现恰恰是这个牌手最希望看到的场面，因为他根本就不是在做清一色，故意这样高调宣扬，把大家的注意力都集中到筒子上面，而自己却悄悄地在做别的花色。这个牌手的这种思维就叫反常思维。所以，从心理学的角度上讲，欺骗战术就是反常思维的实际应用。

第二，方法问题。要达到欺骗对手的目的，肯定要使用一定的方法，比如上面说到的高调宣扬自己在做清一色筒子，其实是在做其他花色，故意把大家的注意力集中到筒子上，而在其他花色上听牌，这种方法从兵法上来说就叫"明修栈道，暗度陈仓"。类似的方法还有：瞒天过海、移花接木等。这些方法我经常在实战中使用，常常收到意想不到的结果。

欺骗打法的技术特征主要体现在两个方面：

第一个方面，通过释放夸张的、虚假的信息，希望引起别人的注意和恐慌，以达到以假乱真的目的。

第二个方面，通过释放低调的、虚假的信息，不希望引起别人的注意，达到"明修栈道，暗度陈仓"的目的。

这两种技术特征的共同特点是：释放虚假信息。

关于欺骗战术的实战应用，具体操作，打法技巧等，我将在后面的实战牌例中给予详细的介绍和解读。

实战案例1

暗度陈仓之一

这是参加重庆市竞技麻将比赛第二轮中的一手牌，在这轮比赛中，对我有那么一点点威胁的就是下家。因此如何打击下家，拉开比分是取得晋级最重要的事情。这手牌在中局阶段就听牌了。

牌型如下图所示：

实战图1

已经听牌：胡3筒、9万。

门前的1、2筒都是暗杠。

实战过程：

当对家打出3筒的时候，我叫了碰，然后放飞5万。之所以要"放飞鸽"，目的是制造陷阱，让下家上当。

牌型变化如下：

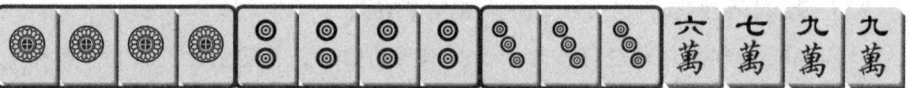

实战图1-1

重新听牌：胡5、8万。

此时门前摆放的三副筒子：1111、2222、333，除了一色三节高的番种外，清一色的嫌疑也很大。谁也不愿意来趟这个雷，大家都小心翼翼地跟着我的牌在走，这正是我希望看到的事情。

下一手摸7万，打出6万！妙招。

牌型变化如下：

实战图1-2

退6万很有欺骗性。

连续两手打出5、6万，门前的一色三节高加上清一色的压力，牌手们都相信我的清一色大胡已经做成了，纷纷改打万子和条子。这两种花色比较起来，哪种花色最安全？当然是我打过的万子最安全。

当下家打出7万的时候,我叫了胡。

"你不是刚刚打了5、6万吗?"下家觉得有点没搞懂。

"是呀,我如果不打5、6万,你会打7万吗?"我说。

最后结算,下家输给我40分左右,一增一减,比分差距拉大了。

实战案例2

暗度陈仓之二

2018年参加一个朋友的饭局,饭桌上朋友告知饭后安排了牌局,说有两个高手想找我讨教一下。

这样的事情已经习惯了,既然如此那就牌桌上切磋吧。

令人感到不快的是坐对家位置的一个姓高的经理太张狂了,自称打麻将没有遇到过对手,不说十打十赢,至少也是十打九赢。说实话,这样张狂的话只有无知的人才说得出口。

麻将这项竞技运动的偶然性是很强的,谁也不敢说今天这场比赛肯定赢。麻将的技术优势是建立在大数据的基础上的,几盘的较量,说明不了问题。什么十打九赢完全是不可能的事情。

那天切磋,打的是成都麻将,高经理建议番数不封顶。

开战后的前两盘,战事比较平和。

到了第三盘,桌上的气氛骤然紧张起来,四家门前都有杠牌,对家门前有一副直杠,我的门前有两杠:6万暗杠,9万是对家打的直杠。

牌型如下图所示:

实战图2

这手牌已经下听:胡8筒、3万。

桌面的情况是:

我和对家做筒子和万子，上下两家做筒子和条子。

实战进程：

当下家打出3万时，我立即叫碰，然后放飞2筒！

从放飞2筒那一刻起，一个大胆的诱骗计划就开始了，既然对家和我做的是同样的花色，那就正好利用这一点，给对家设个圈套。

牌型变化如下：

实战图2-1

重新听牌：胡2、5筒。

门前的三副万子让所有的人都感到恐惧。

过了一圈，我摸进了三万，非常愉快地享受明杠，杠起来的是3筒，插进牌墙后打出另一张3筒！正确。

注意这个细节：一定要插进牌墙，再打出另一张3筒。

连续从自己的立牌中打出2、3筒，会给人什么感觉？

清一色肯定是听牌了。如果不插进牌墙直接打掉，欺骗的力度就不及前者好。因为直接打掉，不能排除这种情况：前面打错了，现在又摸起来了，既然2筒已打掉，单独留下3筒有多大意思呢？那就也打掉吧。

如果留下3筒打4筒，欺骗的效果就差多了。

牌型变化如下：

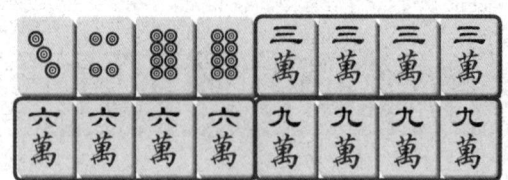

实战图2-2

现在依然听牌2、5筒。

三副万子杠牌摆在门前，谁不害怕？

紧张的气氛连旁边的观战者都悄无声息，牌手们都打得小心翼翼，紧紧地跟随我打过的牌走，这正是我要效果。故意制造出万子清一色加杠的恐怖气氛，却偷偷地把听牌重心转移到筒子上面，这是谁也想不到的。

实战后续情况是：

之后上下两家先后打出2、5筒，我都放过，目标是打击对家。

高手过招，不在乎赢了多少，主要是心理层面上的较量。能够胡对手的牌，就是一种胜利；能够用骗招让对手上当，并战胜对手，那种心理上的战胜感、满足感，和对手遭遇欺骗上当的懊恼感是一个在天，一个在地。

我很清楚，当对家确认2、5筒安全的时候，也就是他遭遇灭顶之灾的时候。当高经理的2筒打在桌上的时候，一切都很安静。

我很平静地说："高经理，对不起，我胡了。"

"什么，你胡了？你自己都打了2筒的哟。"高姓经理有点不相信。

"对呀，我如果不打2筒，怎么会骗你跟招？"

一时间，观战者议论纷纷：

"输惨了，遭骗惨了！"

"这种打法，哪个看得出来，太高明了。"

就这一手牌，高经理被彻底打蔫了，从此不再说话，几乎就是从头到尾地输，哪个都能在他身上踹一脚，之前的狂妄荡然无存。

实战案例3

移花接木之一

这是1999年参加"重庆市'鹰冠杯'中国竞技麻将个人邀请赛"中打的一手牌。这次比赛是重庆市规模最大的一次竞技麻将比赛，各个区县经过层层海选，派出代表队参加为期三天的比赛，比赛采用淘汰制，分初赛和决赛，每天早中晚三场，安排的场次较多，目的是尽可能地减少麻将比赛的偶然性。

这手牌是决赛中打的,开局不久手上的牌就基本成型。

牌型如下图所示:

实战图3

按常规现在有两种打法:

1. 做暗7对:现有4对半。
2. 做对子胡:先暗杠红中。

我的考虑是:两个方案的得分都很一般,由于暗7对全凭运气,所以不予考虑。就先朝对子胡方向去做,但不能暗杠红中。

原因有以下两点:

一是暗杠之后牌型受限,腾挪空间不大。

二是暗杠容易暴露牌情(高手对决能不暴露的尽量不暴露)。

实战打法:

摸1条,打掉红中!骗招。

牌型变化如下:

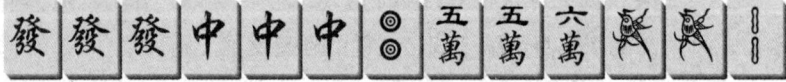

实战图3-1

打掉红中的意图有两个:

一是消除其他选手对我的戒心;

二是根据牌情的发展看看到底能做什么番种。

这里有个情况给大家做个介绍:

比赛第一天,开赛的第2盘我就做成了一个88番的"大三元",一时间,轰动全场。现场媒体马上对我进行了采访和宣传报道,加之第二天又成功地做了一个64番的"小三元",所以参赛选手对我做"三元会"都有所忌惮。知道我的朋友经常戏称"朱三元"。

其实"三元会"这个番种给的分值偏高了，比起同一个分值的"大四喜"来说容易多了。"大三元"的难度就相当于24番的三同刻，而"小三元"就更容易了。我估计给出这个分值的本意可能是考虑到中国传统文化中对"三元会"的一种赞美和喜爱，故意给了它这么高的分值。顺带说一句，中国竞技麻将规则里的有些番种所给出的分值缺乏科学依据。比如"清一色"和"暗7对"同为24番，前者成功的概率比后者大多了；再比如"无番胡"只给了最基本的分值8番，其实它成功的概率相当小。这些都是题外话。

回到正题：打掉红中完全不影响这手牌朝对子胡或三暗刻去发展。

过了一圈手上摸进7筒，于是打掉2条。

牌型变化如下：

实战图3-2

为什么要打2条？

将牌型分解如下你就清楚了：

实战图3-3

这是有两个对子的"7张无听"，必须打掉一个对子的挨张。如果打掉2筒或7筒，这手牌就不可能进2张牌就下听，最少进3次以上才能听牌。再说27筒是无听牌型中的最强者，随便进哪张筒子都能听牌。

又过一圈摸进发财，照样打掉。绝妙！

连续两次打红中、发财，基本上消除了别人对我的戒心。

之后摸3筒，打掉7筒；

牌型变化如图：

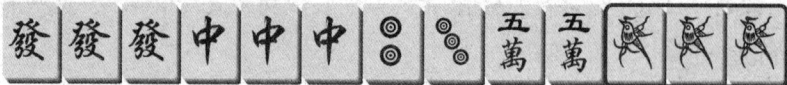

实战图3-4

再之后，碰1条，退6万。

牌型变化如下：

实战图3-5

现已听牌：胡1、4筒。

牌局打到现在，除了自摸之外，对别人放炮可以说根本不感兴趣。为什么？因为红中发财已有两副，就差白板就是"小三元"。

所以当牌桌上二次打出1、4筒时，我都放过。

又过一圈，牌桌上打出了5万，我立马叫碰，然后打掉3筒。

牌型变化如下：

实战图3-6

重新听牌：单吊2筒。

如果单吊的是白板，这个番种就变成了64番的"小三元"，其分值一下就增大了不少。虽然希望渺茫，但还是可以期盼的。说实话，从我看到竞技麻将规则之后，"三元会"就成为我重点研究的对象。

我始终相信："机会总是给有准备的人准备的。"就在我期盼"三元会"的时候，白板真的就被我摸起来了。

牌型变化如下：

发 发 发 中 中 中 🀆 五萬 五萬 五萬 🀫 🀫 🀫

实战图3-7

小三元已听牌：单吊白板。

回想这一路打拼过来，到现在这个份上，还真该为自己点一个赞。

我之前连续两次打掉红中、发财，欺骗了其他牌手，谁也没有想到我是在偷偷地做"三元会"。

实战最后进程：

对家打出白板成全了我的"小三元"+对子胡。

我倒牌的那一刻，对家是一脸茫然："你不是打了红中和发财吗？"

旁边的裁判（每桌一个）说："朱老师的牌好隐蔽哟，太有欺骗性了。"

说实话，这最后能够摸起来白板单吊，的确靠的是运气。

实战案例4

移花接木之二

2016年参加一个朋友的生日宴会，饭后朋友安排了一场麻将，还特意请了两位麻将高手与我切磋，打的是成都麻将，整场比赛打得都比较平和，坐对家的朋友应该是略有赢分。

临近结束前最后一盘，坐对家位置的朋友突然说了两句话："麻将这个东西，手气第一，技术嘛，都差不多。"

主人说："话莫说早了，打完才晓得。"

或许正是这句话，上帝给了我一次机会。

请看下面这手牌：

实战图4

这是刚刚摸进5万的牌型。

此时牌局已过半，桌面上已经打现了2个2筒。为了把1筒逼出来，我也打掉2筒。好招！

下一圈，摸6筒，打3筒。如果打6筒，欺骗效果就差远了。

再下一圈，碰5万，放飞4筒。妙招！连续打出2、3、4筒。

牌型变化如下：

实战图4-1

现已听牌：胡4、7筒。

接下来的进程是：

摸7万暗杠，再摸5万明杠，杠起来条子，退掉。

牌型变化如下：

实战图4-2

之后，对家打出了1筒，我杠牌。

对家说："打了这么多筒子，原来是为了杠1筒，好费油哟。"

那意思是打掉234筒好不划算。他可能压根都没想到，灭顶之灾即将降临在他头上。

之后上下两家都分别打出过4、7筒，全都被我放过。目标很明确，必须打击对家。

再过一圈，当对家打出4筒的时候，我喊了一声："胡了。"

对家问我："你说啥？"

我说："我就胡你的4筒。"

对家完全不相信："搞错没有哟，你连打了234筒，还要胡4筒？"

我说："对呀，我如果不连打234筒，怎么能骗出你的4筒？"

对家几乎是瘫在了椅子，说："哪有你这种打法哟？"

主人说："叫你话莫说早了，你老兄现在晓得了，啥子是高手。"

高手间的较量不是输赢的多少，是心理上的较量。

几个月之后的某一天，碰见了那次宴会的主人。

他说："那次打牌你走了之后，那两个老兄说你太厉害了，从来没有见过你这种打法的人。他们承认和你相比完全不在一个水平上。"

实战案例5

声东击西之一

自从竞技麻将大赛夺冠之后，由于媒体的宣传报道，时不时有前来找我切磋牌技的江湖高手。

一个周末的晚上，在朋友的安排下，进行了一场麻将技术的切磋。打的是重庆麻将——"推倒胡"：不打缺，不查叫，有听就胡。

坐下来后，下家的朋友说："重庆的推倒胡没得竞技麻将那么多花样，就看哪个跑得快，看哪个会划船，你那些做番的技术恐怕用不上哟。"

我说："你说得有道理，可能完全用不上。"

下面这手牌是尾盘阶段才摸上手的：

实战图5

当牌桌上出现3筒时，怎么打？

由于已经处于尾盘阶段，下听是第一重要的。

实战进程是：

立即叫碰，然后退2筒。

牌型变化为：

实战图5-1

现在已听牌：胡8、9万。

只要下了听，心里面就踏实了，之后的"放飞鸽""腾挪打法"等，各种战术就可以随心所欲地应用了。

接下来，出现了9万，立即叫碰，然后放飞1筒。

牌型变化如下：

实战图5-2

重新听牌：胡1、4筒。

现在这个牌型有两个特征：

第一，3筒是四归一在手，而且还碰了3筒，1、2筒是怎么也捂不住的，胡牌是很容易的事情。

第二，由于碰3筒之后，连续打出去2、1筒，谁也想不到我还会胡1、4筒，打法很有欺骗性。

实战后续进程：

在最后的两圈中，对家和上家都分别打出了1、4筒，我都当没有看见，一一放过，目标很明确，就是打击下家。

最后一圈，我已经觉得胡牌无望的时候，下家却打出了1筒，这个1筒我之前打过，上一圈上家也刚刚打过。

当我把牌倒下来的时候，下家完全懵了："啷个回事哟，你不是打了1筒，上家也刚刚打了1筒的吗？"

"对呀，不这么打，怎么骗得出你的1筒来？"

自此以后，下家的战绩一落千丈。

实战案例6

声东击西之二

也是夺冠之后的一个周五的下午，电话响起，电话那端的声音很客气，原来是一个棋牌俱乐部的经理，请我明天去一下，说有要事相商。

第二天，我如期前往，得知原来俱乐部想请我加入他们，每周只需出场一次，条件是把奖杯放在他们俱乐部里。我答应考虑一下。

之后，他们说已为我准备了饭局。

再之后，免不了要切磋一下，目的都心照不宣。

坐上牌桌自然要寒暄一番。

俱乐部经理姓王坐我对家，牌打得非常娴熟，一看就是高手。

王经理一边打牌一边同我聊天。

王经理说："大家都觉得重庆的推倒胡最简单，最没有技术含量，不知朱老师以为如何？"

我说："表面上看是这样，其实如果与成都麻将相比，未必如此。"

王经理："何以见得？"

我说："由于成都麻将必须打缺，加上查叫，这两个条件限制了它的自由，明知是火坑，也不得不往里面跳，谈何技术？"

王经理："今天第一次听到朱老师这样的见解，真的很佩服。"

我说："而重庆的推倒胡，由于没有这些限制，自由发挥的空间更大，见势不对，立马撤退；以划船应对，规避风险，不至于输牌。"

王经理非常高兴地说："朱老师真是高见，不仅牌技好，理论水平更是高于常人，我们俱乐部是真心诚意邀请你加入。"

我说:"谢谢王经理的邀请,我会认真考虑,过两天给你答复。"

王经理:"希望朱老师一定来。"

就这样边打边聊,第一盘很快就过去了。

下面这手牌是牌技切磋的第二盘,尾盘阶段出现的:

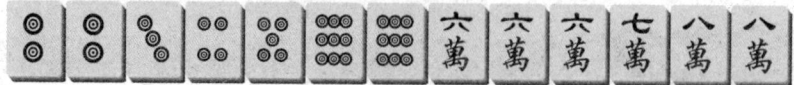

实战图6

当桌面上出现6万的时候,该怎么打?

此时离牌局结束只有两圈左右了。既然快要结束了,当以下听为主,所以叫了碰,然后退8万。

牌型变化如下:

实战图6-1

现已听牌:胡2、9筒。

下一圈,桌上出现9筒,立马叫碰,然后再次打出8万!妙招。

牌型变化如下:

实战图6-2

牌到此时,陷阱已经做好,就看谁往里面跳了。

连续两次打8万,有谁能怀疑我还会胡5、8万。

最后一圈,我摸进7万,没有一丁点犹豫就打出去了。如果这时候打法迟疑,欺骗效果就会打折扣。

从碰6万开始,连续两次打8万,现在又打7万,给人造成强烈的视觉冲击：对万子不感兴趣，特别是对高张万子不感兴趣。

所以，当王经理摸进最后一张牌的时候，说："朱老师都说，重庆的推倒胡，可以划船应对，规避风险。我现在也只能划船了。"

王经理说完，从牌墙里抽了一张牌轻轻地打在了牌桌上，8万！

王经理说："这张牌肯定是最安全的。"

我说："王经理，有时候最安全的往往是一种陷阱。"

我一边说，一边把牌放倒，牌面向上，明明白白地胡5、8万。

可以说，当时桌上的每个人都惊呆了，完全不敢相信这是事实。

片刻之后，王经理向我热情地伸手："今天见识了朱老师的牌技，真的很佩服，真心希望朱老师能加入我们俱乐部。"

之后由于种种原因，我没有加入他们的俱乐部。

实战案例7

偷天换日之一

这是参加重庆市渝中区竞技麻将比赛，第二轮中打出来的一手牌。

桌面的情况是：开盘不久手中的牌就下听了，胡1筒、8万。

牌型如下图所示：

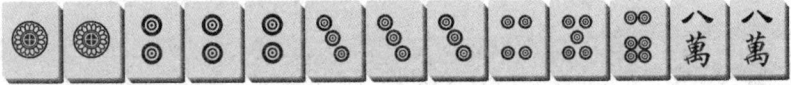

实战图7

这手牌的价值最少也是24番以上，既有清一色的架构，也有一色三节高的架构，它们各自都是24番。

实战过程：

摸进8万，自摸。要还是不要？

感觉太小了，此其一；

时间还早，运作空间还很大，此其二。

考虑片刻后打出8万！好招。

下一圈对家打出1筒，如果就此胡牌，也就是一色三节高，24番，加上门前清、两暗刻等，有30番左右。刚刚自摸都打掉了，还在乎这一点，于是碰1筒，再次放飞8万，现在离清一色就只差1张牌了。

牌型变化如下：

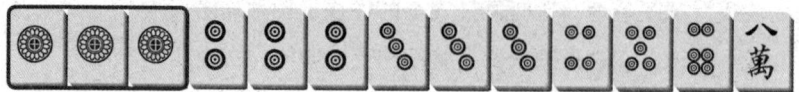

实战图7-1

现在这手牌要做成清一色是比较容易的。

接下来，摸1筒明杠，万万没有想到的是杠起来的是8万！这次自摸情况就大不一样了，家家输我35番左右，于是我翻倒了立牌。

其他几位选手完全懵了。

对家说："你是怎么一回事哟，刚刚才打了2个8万，现在你又8万自摸？"还叫了裁判。其实裁判在一旁看得清清楚楚。

裁判说："没有诈胡，人家自摸都打出去了，放炮也没要，就是想做大胡。现在一色三节高做成了，又是自摸，当然就胡牌了。"

之后很多选手碰见我就说："你太贪了，自摸都敢打出去。"

实战案例8

偷天换日之二

2016年重庆媒体几次报道了我之后，来找我的人是一拨又一拨。一个周末的晚上，在朋友的邀请下，参加了一个饭局，席间谈论麻将是大家最感兴趣的事情。饭后进入当天的主题，切磋麻将，观者众多。

下面这手牌是开赛后的第二盘出现的。桌面情况是，牌进中局的时候我手中的牌就已经成型了。

牌型如下图所示：

实战图8

现已听牌：胡2筒和3、6万。

实战过程：

桌面打出了2筒，这是我最希望看到的一种情况。碰2筒，放飞1万！好招。胡牌空间瞬间打开，右边的万子是一个"火箭筒"，威力巨大。

牌型变化如下：

实战图8-1

现有5个听：胡1、2、4、5、7万。

2筒已碰，1筒很可能会出来，这手牌的价值最起码也是自摸加杠。

没有想到的是一圈之后，转过来又把1万摸起来了。几乎没有什么犹豫，再次把1万放了出去！妙招。

果不其然，2筒被碰，1筒很快就出现了，等的就是这张牌。杠1筒后摸进了一张安全牌5筒，退掉。

牌型变化为：

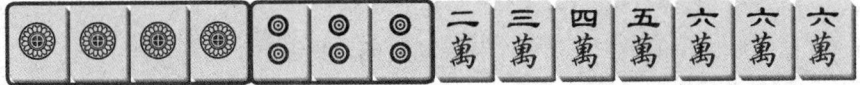

实战图8-2

依然5个听：胡1、2、4、5、7万。

现在这手牌，胡牌面这么宽，不自摸都不行。

实战后续进程：

之后，上下两家和对家都先后打过2、4、7万，都被我一一放过。

功夫不负有心人，就在我一门心思想自摸的时候，完全没有想到把6万摸起来了，心里面的那个爽真是不摆了。伸手杠牌，更是没有想到杠起来一张2万，杠上花，关住三家。

观战者一下炸开了锅："满牌了，满牌了！"

"没有见过这么打的，放这么多的炮，都不要，连自摸都要打出去。"

"打得太精彩了，高手，真是高手。"

实战案例9

瞒天过海之一

2018年一个麻将馆的老板碰见我，他说有几个麻将朋友听说了我的事情后，很想和我认识一下。

他说："我晓得你从来不进麻将馆，改天我请客，请你务必赏光。"

之后的某一天，在老板的安排下打了一场麻将。下面这手牌是中后盘阶段形成的，算得上真正的好牌。

牌型如下图所示：

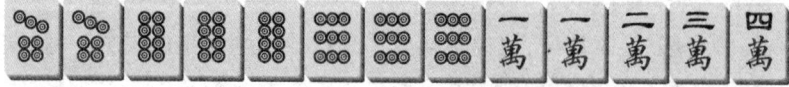

实战图9

已经听牌：胡7筒、1万。

这手牌的价值最少也是一个杠牌加自摸。我设想了两种可能：

如果出现7筒，碰牌之后放飞4万，胡1、4万。

如果出现1万，碰牌之后放飞7筒，胡6、7、8、9筒。

实战过程：

桌面上出现了7筒，碰掉之后，退4万。

牌型变化如下：

实战图9-1

重新听牌胡1、4万。

7筒被碰，8、9筒的价值就得到了提升，杠牌是不成问题的。

没想到下一圈就自摸4万了。几乎没有任何考虑就打出去了。旁边的观众发出了轻微的唏嘘声。

又过一圈，摸进8筒暗杠，又摸9筒暗杠，杠起来的是3万，打掉。

牌型变化如下：

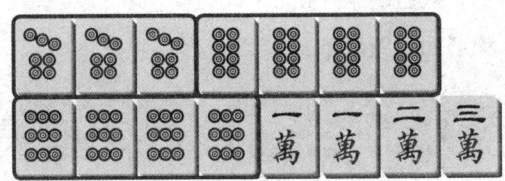

实战图9-2

依然听牌1、4万。

连续两手暗杠8、9筒，加上7筒的碰牌，门前有了3副筒子，加上连续打出4、4、3万，可以说，场上所有人的注意力都集中到了筒子上，估计上帝也猜不到还要胡1、4万。

实战后续进程：

之后上家打出1万，我放过，的确是动了恻隐之心，那天上家似乎输得很多。伸手一摸，起来的又是4万。

当我把4万正面向上摆放在立牌边上，说自摸时，大家都不相信。

"你还要4万呀？"

"你自己都打了2个4万哟？"

过了好些天，老板又碰见我："那天你走了之后，他们说，和你完全不在一个层面上，他们是打野（江湖）麻将的，你是属于正规军的。"

实战案例10

瞒天过海之二

2018年应邀参加一个朋友的饭局，饭局上朋友介绍我的时候特别加了一句："朱教授是重庆市三届竞技麻将冠军，你们想要切磋的，等会到楼上茶楼。"饭局上大家自然聊起了有关麻将的话题，

谈得正欢的时候，有位西装革履，脸型消瘦的中年男子说了一句："麻将全靠手气，再说竞技麻将和普通麻将是两回事。"

主人说："你可能没有见识过，等你见识了就知道了。"

饭后，大家都上了茶楼，那位瘦脸就坐在对家位置，观战者甚多。

下面这手牌是开战后的第一盘。

两轮之后，牌型如下图所示：

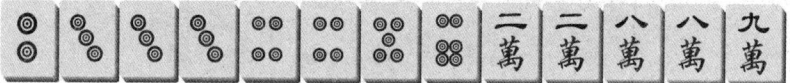

实战图10

这个牌型有暗7对和对子胡的架构，至于究竟往何处发展，现在定论还为时过早。

下一手摸进9万，退2筒。

手上有了5对半，暗7对近在咫尺。

牌型变化如下：

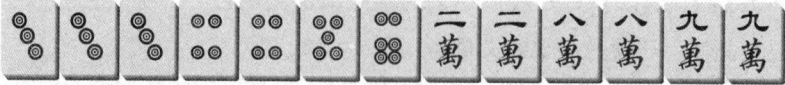

实战图10-1

实战进程：

当牌桌上出现8万的时候，我叫碰，然后打出6筒。

因为暗7对的机遇性太强，为了争取主动，我立刻转身碰牌。

牌型变化如下：

实战图10-2

8万被碰，9万很快就出来了。

碰9万，退5筒。

牌型变化如下：

实战图10-3

对子胡听牌：胡4筒、2万。

现在这手牌的价值起码是个自摸。

实战过程：

当牌桌上打出2万的时候，立即叫碰，然后退4筒。

牌型变化如下：

实战图10-4

重新听牌：胡2、4、5筒。

这完全是个自摸牌型。门前三副万子有极大的威胁性，加上我连续打出的654筒，谁还会怀疑我要在筒子上胡牌。

之后，摸8万明杠，紧接着又摸9万明杠。

牌型更加恐怖：

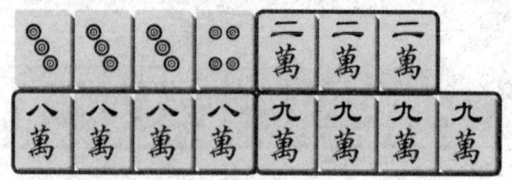

实战图10-5

牌打到这个份上，别人害怕，我却高兴。就只等合适的时候再胡牌，当然最希望胡对家瘦脸的牌。

实战后续进程：

之后，上下两家分别打出过2、5筒，我都放过了。但是当瘦脸打出4筒的时候我叫了胡牌。

瘦脸说："你胡4筒，搞错没有喔？你都打了456筒？"

我说："我如果不打456筒，怎么骗得出你的4筒来？"

瘦脸满脸的疑惑，坐在位置上完全懵了。

旁观者一片哗然："骗惨了，骗惨了！"

主人对瘦脸说："这下你们见识了啥叫高手。"

主人接着又说："朱教授你还是合适点，上来就是这么大个下马威，等会没得人和你打了哟。"

本节留言：

欺骗打法是一种更为高级的打法，也是一种难度很大的打法，你要想成为麻坛中高手中的高手，欺骗打法不可不会。

注意：

欺骗战术不仅要求操作者的思维要缜密，逻辑要严密，同时也要求对手有一定的逻辑思维能力。这种打法通常情况下最好慎用、少用或者不用，因为有可能你设置的陷阱非但没有把对手骗进去，反而把自己给弄进去了，不仅偷鸡不成蚀把米，还弄个大笑话出来那就太尴尬了。

由于欺骗打法难度较大，牌手应根据自身的情况来决定是学习掌握，还是欣赏了解这种高级打法。

第四节　游击战与阵地战

游击战是相对于阵地战而命名的。它的最大特点就是灵活机动，打法多样化，反应快，转身快，根据战况的变化随时调整目标计划。

而阵地战的特点就是死守，坚守，绝不撤退。相对于游击战来说它比较呆板，它拼的是一种精神，一种毅力。

两种战法各有利弊：

因为游击战灵活多变，计划目标变化快，所以它的收益和风险都不太大；而阵地战比较刻板，计划目标不轻易改变，所以它的收益和风险都比较高。比如，有些牌手喜欢做暗7对，一旦做成，收益是比较可观的；但做暗7对的风险也是很高的，一旦做不成，不但要承担输家的风险，还可能会承担当赔家的风险。实战中这两种战法对应的牌手都不少。

阵地战的常用地方是对子胡、暗7对、清一色。这三个番种在麻将中是最普遍的，最受欢迎的。很多牌手在做这三个番种的时候，比较死板，脑壳一根筋，喜欢与牌较劲。特别是暗7对最后的三张牌，看似要成功了，其实难度很大，陷阱多多，稍不留神就输得一塌糊涂。

这个阶段是变盘的关键点，在这个时间节点上的打法尤为重要。其具体的操作手法我将通过对案例的解读给大家做介绍。

接下来我将用若干实例来解读这两种战法的利与弊。

一、对子胡技巧

做对子胡的前提条件是至少要有4个对子，碰4次牌，最后单吊；如果手上有5个对子，只需碰3次，就可以对处听牌。不要以为手中有了四五对牌，就一定可以成做成对子胡。成与不成必须根据牌桌上的实际情况来做决定，任何主观上的想法都必须结合实际。

对子胡的得分并不高，但其难度却并不小。

正是是由于这个原因，我从来都不刻意地去做对子胡。比如：手中5

个对子，碰了3对，5筒和5万对处听牌，机会数＝4。现在摸进了4万，如果退5万，就可以3、6万听牌，机会数＝8。比前者整整大了一倍，自摸的可能性大大增加了。在这种情况下，是继续选择对子胡，还是选择后者，那就看你自己的喜欢和你所打的麻将规则了。以成都麻将为例：对子胡是2番，普通胡（也称小胡）是1番，一个小胡自摸比一个对子放炮要多赢1.5倍。这样来看，选择两头听牌的小胡可能更为划算。

关于对子胡，我的建议是：

从战略上讲：不刻意追求。

从战术上讲：灵活机动，随时做好转身的准备。

实战案例1

下面这手牌是2002年我在重庆劲力酒店和日本选手比赛时打出来的。

开局不久，手上就有了5对牌，对子胡和暗7对都是有可能的。具体朝什么方向发展，将视牌的变化情况而定。

牌型如下图所示：

实战图1

实战过程：

上家选手打4筒，我放过。摸9万，退掉7筒。

牌型变化如下：

实战图1-1

之后摸5筒，退8万。

牌型变化如下：

实战图1-2

再之后又摸7万。

牌型变化如下：

实战图1-3

现在该怎么打？

桌面的情况是：筒、条、万都在打，但1万一直没有出现过或许已经被其他选手摸上手了；4筒一开始上家就打过。

我现在有三种选择：

1．继续做对子胡。那就打3筒，胡1万和4筒对处。根据刚才的情况来看，如果这样打，可能就是水中月，镜中花，死牌一个。

2．退5筒：胡3、6筒，机会数为7，胡牌应该没问题，但觉得退5筒把手上的三暗刻打没了，太可惜。

3．退4筒：胡2、5筒和1万，机会数是6（牌池中有1张2筒），这种打法保留了3暗刻的番种。

实战过程是：

退4筒：胡2、5筒和1万。

牌型变化如下：

实战图1-4

实战最后进程:

最终,坐上家的日本选手打出2筒,成全了我的三暗刻。

事后验牌:

两个1万果然在对家手中,下家手上有234筒,我的牌只有2、5筒可以胡。如果之前要坚持做对子胡,这手牌就成了真正的死牌,岂不遗憾之极。能够胡日本选手的牌,心中当然有一种民族自豪感。

实战案例2

夺冠之后的又一个周末,朋友安排了一场麻将切磋。下面这手牌进张很快,开局几圈就基本成型,有了对子胡的模样。

牌型如下图所示:

实战图2

当牌桌上出现3万时,立马叫碰,退2万。

牌型变化如下:

实战图2-1

现在如何来评估这手牌?

这手牌的潜在价值体现在2筒上面,如果3筒能够碰掉,杠2筒的可能性就非常大,做个对子胡加杠是有可能的。

实战进程:

摸3万明杠,再摸7万,退8万。

牌型变化如下:

实战图2-2

现已听牌：胡3筒、4万。

当牌桌上出现4万的时候，立马叫碰，然后放飞3筒，这种打法早已在计划之中。没想到3筒出去对家碰。3筒被碰，就等2筒出来了。

牌型变化如下：

实战图2-3

重新听牌：胡1、3、4筒。

3筒已经断桥，这样的牌型胡1、4筒更加容易。之后1、4筒分别出现在牌桌上，三家都打过，因为没有人碰，所以我都全部放过。

最后的结果是：1筒自摸，赢了三家。

观战的朋友说："你们三家都放了炮的，朱老师真敢贪。"

实战案例3

一个周末的早晨几个朋友相约去爬山，中午在农家小院吃饭，之后休闲打牌，"人多接下"。下面这手牌，正好我轮空，在一个叫四哥的背后看他打牌。四哥手气不错，开牌就拿了5对牌。

牌型如下图所示：

实战图3

实战进程：

四哥摸了好几轮，牌型一点进展都没有。开始四哥还沉得住气，随着时间的流逝，很快就进入尾盘阶段，牌型是略有变化。

图形如下所示：

实战图3-1

5对牌稍不留神就是陷阱。

之前桌面上分别出现过6、7筒和1万，四哥都放弃了碰牌。随着时间的逼近，当上家打出5万时，四哥终于忍不住了："碰。"

边喊边碰，同时说道："不摸了，摸了半天也摸不起来。"

四哥显然是放弃了做暗7对。我本以为四哥碰牌之后会打3万，听牌5、8筒。没想到四哥碰牌之后打出了4万。严重失误！打出去的同时还说道："7对害死人，做对子胡算了。"

看来四哥还没有放弃做对子胡的想法。

牌型变化为：

实战图3-2

这手牌最后没有听牌。

眼看牌局就要结束了，对家和下家门前都有了杠牌，对家还是2副杠牌，四哥很焦急，听不了牌那是要当赔家的。当对家把最后一张牌打在桌面上时，四哥终于看到了听牌的希望，原来是3万。

四哥迫不及待地喊了声："碰。"

上家说："没得你的戏了，我胡了。"

四哥垂头丧气地说不出话来。

从起手的5对牌到结束,连听牌都不得行,可见这5小对不是那么好拿捏的,稍有不慎,就掉入陷阱。

这手牌四哥不仅输惨了,心理上的失败更是伤了元气。从此一蹶不振,几乎是从头到尾的输。

回来的路上,四哥说:"今后再有5对牌,一定要有碰必碰。"

实战案例4

成都的三圣乡的幸福梅林、荷塘月色都是休闲郊游的好地方,每次到成都总喜欢去这几个地方休闲。

下面这手牌是在幸福梅林一个农家小院休闲时打出来的。

牌型如下图所示:

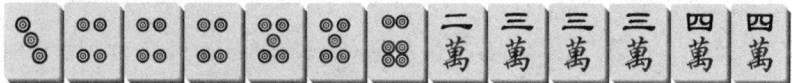

实战图4

当上家打出5筒时,感觉机会来了,立马叫碰,退6筒。

牌型变成如下:

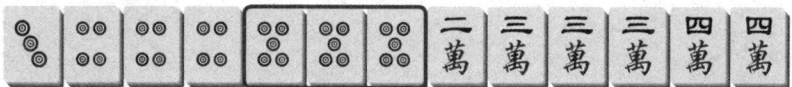

实战图4-1

现在这个牌型的特点是:

杠牌的可能性是有的;而且,无论是碰,还是杠,听牌的面都比较宽,为自摸提供了很好的机会。

实战进程:

碰3万,退3筒。

之所以退3筒,是希望有人能碰,好引出4筒;此外,3万已经打断,

1、4万胡牌是非常容易的。

牌型变化如下:

实战图4-2

现已听牌:胡1、4万。

正如所愿,3筒出去就被碰掉,4筒出来的可能性就很大了。

接下来杠4筒,摸1万,杠上花。

虽然不是对子胡,但赢分大大高于对子胡。

实战案例5

下面这手牌是去云南旅游,在大理一家民宿同几个朋友休闲娱乐时出现的。开局不久,进张不错,几圈之后就有了5对半。

牌型如下图所示:

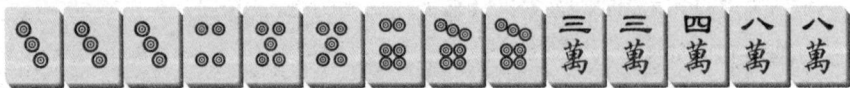

实战图5

这是刚刚摸进8万的牌型,该怎么打?

从最快听牌来说,打7筒应该更快一点,考虑到对子胡和暗7对的可能性,故打4筒,既保留了对子胡的牌型,也为转身做了准备。

牌型变化如下:

实战图5-1

之后摸3万打4万。

牌型变化为：

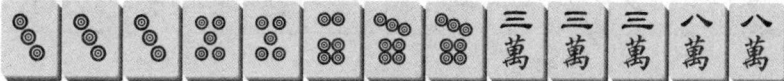

实战图5-2

当桌面上出现8万时，立即叫碰。

接下来有两种选择：

第一，退6筒，对子胡，听牌5、7筒。

第二，退7筒，放弃对子胡，听牌4、5、8筒。

第二种打法胡牌面宽得多，而且很有隐蔽性，因为之前打过4筒。

考虑之后决定采用第二种打法，退7筒。

牌型变化如下：

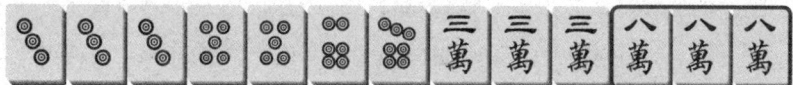

实战图5-3

现已听牌：胡4、5、8筒。

最后的结果是：摸3万明杠，再摸4筒，杠上花。

比起单纯地打对子胡，赢的比分就多得多。

盘后点评：

这手牌取胜的关键是放飞7筒。在做对子胡的过程中，一定要懂得变通，不能一根筋地死守。

实战案例6

周末同事聚餐，之后娱乐打牌，"人多接下"。年龄较大的老王开牌不久就拿了一手好牌，我正好轮空，观其打牌。

牌型如下图所示：

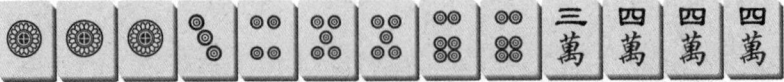

实战图6

实战过程：

牌桌上出现6筒时，老王叫碰，退掉3万。

牌型变化如下：

实战图6-1

现已听牌：胡2、5筒。

刚才的最佳打法应该是退5筒，胡2、3、5万。

下一圈，老王摸5万，气得他将牌"啪"的一声拍在桌上。考虑一阵之后依然将5万打出去了。失误，还应该退5筒。

再下一圈，老王又将5万摸起来了。

气得老王大声吼："啥子牌哟，真是怪了。"

对家老张说："老王，冷静点，莫把高血压整发了哟。"

本以为这事就这么过去了，但是，万万没有想到的是下一圈老王摸牌，又把3万摸起来了。

"啪"的一声，老王将牌重重地拍在桌上："真是撞鬼了，打了一辈子的牌，从来没有遇到过这样的怪事。"

老张说："你们快点去拿条湿毛巾来，给老王降一下温，等会出事了，大家都不好说。"

如果不打错，就是连续3次自摸算得上是奇闻了。

老王还是把3万打出了，完全跟牌较上劲了。

下一轮，老王碰5筒，退4筒。边打边说："我今天就不信这个邪，非要把对子胡做起。"

牌型变化如下:

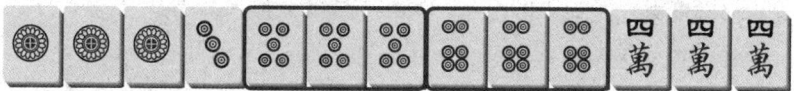

实战图6-2

这时候,牌局马上就要结束了。

值得庆幸的是,当牌墙上还剩两张牌时,桌上出现了2筒。老王似乎还有点犹豫,刚才的气可能还没有消。

对家老张说:"你胡不胡,不胡的话,我要碰牌哟。"

老王气呼呼地说:"胡了,不给你碰。"

老王最终赢了一个小胡。早知如此何必当初。

盘后点评:

这手牌最失误的就是碰6筒,退3万,一根筋地做对子胡。

二、暗7对技巧

"暗7对"是麻将番种里分值比较高的,有24番。是民间麻将里一个很传统的番种,是老百姓比较喜欢的一个番种。这个番种的特点是没有什么技术性可言,运气成分太大。特别是在后期三摸一阶段,几乎全凭运气。计算一下它的机会数大小就知道了:

三张牌摸成对的机会数J(三摸一)$= 3 \times 4 - 3 = 9$。由于是四个人在分享这9张牌,所以你摸起来的机会数J(庄家三摸一)$= 9 \div 4 = 2.25$。

从战术的角度来说,暗7对是一种完全消极的、被动的打法,它不同于对子胡,后者可以碰,灵活性大得多。而暗7对完全是凭自己的感觉摸牌,即便别人打出来了,也只能干瞪眼。

当你决定做暗7对的时候,就意味着高风险将一直伴随你。

所以,我对暗7对的看法是:

第一,暗7对是一个运气成分很重,几乎没有技术可言的番种,是一个只能自然成的番种，千万不要刻意地去做。

第二，要注意的是，当你有5对牌的时候，要特别当心，在5对牌华丽的外表下隐藏着一个巨大的陷阱，稍有不慎就会掉入其中。

具体的操作策略是：

当牌型有5小对时，可以试探性地尝试去做暗7对：打掉单张、边张，保留连张，为随时转身做准备；一旦出现可碰的对子，必须毫不犹豫地碰牌，立即转身，绝对不要吊死在暗7对这棵树上。稍有犹豫，机会就错过了，到结束时你可能连牌都听不了，那时你将后悔莫及。

下面几个暗7对的案例是我精选出来的，很有启发意义。

实战案例7

就在我写这个章节的时候，有个读者给我交流了一个案例，他在做暗7对的时候，走到了"三摸一"阶段。

牌型如下图所示：

实战图7

这个牌型看上去不错，只差1张牌就7对听牌了。

他觉得暗7对走到这一步，放弃有点可惜，所以当牌桌上出现2筒时他放弃了；之后又相继出现了4筒和1万，他都放弃了。

收尾时牌型变成了下图模样：

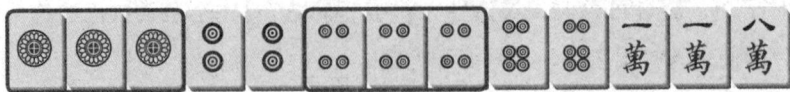

实战图7-1

只要再碰一手就能听牌，结果没有机会了，最后赔了三家，后悔惨了。

他说像这样的情况他遇到好几次了。请给予指点。

我把前面的观点和他进行了交流，最后针对这手牌做了分析：

当牌桌上第一次出现2筒的时候就应该果断叫碰；2筒碰了，1筒出来的概率很大；加之后面出来的4筒和1万，碰牌之后，对子胡早就听牌了，打得应该是随心所欲，游刃有余，怎么也不至于当赔家。

实战案例8

2017年参加一个朋友的饭局，之后切磋牌技。

可能是因为主人对我的介绍，那天观战者较多。下面这手牌起手就是4个小对，经过两轮摸牌变成了5个小对。

牌型如下图所示：

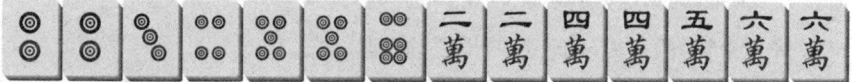

实战图8

这是刚刚摸进6万的牌型。

现在已经是5对牌了。

注意：5对牌是最容易掉进陷阱的时候，一定要保持清醒的头脑。如果决定转身就可以打2、5筒；如果还想继续摸7对，就打6筒。好在打掉6筒，没有破坏牌型结构，进一张牌可以下听。

实战进程：

退掉6筒，还想再试试7对。之后摸进2筒，退5筒！正确。决定放弃7对，这是很明智的选择。

牌型变化如下：

实战图8-1

现已听牌：胡间张5万。

虽然胡牌面很窄，但毕竟听牌了。

此时的牌型，进可攻：碰2、4、6万和杠2筒；退可守：摸2、3、4、5、6、7万。都可以重新听牌。

之后摸进7万，退掉6万。

牌型变化如下：

实战图8-2

重新听牌：胡2、4万。

接下的一轮，3筒被上家碰了。3筒被碰，2筒的价值就上了一个台阶，凭我的感觉，这手牌可能有戏。

接下来摸6筒，退3筒，目的是把2筒逼出来。

我的考虑如下：

在没有把2筒逼出来之前，小胡是肯定不会要的。现在这手牌的价值应该是先杠再胡。没有想到的是，转过来就自摸4万。考虑片刻之后，还是决定放弃，于是放飞2万！妙招，有追求。

牌型变化如下：

实战图8-3

再次听牌：胡2、3万。

此时有观战者窃窃私语："打错了。"

"可能看丢了。"

……

我的心情很平静，我相信变盘就在这一两轮。由于3筒被打断，2筒很快就出现了。杠牌之后,摸进8万,于是退2万。

牌型再次变化如下:

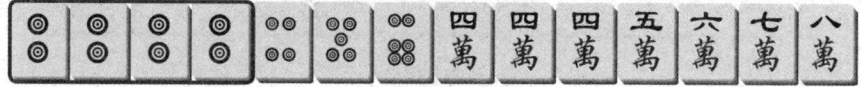

图8-4

杠牌之后再次听牌:胡3、5、6、8、9万。

大家应该知道这个牌型吧,万子牌型就是威力最大的火箭筒。这么宽的胡牌面,不可能不自摸。

最后的结果是:9万自摸,关住三家。

事后有观战者说:"换了这么多次叫,打得太好了。"

"心理素质太好了,哪个敢自摸打出去嘛。"

实战案例9

2018年同学聚会,饭后休闲玩起了麻将,"人多接下"。外号"飞毛腿"的同学做暗7对,我恰好轮空,看他操作。

牌型如下图所示:

实战图9

这手牌有4对半,当牌桌上出现4筒的时候,飞毛腿视若无睹,伸手抓牌,起来一张5万,好生得意,于是打掉9筒。

之后牌桌上出现8筒,我提醒飞毛腿碰牌。

飞毛腿说:"我摸得起来,我经常做这个,你看我的。"他信心满满,坚守暗7对。这次就没那么幸运了,什么有用的牌也没有抓起来。随着时间的流逝,飞毛腿有点着急了,但手上的牌依然没有任何进展。

牌型变化如下图：

实战图9-1

现在这手牌即便有一个碰张也听不了牌，后悔已经来不急了。

最后飞毛腿当了赔家，自我调侃："手气差了点。"

有好事者说："你娃娃不听朱教授的，喊你碰，你不碰，碰了就飞起来了嘛。这下安逸了，腿遭打断了。"

盘后点评：

1．做暗7对是典型的打阵地战，打防守，消极被动。

2．4对半的时候是转身的最佳时机，往往这个时候的牌型最具诱惑力，一旦错过机会，就可能造成遗憾。

实战案例10

下面这手牌是我在成都三圣乡和朋友切磋牌技时出现的。

中局阶段的时候，手中的牌成了如下模样：

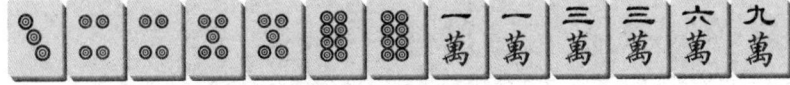

实战图10

现有5小对，似乎马上就要做成暗7对了。

我很清楚这5小对看似华丽的外表下，其实是陷阱。必须随时做好转身的准备。比如这手牌，在没有做成7对前，3筒是不能打掉的，哪怕牌桌上已经打现了2个3筒也不能退掉。一旦打掉，转身的空间就不够了，原本两次进张可以下听的，可能需要三次或更多次。

实战进程：

当1万出现在牌桌上时，我放弃了。主要基于两个原因：

第一，牌桌上2万已经打现了2张，碰1、3万的可能性还比较大，如果牌桌上出现的是8筒，我会毫不犹豫地碰掉。

第二，时间还比较充裕，感觉放过这一次，危险不是很大。

正是这种乐观主义的想法，差点让我当了赔家。

没有想到的是1万错过以后，再也没有进一张有用的牌。

随着牌局结束时间的临近，压力是越来越大，很后悔当初没有碰1万。这种打阵地战，被动摸牌的战术只有在这个时候才体会最深。更让我感到后悔的是上下两家居然有了杠牌，如果当赔家，那就输得多了。

终于在快要结束的时候，我把1万摸起来了。

牌型变化如下：

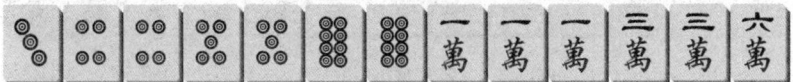

实战图10-1

这时候我看了牌墙，只剩下最后两张牌了，我已经没有摸牌的机会了，除非发生奇迹，那种深深的后悔心情真是无以言表。

奇迹最终发生了：下家摸牌后打出了2条，上家叫碰，打出2万，给了我最后摸牌的机会：摸进8筒，退6万，听牌3、6筒。

事后验牌上家的条子清一色加杠已经做成了。如果不是海底摸进最后的8筒下听，这手牌真要输惨。

非常深刻的一次教训。

实战案例11

做7对一定不要强求，吊张要尽可能地和对子相邻。随时做好转身的准备。下面这手牌是在成都幸福梅林和亲友休闲时出现的。

牌型如下图所示：

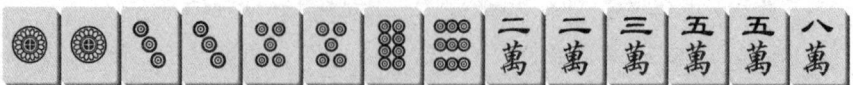

实战图11

这是刚刚摸进3万时出现的牌型。

桌面的情况是：7筒打现了2张，8、9筒各打现了1张，3万已经打现了2张，8万1张也没有打现。

实战进程：

打掉8万；之后摸4筒，打9筒；再之后，摸6万打8筒。

牌型变成如下：

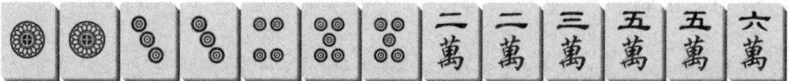

实战图11-1

摸了几圈，还是5对牌，没有实质性的进展。

又过一圈，摸进4万。

牌型变化如下：

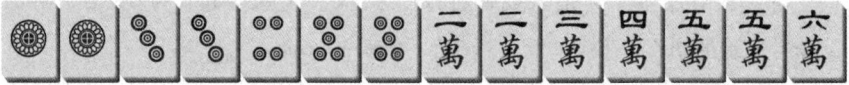

实战图11-2

现在打哪张牌？

如果决定转身就可以打2、5万；如果还想继续摸7对，就打6万。无论怎么打，都可以进一张牌就下听。

实战后续进程是：

打掉6万。之后摸5万，退2万！决定放弃7对，很明智的打法。

牌型变化如下：

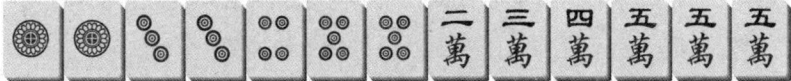

实战图11-3

现在听牌间张4筒。

虽然胡牌面很窄，但毕竟下听了。此时的牌型进可攻：碰1、3、5筒，杠5万；退可守：摸1、2、3、4、5、6筒。

之后摸进6筒，打掉5筒。

牌型变化如下：

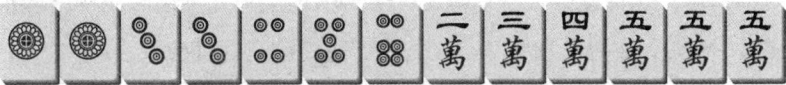

实战图11-4

再次听牌：胡1、3筒。

最后的结果是：5万直杠，胡了1筒。

盘后点评：

摸5万，打2万是从阵地战转为游击战的转折点，是取胜的关键。

三、清一色技巧

麻将中的清一色是非常受人喜欢的番种。实战中，只要成功一次，那种喜悦感、自豪感是很强烈的。之所以会有这种感觉，是因为它的难度较大，成功率低，所以每当做成以后才会有强烈的满足感。

对于清一色的做法，我的建议有以下几点：

第一，清一色分值较高，做牌过程中难免会引起大家的注意，所以在打法上要尽量低调和隐蔽。可杠可不杠的牌不要杠，可碰可不碰的牌不要碰，暴露出来的牌是越少越好。

第二，做牌过程中不要期望值太高，要循序渐进，逐步推进，把风险控制在最小范围之内。

第三，在边花的退牌上要低调，采用岔张退牌，切莫顺序退牌。

第四，清一色不可强求，要随时做好转身的准备。

做清一色就如同打阵地战，一旦有了这个想法就很容易陷进去，出不来。当条件不成熟的时候，一定要立即转身，跳出来打游击战。那种一味蛮干的打法是绝对不可取的。

下面将通过若干牌例来解读上面的几点内容。

实战案例12

前不久，一个读者和我交流了一手牌。他说他几天前和朋友打麻将，开战后一直输，中局阶段拿了一手好牌，感觉翻身的机会来了。

牌型如下图所示：

实战图12

刚刚摸进了8筒，感觉清一色没有问题。

实战过程：

打掉6万。过了两圈，上家打出了8筒，杠牌后又摸进了4万。想了一下还是继续做清一色，退掉了6万。

牌型变化如下：

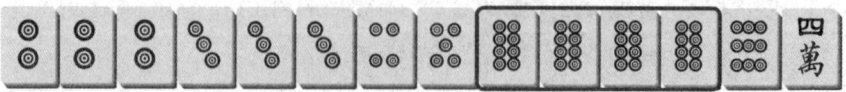

实战图12-1

之后，一直没有摸进有用的牌。

随着时间的流逝，压力越来越大，心里已经开始后悔了，牌局快要结束的时候，摸进了4筒，退4万。

牌型变化如下:

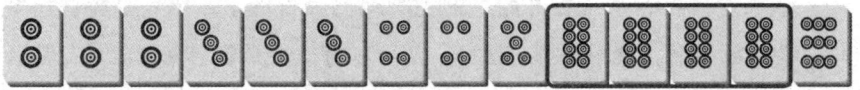

实战图12-2

随着牌局结束时间的临近,压力越来越大。

此时桌上出现了2筒,赶紧叫碰,殊不知下家胡牌了。

那一刻真的感到很绝望,好好的一手牌,被自己打得稀烂,不仅没有胡牌,还当了赔家,输得那么惨。

他说,从这手牌开始,心情完全弄坏了,以后几乎都是输牌。

我给他的交流情况如下:

回到一开始的图形:

实战图12

这手牌失误太多,按读者的打法有两点:

第一,杠8筒是一个失误,应该是碰8筒,下听边7筒。虽然听牌不理想或许后续摸牌,碰牌能够得到改善。

第二,杠起来的4万本来可以弥补之前的错误,退9筒,下听5万,只可惜他也放弃了这次机会。

正是由于这两次失误,才导致了最后的失败。

这手牌一开始的最佳打法应该是摸8筒,退9筒。

牌型变化如下:

实战图12-3

这种打法就已经听牌：胡3、6筒和6万。

如果这样打，从现在开始，这手牌就已经打活了。不管是碰，还是杠，甚至放飞鸽，使用腾挪打法等，都可以打得很精彩，随便怎么打都会有听。弄个对子胡加杠，弄个自摸加杠都是很有可能的。

盘后点评：

做清一色不要太死板，要懂得转身；强行蛮干是不行的。

实战案例13

2017年朋友聚会，饭局之后大家玩麻将，"人多接下"。下面这手牌还是一个资深老麻将打的，我正好轮空，在其后面观看。

桌面情况是：牌局接近尾盘，除了这位老麻将之外，其他三家门前都有杠牌。老麻将的清一色也快要成了。

牌型见下图所示：

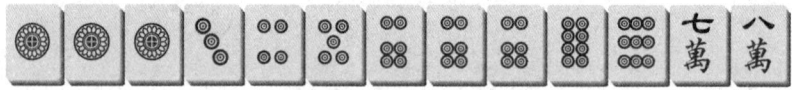

实战图13

桌面上：筒子已经打了很多，7、8、9筒似乎还各有1张，而万子牌6、9万分别只打现了1张。就在这时，老麻将摸进了4筒，几乎没有考虑就打掉了8万，铁了心要做清一色。

我真为老麻将捏把汗，担心他结束时听不了牌。我看了一下牌墙，老麻将最多还能摸两次牌。

下一圈老麻将摸进了9筒，退7万。

牌型变成如下：

实战图13-1

这手牌到最后也没有听牌。

4筒和9筒虽然成对，可惜桌上已经分别打现了2张，碰牌已经彻底无望。最后一次轮到老麻将摸牌，起来的是9万。这期间桌面上风平浪静，连碰牌的现象都没有。老麻将长叹一声，倒牌认输，赔三家。

盘后点评：

这手牌如果老麻将不是只想做清一色，不打阵地战，摸4筒，打4筒，及时调整战略方针，改打游击战，那么最后的结果将是海底自摸9万，赢三家，那样的话，老麻将就是最大的赢家。

实战案例14

这是2015年在成都峨眉山打的一手牌。

那天运气很好，开牌后的第2局就拿了一手好牌，进入中盘的时候，手中的筒子已基本成型了。

牌型如下图所示：

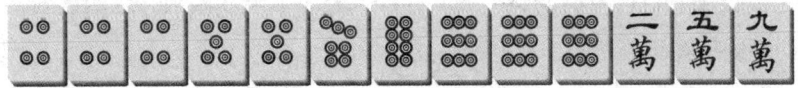

实战图14

目前离清一色还差3张牌，两圈之后摸进了1筒。

牌型变化如下：

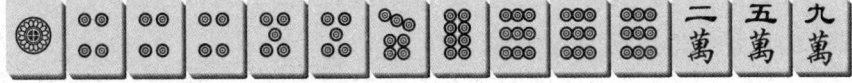

实战图14-1

如果打掉9万，离清一色就只差2张牌。

桌面的情况是：除我之外，上下2家都在做筒子。如果留下1筒，坚持做筒子难度肯定很大。如果打掉9万，这手牌将朝何处发展，说实话心中没底。其实右边的万子259是很容易听牌的,其机会数=36。

这时候我的考虑是:

第一,牌局快要结束了,如果留下1筒,打掉9万或2万,清一色能否下听很难说,更不用说胡牌了,如果听不了牌,还要当赔家。

第二,从效益来说,一个小胡自摸,其分值还大于一个清一色放炮。

综合考虑之后,决定放弃做清一色的想法。

实战进程是:

摸1筒,退1筒。下一圈摸进8万,退5万。再过一圈摸进5筒,退2万,听牌边张7万。

牌型变化如下:

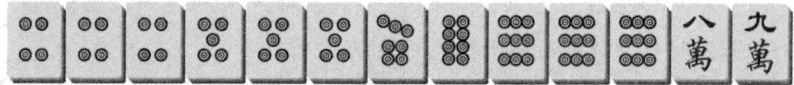

实战图14-2

此时离牌局结束只剩下最后一圈了。

我很庆幸自己及时调整了战略方针,放弃了继续做清一色的计划,不然的话这手牌能否下听,真的很难说。

最后的结果是:

当牌墙上还剩2张牌的时候我自摸7万,赢了三家。

盘后点评:

虽说是小胡自摸,但赢的分数比放炮清一色还多。

更重要的是,我为自己及时改变策略取得成功感到高兴,心情很舒畅,为后面的战斗开了一个好头。

实战案例15

2017年应邀参加朋友的饭局,之后在朋友的安排下,进行了一场麻将挑战赛,围观者较多。下面这手牌是在开战后的第二盘出现的。

尾盘阶段，手上的牌已经下听，胡1、4万。

牌型如下图所示：

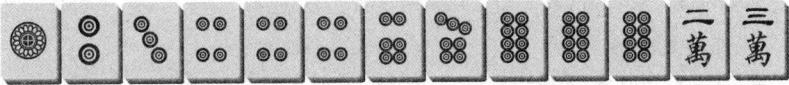

实战图15

这手牌与上一个案例很相似，但打法上却有很大的差别。

实战过程：

摸进了1筒，果断放弃。

如果留下1筒，拆掉23万，这手牌的发展很难控制，能否听得了牌都很难说，更不用说胡牌了。

凡是没有把握的事，我是不会干的。像这样已经下听1、4万的牌，说不定下一手就是一个自摸，比清一色还要强，何乐而不为？

但是，当牌桌上出现8筒的时候，我立马叫碰，打掉三万。

牌型变化如下：

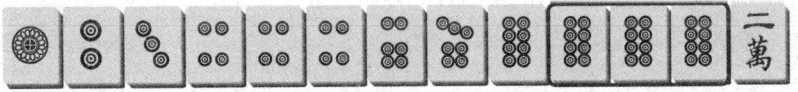

实战图15-1

重新听牌：单吊2万。

虽然听牌数量减少了，但离清一色只有一张牌的距离了。

碰了8筒，依然听牌2万，这是最关键的一环！如果为了做清一色把有听打成无听，这种方法通常情况下是不可取的。

过了两圈，摸进9筒，退2万。

牌型变化如下：

实战图15-2

此时清一色下听：胡5、6、9筒。

离结束的最后一圈时，9筒自摸，关住三家。

周围观战一片哗然："这下赢惨了。"

"打得太精彩了。"

……

事后观战的一位朋友问："为何一开始不把1筒留下？如果留下1筒，说不定听牌还要快一些。"

我告诉他："那样的话，就会把有听打成无听，风险太大。"

盘后点评：

清一色的后期是最关键的时候，特别是当时间很紧张的时候要谨慎小心，千万不能蛮干，在通往清一色的路上要随时保持听牌，循序渐进。条件成熟自然就成；条件不成熟，随时刹车，把风险控制住。

实战案例16

和朋友一行自驾车去巫溪旅游，适逢下雨，在房间里和朋友休闲打牌。

牌型如下图所示：

实战图16

这是刚刚摸进9万的牌型。

如果退掉筒子，就把有听打成了无听。这不是我的风格，再说这么好的两头听，打个自摸是完全可能的，赢分还胜过清一色的放炮。

实战过程：

退掉8万，胡2、5筒。

之后桌面上出现2万，果断碰掉，单吊4筒听牌。虽然听牌不理想，但毕竟有听，心中不慌。关键是二万碰了，杠1万的可能性就很大。此外，摸进任何一张万子，都可以清一色听牌。这种打法轻松愉快。

牌型变为如下：

实战图16-1

下一圈，摸进6万，退掉4筒。

牌型变化如下：

实战图16-2

重新听牌：胡2、3、6万。

这时候的心情很愉快，很轻松，就等着杠牌，等着自摸。

最后的结果是：

摸2万，清一色四归一自摸，赢三家。

虽然没有等到杠1万，但是已经非常满意了。

原本没有打算做清一色，结果反倒打了个清一色自摸。

盘后点评：

本局取胜的关键是一开始就退8万。

条件不好时不要蛮干，循序渐进，始终保持有听是关键。

也许有读者会问：

如果一开就留下8万，打掉3筒，清一色下听会不会更快一些？

这是一个认识上的误区：

首先这仅仅是个假设，实战不一定成立。

其次，把有听打成无听，且风险不可控，那就等于是在赌清一色了，而不是在做清一色，这种赌的打法是不可取的。

关于对子胡、暗7对、清一色更多的相关策略可以参看《成都麻将高级打法》和《麻将理论与实战打法》这两本书。

第五节　细节打法

细节打法是指注意打牌过程中的方方面面，从语言谈吐到行为举止，除了文明有礼之外，还必须规范，符合比赛的要求。

正是这个原因，竞技麻将比赛原则上是不准牌手讲话的，比赛用语只能说"吃""碰""杠""胡"等，其他说法原则上都禁止；抓牌、碰牌、立牌的摆放、胡牌等行为动作都有严格的规定。

细节打法从狭义来说是管好自己，从广义来说还包括观察别人。如果内部和外部都做好了，那就是"知己知彼，自然百战不殆"。

对内就是管理自己。不仅管牌，也要管人。博弈过程中做到语言规范，行为规范。从管理学的角度来说，打牌过程就是对人对牌的一个管理过程。"细节决定成败"是管理学中的一个常用语。牌桌上，一个不经意的小动作，都有可能出卖你的牌情，输了还不知道是为什么。

对外就是观察别人。一个有经验的牌手，在博弈过程中，很多的时候不是盯着自己的牌看，而是更多地观察别人。牌桌是个小社会，每个人的性格修养、处事原则、打牌风格等，都会通过语言和行为流露出来，通过观察这些现象，加以分析，一定会有很多意想不到的收获。

本节给大家介绍牌桌上的一些细节打法，这些细节打法看似不起眼，却有可能让你输得一塌糊涂，也有可能让你赢得满堂喝彩。

一、不良习惯的苦果之一

打牌是体现自我修养的过程。

然而，很多牌手在打牌过程中，总有一些不良习惯。比如：行牌过程中喜欢先打后摸；犹豫不决的时候，手上动作明显；拿到好牌时喜上眉梢；打错一张时表情沮丧，甚至拍牌，发出不该有的表情和声音；理牌的时候，前后两排，好坏分明；遇到清一色的时候，左右插牌，东拿西凑，等等。

所有这些不良的行为习惯在比赛过程中都是不允许的。

这些不良的打牌习惯，没有一个可以帮助你取得胜利；相反，个个都会给你带来输牌的风险。

实战案例1

一声叹息暴露牌情

2019年与朋友郊游北碚缙云山，饭局之后一般都会玩上几把。坐在上家位置的朋友为人豪爽，性格外向，牌桌上同样如此。下面这手牌我侥幸躲过一劫，完全感谢他的一声叹息和一个动作。

桌面情况是：已至尾盘，上下两家都有杠牌，大家都打得很谨慎。

本人手中的牌型如下：

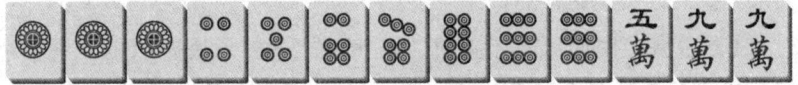

实战图1

虽然还未听牌，但下听是不会有任何问题的，因为三家在打高张万子，所以碰9万是不成问题的。更值得期待的是杠1筒，因为4个2筒都已打现。我相信碰9万或杠1筒即将发生。

实战进程是：

上家刚刚打了1万，我也摸了1万。

牌型变化如下：

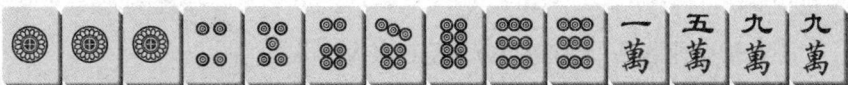

实战图1-1

现在最安全的牌是上家刚刚打出的1万，其次是上一圈下家打过的5万。为了给杠1筒准备一个安全张，所以我先打5万，把1万留下。

实战过程：

打5万。

牌型变化如图：

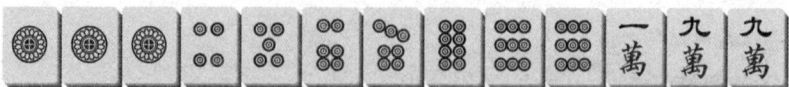

实战图1-2

下一圈，上家将牌摸起来瞥了一眼，随即将牌在桌上重重一拍，发出一声叹息！良久之后将牌插进立牌中打出了2万。这一声叹息，加之拍牌，然后将摸牌插进立牌中，打出2万，一系列的动作释放出一个强烈的信号：

什么信号？那就是后悔。从后悔这个信息出发，能分析出哪些有用的东西来？我的分析是这样的：

打1万后悔，说明原本不该打，那为什么又打了呢？只能说明1万和未知牌的组合不是很好，这个未知的牌只能是2万或3万，其牌型应该是：12、13。由此可推断，原本是胡间张2万或边张3万；但是，从上家刚才把摸张插进牌墙打出2万来看，原本应该是胡边张3万，可能是考虑到胡边3万不太好，于是改为胡2万和其他牌的对处叫。但是现在后悔了，是对原来可以胡的边3万后悔。那就说明刚才摸上手的牌就是边3万！

现在留下3万，打出2万，只能说明上家把牌重新组合，想把刚才打出去的1万胡回来。这是推出的第一个结论。

第二个结论就是原本胡单钓1万，打出之后又摸回来了，所以后悔，现在又重新再钓1万。

不管是哪种情况，现在打1万风险都很大。

我开始有点后悔上一手没有跟着上家打1万。

后悔归后悔，实战进程是：

轮到我摸牌时，起来的是1筒！暗杠之后，杠起来9万，这真是喜出望外，高兴得不能再高兴了。但马上想到1万出去的高风险，喜悦之感立马降到冰点，原本打1万，胡3、6、9筒的理想情况被现实击得粉碎，为保险起见，留下1万，打出9筒。

牌型变化如下：

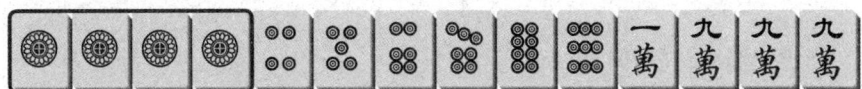

实战图1-3

已经听牌：单吊1万。

一圈之后下家摸1万，打1万，上家叫了胡牌，我也跟着叫胡牌。

事后上家说："这手牌打得太亏了，下个对处叫，如果胡边三万早就自摸了，关住你们三家。"

一位观战的朋友说："还是朱教授算得准，三个叫都不要，就胡单张。换一个人肯定会打1万。"

这手牌能够打赢完全得益于上家的叹息和拍牌。

实战案例2

煮熟的鸭子飞了之一

2015年同学聚会，饭局之后玩麻将，打的是重庆版的成都麻将。外号"雷管"的同学坐庄家位置，雷管牌打得好，给人的感觉是出牌快，打得干净利落，从不拖泥带水，但常常是先打后摸。

我观察发现，牌打得熟，打得快的人很多都有这个习惯。

这局牌正好我轮空，就站在雷管背后看他打牌。

桌面情况是：三家有杠牌，就是雷管没得，牌局马上就要结束了，大家打得都比较小心，似乎都在"划船"。

雷管边打边说："牌要打得好，就看划船好不好。"

此时雷管的牌型如下：

实战图2

已经听牌：胡9筒、2万。

手上的牌都是生张，的确打出去有一定的危险性。此时牌墙上还剩两三张牌，这局牌马上就要结束了。

雷管说："我手上全是生张，还真不好划船。"

就在这时，上家打了5万出来，桌面平静。

雷管马上也跟着打出2万，边打边说："这下好了，有人带路，好安全，这船划靠岸了。"

雷管伸手将牌摸起来一看，气得他火冒三丈，将牌在桌上重重一拍："真是撞鬼了。"原来摸起来的是2筒！

好事者在旁边开玩笑："老雷，稳到点。"

更可气的还在后面。下家伸手摸牌，起来的是9筒，还大声说了一句："哈哈，全靠这张牌，不然要当赔家。"

雷管问他："摸的啥牌？"

下家把9筒给他看了一眼。雷管一下站了起来，随后又重重地瘫在了椅子上。如果雷管先摸牌，后退牌，那么雷管就是杠上花，赢三家。

下家赶忙说："老雷，稳到起，莫要晕过去了哟。"

这局牌就这样在众人欢快，老雷沮丧的气氛中结束了。

盘后点评：

如果老雷有良好的打牌习惯：先摸后打。那这局牌的赢家就是他。

实战案例3

煮熟的鸭子飞了之二

就在写这本书期间，一位读者和我交流，他说，他要是早点看到了我的书，就不至于输得那么惨。

他告诉我，前不久他打了一副牌，现在想来真是追悔莫及，后悔的心情简直无法形容。

他说那局牌打到最后看上去基本上是荒了，最大的威胁是他的对家，门前有一暗杠。大家都在小心翼翼地"划船"。他最担心的是自己手上的牌都是"生张"，怕打出去放炮，他感觉自己是肯定胡不了牌的。

他手中牌型如下图所示：

实战图3

好在他的上家这时候打了一张5万，此时牌墙上只剩下2张牌了。

5万出来没有点响对家的炮，于是他赶紧"踩线"，将8万打出去，对家也没有反应。那一刻，他感觉自己很幸运，担心的事情终于过去了。

但是，当他看到摸起来的牌时，顿时就傻眼了，原来是8万，真是见鬼了。真是后悔不该先打后摸，不然就是自己的暗杠。索性再把最后的底牌翻过来看，这一看不要紧，差点就气死过去了，原来底牌是7万！

不然就是杠上花，关三家。气得他一下瘫在椅子上。

他说，那一刻他真的是太后悔了。

看看吧，这就是先打后摸造成的恶果。

实战案例4

小动作暴露了一对3万

2016年应朋友之邀参加一个饭局，之后朋友安排了一场麻将切磋，打重庆版的成都麻将。下面这手牌是牌局开始不久出现的：

实战图4

现在这手牌进3万或3条就可以下听。

实战过程：

下家打3万，对家立马将手放在了门前的牌墙上，有抓牌想碰的动作，稍有迟疑后，将手伸向了牌墙。

这个不太起眼，几乎很多人都有的习惯动作释放了一个重要信息：对家有一对3万。这个信息对我来说已经足够了。

所以，下一手我摸进8条时，立马打掉2万。

牌型变化如下：

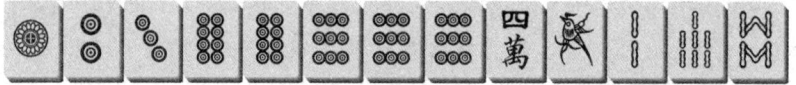

实战图4-1

接下来：摸1条，退4万；之后又摸9条，退2条。

牌型变化如下：

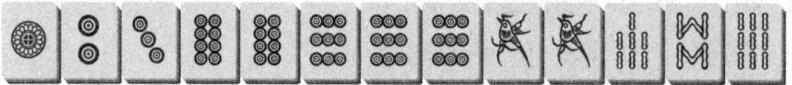

实战图4-2

现已听牌：胡8筒、1条。

目前，这手牌的价值应该在自摸以上。

所以，当牌桌上出现8筒的时候，我立马叫碰，然后放飞9条。

牌型变化如下：

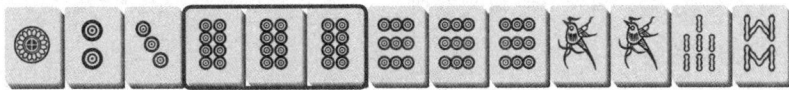

实战图4-3

现在8筒已碰，9筒出来是大概率事情。

以后的进程是：

杠了对家的9筒；最后9条自摸，赢三家。

事后，一个旁观者问我："朱教授，当初摸8条的时候，为什么不拆1、2条，反而拆2、4万？"

我说："对家有一对3万，下家打出一个3万，还留2、4万干嘛？"

"你怎么知道对家有一对3万？"旁观者问。

"下家打出3万时，对家的动作暴露了他应该有一对3万。"我说。

"真是太厉害了。"旁观者说。

实战案例5

小动作暴露了听牌秘密

竞技麻将比赛的第一轮是淘汰赛，坐对家的选手是个老江湖，打牌很熟，很油，江湖气息很重，手指识牌是他的强项，常常是摸牌之后看也不看就打出去；打错牌时，常常用牌面拍打桌子；摇头晃脑，长吁短叹是他的习惯动作；听牌的时候，常常是将牌面向下扣在桌上，之后就是半眯住眼睛，摸张打张。裁判已经对其提出了警告，不允许这样扣牌。

下面这手牌是我和他同桌竞技时出现的。

牌型如下图所示：

实战图5

1、3万已碰，再进一张就可听牌。

桌面情况是：

牌局已接近尾声，老江湖上一圈打出4万！打出4万之后，他将牌面向下扣在桌子上，这是打江湖麻将牌手的习惯性动作。老江湖刚刚扣下牌，马上意识到这是违规的，又赶紧将牌立起来。

现在又轮到他摸牌，他摸牌之后看都不看，就将牌面"啪"的一声拍在桌子上，显然后悔了，肯定是上一张牌打错了。

裁判当即对他这一行为提出了警告。

之后，老江湖把牌插进了牌墙，打出了一张7筒！

接下来上家摸牌，摸牌后打出了1条。我立马叫碰，然后退4筒。

牌型变化如下：

实战图5-1

单吊听牌：胡7万。

我之所以舍去胡1、4筒，是因为对家的扣牌、拍牌，这些动作暴露了他的牌情。分析如下：

对家上一圈打4万，现在肯定是又摸回来了，不然他为何要后悔，要拍牌。现在他打出了筒子，说明他把之前的听牌又重新听回去了。

此外，对家每次听牌后，都要习惯性扣牌，这次也不例外，虽然他意识到这是违规，把牌立了起来，这说明他已经听牌了。

既然如此，没有必要冒险去打万子，所以舍去了1、4筒听牌。

最后的结果是：

上家打出了7万，对家迫不及待地倒牌，原来他胡4、7万，只可惜我在对家之前胡牌，把它挡在了外面。

事后组委会专门重申了行牌规则，以及相关注意事项。

之后的比赛中，再也没有见过这个老江湖了。

二、不良习惯的苦果之二

有的人打牌总喜欢把牌摆成两排，一排是已经成副的，一排是没有成副的。即便摆成了一排，也是一边是成副的，一边是没有成副的。

我问过好些个这样摆牌的人："为什么要这样摆放？"

他们的回答是："分开摆看得更清楚呀，一目了然。"

殊不知，这种理牌和摆牌的方式不仅容易把自己的牌情暴露给别人，还常常给自己造成不该发生的损失，比如把听牌看丢了，把胡牌打掉了，把自摸打出去了，等等。

还有一些人，除了基本功不够之外，打牌的动作也太暴露牌情了。特别是听牌张数较多，比较复杂的时候，总喜欢把牌东拿西凑，不停地摆放，一会放这，一会放那，一看就是清一色听牌了，谁还会打牌给你？

正确的理牌方式应该是按顺序摆放，切不可分开摆放；更不可不停地东拿西凑，手上动作明显。

至于看牌能力的强弱是基本功的问题。

实战案例6

一次同学聚会，饭后休闲，打牌娱乐，打的是成都麻将。"人多接下"，我乐得四处看看。一个叫丽丽的女同学从理牌开始就分类管理，做好的牌放在门前的后一排，没有做好的牌放在门前的前一排。

下面这手牌，丽丽起手就有9张万子，她将不要的条子和筒子放在最前面，一张一张地往外打，把摸起来的万子一张一张地往后一排插。

当她把前排最后一张筒子打出的时候，对家的一个同学开玩笑说："丽丽，你清一色做好了吗？"

其牌型如图所示：

一萬 二萬 三萬 三萬 四萬 四萬 六萬 六萬 七萬 八萬 八萬 九萬 九萬

实战图6

此时，牌局已到尾盘。

看起来很好的一手牌，但是谁会打万子让你碰呢？唯一的办法就是自己摸牌下听，至于能不能下听，那就听天由命了。

到丽丽最后一次摸牌的时候，摸进了一张1万，还是没能下听。

牌型变化如下：

一萬 二萬 三萬 三萬 三萬 四萬 四萬 六萬 六萬 七萬 八萬 八萬 九萬 九萬

实战图6-1

可能是没有下听，心情受到了影响，丽丽随手打了6万出去，结果放响了对家的海底炮。

对家一边将6万抓起来放在自己的牌墙旁边，一边开玩笑说："谢谢，谢谢你的海底炮。"

最后，丽丽不仅放了海底炮，还当了赔家。

事后，丽丽说："你们打得太精了，我只要碰4、6、9万就可以下叫。"

下家说："你打得那么明（显），哪个还敢打万子给你哟。"

实战案例7

2015年参加一个同学的生日宴会。饭后大家打牌娱乐，"人多接下"，我轮空时四处看看。

下面这手牌也是一个女同学打的，她的理牌习惯，摆牌方式和上一例中的丽丽也差不多。我在她身后看她打牌，动作看上去还挺快，打牌还很熟练。当她把多余的牌张打完之后，把门前的万子东拿西凑，左右调换

（这种习惯是打牌中最忌讳的），摆弄一阵之后成了如下图形：

实战图7

当她把手拿开立牌时，我看到了万子的这个牌型。我的第一感就是这种摆放要出问题。

实战进程：

这位女同学摸进7万插进牌墙，然后抽出4万打将出去。一系列动作干脆利落，根本不思考，然后很自信地将牌全部扣下，背面朝上，那个意思就是向大家宣布，我已听牌，就等自摸。

之后的结果令这个女同学很沮丧，不仅没有自摸还放了两个炮，输了一个自摸，弄得她是心情大坏。

牌局结束后，我对她说："你的7万是自摸，怎么会打出去。"

她有点不相信："不会哟？"

我说："你再仔细理一下吧。"

果不其然，把牌型重新梳理一下就是如下图形：

实战图7-1

这个图形是：123、22、233445、68，胡7万。

这个女同学对我说："我打出去的时候，你怎么不给我说一声？"

我说："你那么自信，打得又那么快，我就是想说也来不及呀。"

实战案例8

2016年的一个周末，天气晴朗，几个老朋友相约南山聚会。饭后休闲，打牌娱乐，两人接下。

下面这手牌，朋友的妻子黄老师坐庄，我刚好轮空，观其打牌。从黄老师的理牌动作就可以看出打牌不咋地。

当手中全是清一色的万子时，黄老师不停地用手理牌，东拿西凑，一会摆这，一会摆那，一看就是清一色听牌了。

最终，黄老师摆了一个牌型如图：

三萬 三萬 三萬 四萬 四萬 四萬 一萬 二萬 三萬 五萬 五萬 六萬 六萬

实战图8

这是一手很不错的牌。

当她把手拿开，我看到这个牌型时，第一感觉就是黄老师很可能只看出了听牌5、6万。

既然动作这么大，牌情暴露得这么充分，大家肯定都尽量规避打万子。这时候牌局已接近尾声了。

就在这时，黄老师摸了一张2万起来，左看看，右看看，最后还是把2万打出去了。

最终这手牌黄老师没有胡牌，还输了一个自摸，放了一个炮。

牌局结束之后，我告诉她："怎么把2万打出去了，那是自摸。"

黄老师完全不相信："不会哟，我仔细看了的。"

我说："你可以再看看。"

众人一听，赶紧把黄老师的牌拿来研究。

正确的摆放结果如下：

实战图8-1

这手牌应该是胡：1、2、4、5、6、7万。

清一色自摸打出去，亏得实在太多了。

实战案例9

在竞技麻将的一次比赛中，我做裁判工作。比赛开始不久，6号桌的一位选手拿了一手好牌。他在摆弄了一阵之后，可能觉得不会有差错了，于是把手放下；过一会儿觉得不放心，又将牌摆弄一阵，就这样反复了好几次。光看他这个动作，我就估计他是在做清一色，听牌张数较多，看不过来。

牌型如下图所示：

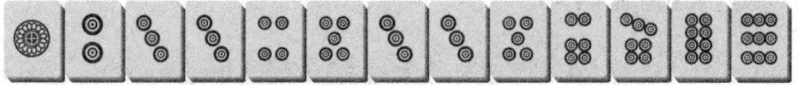

实战图9

这是他摆的牌型，听4、7筒。

我站在旁边看着这个图形，心里很是担心。

一圈之后，这位选手摸进了5筒，看了一会后打出去了。

之后，牌桌上没有出现4、7筒。直到这局牌结束，他也没能胡牌。

结束后我说："你之前的5筒是自摸，难道没有看出来？"

他说："不可能哟，我反复看了好几遍的。"

我说："你再复盘一下就知道了。"

众人将他的牌重新摆放如下：

实战图9-1

这手牌的实际听牌应该是：4、5、7筒。

情况弄清楚了，这位牌手说："你该提醒我一下。"

其他选手说："那怎么可能,他是裁判。"

这个选手最后没能进入下一轮比赛,单就这手牌就亏得太多了。

实战案例10

2017年参加一个朋友女儿的结婚宴会,宴会之后打牌娱乐,人多接下,很是热闹。我刚好轮空,观摩一下桌上的一位女士打牌。这位女士牌打得很熟练,动作麻利,还会手指识牌。

下面这手牌是中后场阶段形成的,她摆弄了几下之后,很自信地将牌扣在了桌上,开始了自摸的旅途。

牌型如下图所示:

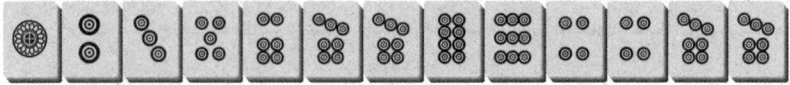

实战图10

这个图形只听4、7筒。

当我看到她的这个摆牌图形之后,我就怀疑她只看到听牌4、7筒,而没有看到应该听牌:1、4、7筒。

实战情况果然如此:

对家打出1筒,女士视而不见。轮到她摸牌时,摸起来的也是1筒,这女士只看了一眼就打出去了。

之后,这位女士摸5筒,退4筒,听牌3、6筒。遗憾的是直到牌局结束,她也未能胡牌。

验牌时我告诉她:"1筒是自摸,为何要打出去?"

她很自信地说:"我看过的,1筒胡不了。"

众人听了之后,将她手中的牌重新摆放如下:

实战图10-2

看看吧，实际听牌的应该是：1、4、7筒。

女士很是后悔，她说："你点我一下就好了。"

我说："你打得那么快，我想点你也来不及呀。"

这手牌，亏得实在太多了。

但凡出现这种情况，除了基本功缺失之外，与平时的理牌习惯、打牌习惯都有关系。良好的打牌习惯是取得胜利的一个重要因素。

第六节　打牌小技巧

下面的小知识、小技巧没有高深的理论，谈不上什么系统性，但是在实战中却非常有用，就好像水龙头里的垫圈，看是不起眼，作用却非常大，做得再好的水龙头离开了它，就会漏水。这些打牌的小知识、小技巧是牌手必不可少的，用好了或许会帮上你的大忙。

一、牌型启示录

实战中常常会遇到一些特殊牌型，比如万子112233、778899或223344、667788，遇到这种牌型，该如何处理，下面给予介绍。

1. 釜底抽薪打法

当牌桌上出现3万的时候，应该毫不犹豫地碰掉，因为3万被碰，2万和1万出现的概率是很大的。

同理，碰7万之后，8、9万出来的可能性也是很大的。这打法可以快速构成三副碰牌。

如果出现的是2万,也是可碰的,因为1万出来的概率很大;

如果出现的是1万,那就不一定了,只能根据牌桌情况临场判断。

实战案例1

参加重庆市竞技麻将个人邀请赛之前,各个区县进行海选,有的区县公开登报招募江湖高手组队参赛。我正是在报纸上看到了九龙坡区的招募广告才前去参加海选的。下面这手牌就是在海选中打出来的。

牌型如图所示:

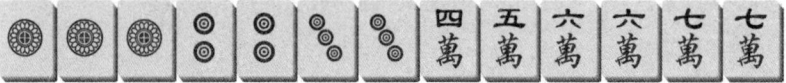

实战图1

现有5对半,离暗7对只有一步之遥。

当上家打出3筒的时候,怎么打?

第一感觉是机会来了,碰3筒,可以把1、2筒逼出来,做一色三节高。这个番种和暗7对都是24番,但此时做这个番种显然容易多了。

实战过程:

碰3筒,退4万。

牌型变化如下:

实战图1-1

这样的牌型,2筒出来的可能性是很大的。

之后摸7万,退5万。

牌型变化如图:

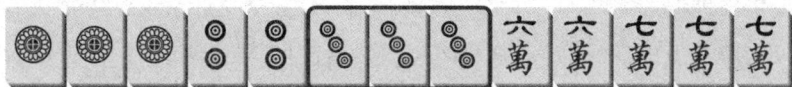

实战图1-2

现已听牌：胡2筒、6万。

胡2筒是一色三节高加对子胡；胡6万就只是对子胡。

当2筒出现在牌桌上时，我有了新的想法：贪自摸。

实战后续进程：

碰2筒，放飞6万。

牌型变化如图：

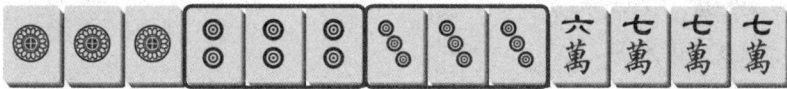

实战图1-3

一圈之后，摸1筒暗杠，再摸6万杠上花。

旁边的裁判说："朱老师的打法太有创意了。"

实战案例2

2015年去成都，和亲朋好友到幸福梅林去郊游，饭局过后在农家小院玩牌，中局阶段，拿了一手比较好的牌。

牌型如下图所示：

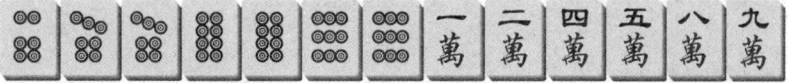

实战图2

这种牌型，无论出现哪张筒子均可碰。

实战进程：

当牌桌上出现8筒时，立马叫碰，然后退1万。之后9筒出现，再次叫碰，然后退2万。

牌型变成如图：

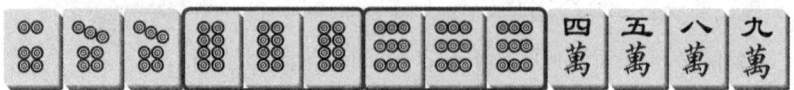

实战图2-1

8、9筒连续碰掉，牌型一下就大为改观。

实战后续进程：

摸6万，退掉6筒。

牌型变化如下：

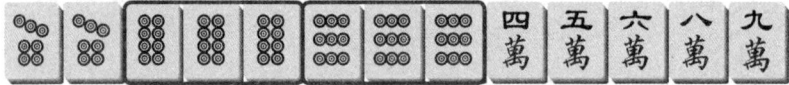

实战图2-2

现已听牌：胡7万。

最后结果是：碰7筒，退9万；之后8万自摸。

盘后点评：

原则上，778899这种牌型，只要出现可碰的牌张，是可以碰的。本案例中，碰掉8筒是快速下听的关键。

一般来说，碰掉8筒之后通常都会把9筒逼出来。一手牌碰了两副，手上还有一个对子，这样的牌型不会差到哪里去。

实战案例3

一个周末，朋友相邀去南山郊游，天气晴朗，空气新鲜，使人心旷神怡。中饭过后就在农家小院休闲打牌。开局第一盘，就拿了一手好牌。

牌型如图所示：

实战图3

万子112233真的算得上好牌。

实战进程：

当牌桌上出了3万时，毫不犹豫叫碰，然后退9筒。之后，1、2万相继出现，均已碰牌了结。

牌型变化如下：

实战图3-1

这是典型的"四人抬轿"。

实战后续进程：

摸进3筒，退4筒。

牌型变化为：

实战图3-2

最后结果是：3万自摸。

盘后点评：

"釜底抽薪"这种打法，通常情况下可以使牌型迅速得到简化，即便下不了听，门前三副同花色的碰牌还是有足够威慑力的。

实战案例4

三节高欺骗了牌手

下图是参加重庆市竞技麻将协会举办的比赛时出现的一手牌。这手牌拿上手就是个天地牌：左边的牌非常好，右边的牌非常差。

牌型见下图所示：

实战图4

这手牌要想胡牌几乎不可能。

但是还有另外一种可能，那就是用恐吓的手段，让其他牌手对筒子产生恐惧心理，跟着我的牌踩线走，最终达到荒牌的目的。

实战过程：

开局不久，3筒就出现了，立马叫碰，退二万。

牌型变化如下：

实战图4-1

之后陆续又碰了2筒和1筒。

中局阶段手中的牌型如下图所示：

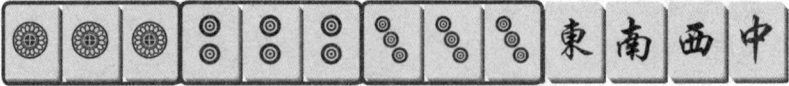

实战图4-1

门前三副筒子很有威慑力。

三副筒子除了是"一色三节高"之外，还有清一色的可能，谁见了都怕。选手们一个个打得小心谨慎，尽量避开筒子，原本不做筒子的，也只好拿在手上。就这样一直耗着，一直拖到牌局结束，我也未能听牌，这局牌就这样荒了。我真庆幸这手牌没有输掉比分。

盘后点评：

如果这手牌不采取果断打法碰3筒，而是按部就班的摸牌，那就很难说不输比分了。因为没有"一色三节高"和清一色的威胁，其他选手也就不会采取消极打法——"划船"，这对我会造成威胁，输牌是很可能的。

2．断桥打法

如果手上有连续的四五对牌，比如万子：22334455、3344556677……当牌桌上出现碰牌的时候，应该当机立断，碰掉再说，如果犹豫不决，一旦错过机会，恐怕就悔之晚矣，除非你有充分的理由不碰牌（比如想做连7对加分）。多数情况下碰牌都不会亏。之所以这么打，理由如下：

第一，凡是有4对以上的牌，看似很好，其实在多数情况下就是一个陷阱。很多牌手就会朝暗7对方向去做牌；特别是手上有5对牌的时候，会更加坚定不移地朝7对方向去做，殊不知这个时候就已经掉进陷阱里了。暗7对成功的概率实在太小了，见下篇详述。

第二，如果刚好是拦腰碰断，对其他三位选手的伤害肯定大得多，但是你却不同，进可碰牌攻击，退可摸牌防守，几乎无后顾之忧。

第三，如果放弃碰牌，那就是纯粹摸牌，打防守。这样的话就非常被动，陷入了靠手气打牌的不利局面。很多牌手在这个关键时刻错过了机会，结果把一手牌打得稀烂，结果很不理想。

实战案例5

下图是我参加重庆市渝中区竞技麻将比赛的一手牌：

实战图5

开盘不久就是这个牌型。

实战进程：

牌桌上出现4筒，立马叫碰，然后打出9万。

牌型变化如下：

实战图5-1

之后碰3筒，退3万。

牌型变成如下：

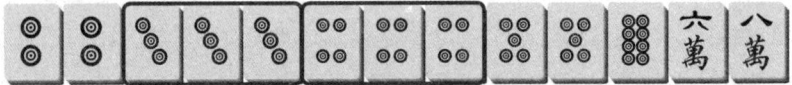

实战图5-2

门前碰的两副筒子：

333、444，对大家是个威胁，如果再有一副222或555，那就是"一色三节高"24番，所以大家都非常谨慎，尽量避开筒子。我也很清楚，2、5筒不会轻易出来。牌到这个时候，感觉很好，由于前面的主动性打法：碰4筒，碰3筒。不仅改观了牌型结构，而且还威胁了其他选手，剩下的事情就是慢慢摸牌，同时享受3、4筒两副筒子威胁大家的乐趣。

之后通过几轮摸牌，牌型变成如下：

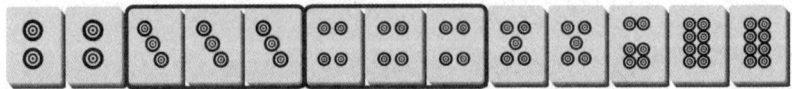

实战图5-3

到了这个时候，千万别指望别人会打出2、5筒。

当牌桌上出现8筒的时候，立马叫碰，退5筒。

牌型变化如下：

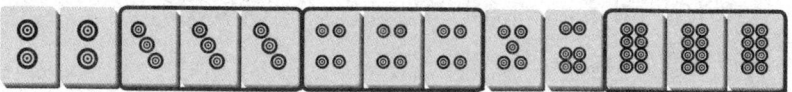

实战图5-4

现在听牌：胡4、7筒。

最后的结果是：7筒自摸，赢三家。

盘后点评：

这手牌一开始碰4筒和3筒是取胜的关键，碰的结果是：不仅优化了牌型，还威胁了其他选手。如果一开始不碰牌，采取消极的、被动的阵地战打法，这手牌能否取得这么好的战绩就很难说了。

实战案例6

下图是参加重庆市竞技麻将比赛时出现的一手牌，那天感觉尚好，开盘不久手中的牌就基本成型了。

牌型如下图所示：

实战图6

这手牌有5个连对，看上去很不错，但是千万不要打错方向。

当桌面上出现6万的时候，毫不犹豫地叫碰，然后退8筒。紧接着7万出现，立马碰掉，然后退2筒。

牌型变化如下：

实战图6-1

这种打法干净利落，简单快捷，三下五除二就搞定了。

接下来摸三万，退3筒。

牌型变化如下：

三萬 四萬 四萬 五萬 五萬 六萬 六萬 六萬 七萬 七萬 七萬 八萬 八萬

实战图6-2

清一色听牌：胡3、6万。

看看吧，从碰6万开始，主动权就掌握在自己手中。如果一开始犹豫，失去碰6万的机会，现在是个什么牌型那就很难说了。

最后的结果是：3万自摸。

牌局结束时，一旁的裁判对我说："你这手牌还可以做清对。"

我说："我只想早点下听，不想慢慢摸牌。"

对于这种牌型一定要争取主动，不建议被动摸牌。

实战案例7

2016年朋友聚会，饭局之后休闲打牌，人多打接下。这一轮我轮空，观看一个叫"苏总"的朋友打牌，苏总起手就拿了一手好牌。

牌型见下图所示：

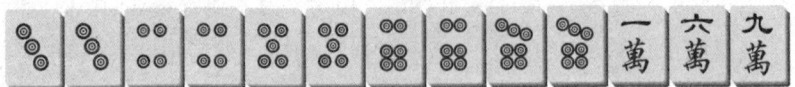

实战图7

苏总见牌这么好，说："这手牌绝对把你们三家关死。"

我猜测，苏总既然敢这么说，肯定心中已打算做清一色7对了。

果不其然，过了两圈，当牌桌上打出4筒的时候，苏总不为所动，放过。又过两圈，桌面上出现了3筒，苏总依然不为所动。

之后牌桌上相继又出现过5、7筒，苏总统统放过。

时间就这样在一圈又一圈中流逝，很快就到了尾盘，苏总手中的牌已然都摸成了清一色。

牌型变化如下：

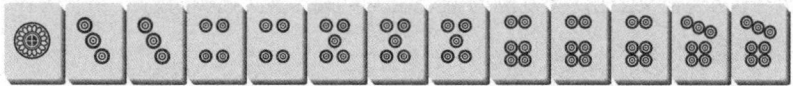

实战图7-1

全是筒子，但未听牌。

看上去很好，可惜3、4、5、6、7筒全部都打完了，还有一线希望的是最后一张2筒能够摸起来就可以听牌。

很可惜的是直到牌局结束，苏总也没有机会摸进那张唯一的2筒。如果摸起来2筒就可以听牌，虽然胡牌无望，但不会当赔家。

最后的结果是苏总无听，赔三家。

朋友们戏谑他："苏总，你不是要关死我们吗？"

"苏总，你真的是名副其实的'输'总，这头衔取得太好了。"

盘后点评：

如果一开始苏总就碰掉4筒、3筒，这手牌早就做成清一色对子胡了。

5对牌看似很好，其实背后的陷阱是很大的。

实战案例8

参加重庆市渝中区竞技麻将比赛第一轮，其中有一手牌，起手就是5对，看上去有清一色加暗7对的架构。

牌型见下图所示：

实战图8

这真是难得一见的好牌。

这种牌型做清一色对子胡很好做，但是要做清一色暗7对那就很难说了。一旦拿到这样的牌型必须当机立断，有碰必碰，不管是哪一家打出来，绝不犹豫，错过一次可能就没有第二次了。

所以当牌桌上出现6万的时候，立马叫碰，然后退9筒。

牌型变化如图：

实战图8-1

之后，经过了连续的好几轮摸牌。

牌型变化如下：

四万 五万 五万 五万 六万 六万 六万 七万 七万 八万 八万 九万 九万

实战图8-1

现已听牌：胡3、4、6万。

之后牌桌上先后出现了7、8万，我一点也不为所动。为什么？

估算一下就知道了：

清一色24番，清一色加对子胡30番。现在3个听，自摸的可能性很大，为了多6番牌，把3个听打成2个听，且机会数大大减小，这种事脑子有病的人才会干。

实战最后结果是：3万自摸，赢三家。

合计78番，远远胜过清一色加对子胡，胜过清一色加暗7对。

3. "四归一"听牌

所谓"四归一"听牌就是牌型为：

1233334筒，胡1、4筒；

3444456筒，胡3、6筒；

1234555567，胡1、4、7；

……

这种四归一听牌是最容易胡牌的。

因为四归一在你手上，别人连接不上，只有你能连接；特别是四归一碰了一副刻子下来，就更容易胡牌；因为3筒已被碰掉，拿着12筒的人通常情况下都会打掉，不会傻傻地一直等。

因此，当你听牌有选择余地时，选四归一听牌是很正确的。

实战案例9

2015年在北碚缙云山，朋友聚会。五月的天气阳光明媚，处处鸟语花香，饭局后林中休闲，打牌娱乐，心情特别爽。

开牌之后，几乎盘盘都小有收获。

下面这手牌使人心情爽快：

实战图9

起牌就听牌：胡1筒、3万。

庄家姓任，大家叫他"人总"，没想到"人总"开牌就打3万放炮。

我戏谑他："人总，你看得穿牌吗，怎么开牌就放炮哟。"

有朋友说："立个规定，开牌放炮，输两番。"

"人总"笑着说："要得，开牌放炮输两番。"

我说："'人总'，放你一马。不然的话，开牌放炮要把你打霉。"

"人总"说："那就谢谢啦。"

碰掉3万后，打掉1筒！注意：原本打1万是最好的，考虑到牌都已经说明了，那就换个思路打。

牌型变化如下：

实战图9-1

牌局在轻松愉快的气氛中继续进行。

1筒出去就被下家碰。

下家的朋友说："看到没有，朱教授放的飞鸽出来了。"

对家说："你们放心，他既然放出来了，是肯定不会现在胡的。"

下一手摸进4万，再退1筒。

牌型变化为：

实战图9-2

重新听牌：胡1、4、5万。

下家说："看到没有，一对1筒都放出来了，小心点哟。"

这手牌的潜在价值是杠9筒，杠6万，非自摸不会胡牌。

关键是3万已碰，四归一在我手上，胡1、4万是轻而易举的事。

之后的进程是：

暗杠6万，直杠"人总"的9筒。

牌型变化为：

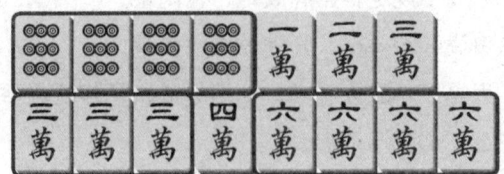

实战图9-3

最后的结局是：

在我自摸的前一圈，对家跑脱了。我自摸1万，关住了"人总"和下家。

对家说："这副牌应该'人总'一个人给，他如果不是开牌就放个起手炮，朱教授就不会放飞鸽，打到现在胡这么大的牌。"

下家马上附和："对的，该'人总'一个人给，就是他的起手炮惹的祸。"

这手牌打得真是爽。

实战案例10

一个周末和几个老朋友聚会，在一个农家小院喝茶聊天，娱乐打牌。打的是重庆版的成都麻将，一人接下。这一轮我轮空，帮一个年长的钟老师当参谋。尾盘阶段，钟老师牌型如下：

实战图10

当牌桌上出现4筒的时候，怎么打？

钟老师说："杠了怎么样？"

我说："已经到了尾盘，为减小风险，还是碰牌为好。"

实战过程：

碰4筒，退3筒。

牌型变化为：

实战图10-1

现已听牌：胡1、5万。

一圈之后，牌桌上打出了5万。

没等钟老师反应过来，我就立即叫碰，然后放飞2筒。

钟老师很诧异地看着我："这么打呀？"

我说："对的，就这么打。"

牌型变化如下：

实战图10-2

再次听牌：胡2、5筒。

最后结果是：2筒自摸，关住三家。

事后钟老师说："你这个打法完全看不懂。"

实战案例11

2015年我和朋友自驾游去光雾山看红叶。晚上无事在房间玩牌，人多接下。下面这手牌摸得很艰难，直到尾盘才有了模样。

牌型如下图所示：

实战图11

当桌上出现6万时，立马叫碰，然后退5筒。

牌型变化如下：

实战图11-1

现已听牌：胡3、6、9万。

3个听，自摸大有希望。如果能杠2筒，这手牌就增值了。

下一手，牌桌上出现了3筒，立马叫碰，退8万。

牌型变化如下：

实战图11-2

重新听牌：胡4、7万。

虽然听牌数量变小了，但2筒出来的机会增大了。

3筒被碰，2筒很快就出来了。杠牌后，又摸8万，退4万。

牌型变化为：

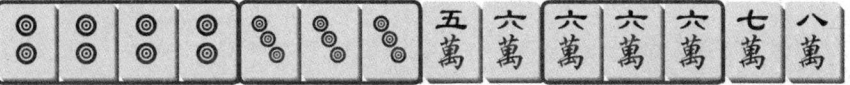

实战图11-3

再次听牌：胡5、8万。

实战最后进程：

自摸5万，关三家。

实战案例12

下面这手牌使人心情爽快。

2018年朋友相约，去南山郊游，饭局后打麻将娱乐。那天情况不理想，开盘后长时间没有建树，一直输。

一朋友开玩笑："好不容易看到朱教授输一回。"

另一位朋友说："你莫高兴得太早了，还有几把牌才结束。"

牌局在愉快的气氛中又开始了新的一盘。

这一盘起手就比较好，经过三四圈的摸牌后，牌型如下：

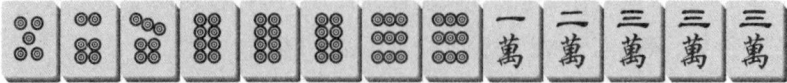

实战图12

现已听牌：胡9筒、3万。

当牌桌上出现3万的时候，立马叫碰，然后放飞5筒（放飞1万也可，但之后如果有机会碰9筒，听牌的效果可能会不理想）。

牌型变化如下：

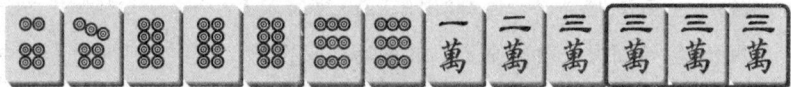

实战图12-1

重新听牌：胡5、8、9筒。

没想到5筒出去就被对家碰。凭我的直觉，对家手上很可能有678筒。

实战后续进程：

牌桌上出现9筒，感觉机会来了。碰9筒，放飞1万。

牌型变化如下：

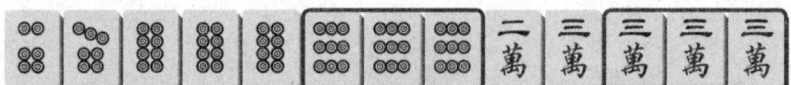

实战图12-2

再次听牌：胡1、4万。

4个3万在手，且碰了3万，胡1、4万，胡牌很容易。

所以当上下两家都先后打出1、4万的时候，通通放过。

最后的结果是：

摸9筒明杠，再摸1万，杠上花。

就这一把牌，不仅把之前输掉的比分赢回来了，还有结余。

之前开我玩笑的那位朋友说:"朱教授,你一把牌就把我们打回原形,你还要不要我们活哟。"

二、单吊启示录

如果胡单吊,最好吊在那些已经碰牌的数字旁边。

比如:5万被碰,那就吊4万或6万;如果3万或7万被碰,那就吊2万或8万;如果2万或8万被碰,那就吊1万或9万。

实战案例13

这是在重庆海蓝云天农家乐和亲朋好友玩麻将时打的一手牌,牌局已到中盘阶段,手中牌型已经听牌,胡边3筒。

牌型如下图所示:

实战图13

看似平静的桌面霎时间风云突变。

短短两圈,上下两家和对家都有了杠牌,只有我的门前啥也没有。

实战过程:

当桌面上打出8万的时候,我立马叫碰,然后打出2筒,单吊1筒。希望2筒出去有人碰牌。果真如此,2筒出门就被上家碰,碰牌之后马上就打出了1筒。怎么办,胡还是不胡?

牌型变化如下:

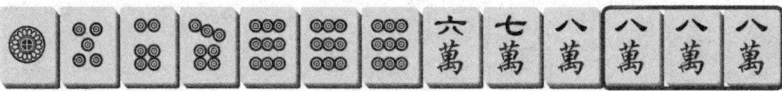

实战图13-1

1筒出来桌面上风平浪静，这正是我想看到的局面。

如果有人碰1筒，我就只好胡牌；而现在没有人碰，说明1筒没有成对，以后出来的可能性很大，考虑到想杠9筒，所以决定放过。

殊不知这一放，奇迹就出现了：

伸手摸牌，摸起来的恰恰是9筒，高兴惨了，立马暗杠。万万没有想到，杠起来的牌是1筒！杠上花。

从后面打出来的牌张看，即便不是杠上花，1筒也很快会出来。

实战案例14

一个周末，朋友相约去南山郊游，饭局之后少不了尽兴两把。

下面这手牌在中局阶段就已经成型，值得骄傲的地方是牌局进程与设想的基本吻合，感觉良好，心情很爽。

牌型如下图所示：

实战图14

现已听牌：胡3、6万。

原本以为3、6万很好胡，弄个自摸不成问题，殊不知还没等自摸上家就暗杠6万，如此，这3、6万就等于胡边张。

实战进程：

当对家打出9万的时候，立马叫碰，然后打出4万。

牌型变化如下：

实战图14-1

重新听牌：单吊5万。

牌局进行到这个份上，即便5万出来，只要没人碰，我就会放过，目的是希望1万有杠牌。

实战过程：

下一圈5万就出来了，桌面上毫无动静，我放过。再下一圈，摸9万明杠，杠起来4万，依然打掉。

牌型变化如图：

实战图14-2

现在的5万是比较好吊的：

刚刚5万出来没有被碰，说明5万没有成对，加之6万被杠，5万胡牌是很有希望的。本人打了2个4万，也有诱惑1万出来的意思。

之后的进程是：

上家打出了1万，直杠后摸进无用的条子，打掉。

牌型变化为：

实战图14-3

依然单吊5万。

此时门前已有两副暗杠，挺吓人的，大家小心翼翼地跟着熟张打。

最后的结果是：对家打出了5万，成全了我的两杠胡牌。

实战案例15

2017年去成都与亲朋好友在三圣乡聚会，饭局之后打牌娱乐。下面这手牌的进程与设想的路线吻合得很好。

桌面情况是：牌局已到尾盘，除我之外，三家门前有杠牌，三家做筒子，三家做条子，两家做万字。如不尽快听牌，那就当赔家。

牌型如下图所示：

实战图15

实战过程是：

碰1万打8筒；碰8万打9万。

牌型变化如下：

实战图15-1

当桌面出现3万时，立马叫碰，碰3万后有两个选择：

下听2、5筒；

单吊2万。

2、5筒虽是两头听，但三家都在做，桌面上出现的筒子明显很少。万子1、3万被碰，2万是捂不住的。

实战进程是：

碰3万，退5筒，单吊2万。

牌型变化如下：

实战图15-2

2万虽然是单吊，但胡牌的可能性很大。

之后的进程是：摸1万明杠，再摸3万明杠，再摸条子打掉。

牌型变化如下：

实战图15-3

依然单吊2万。

最后的结果是：对家打出了2万，成全了我的双杠胡牌。

盘后点评：

单吊2万是正确的选择，牌情可控，胡牌概率大；如果选择胡2、5筒，后果无法预料，结果很可能不如现在好。

实战案例16

2017年去成都，事情办完就去了三圣乡踏青。饭局之后在农家小院打牌娱乐。下面这手牌是在尾盘阶段形成的。

牌型如下图所示：

实战图16

已经听牌：胡4筒、六万。

当桌上出现6万时，立马叫碰，然后退4筒。

牌型变化如下：

实战图16-1

重新听牌：胡2、4、5筒。

这手牌如果能够先杠8万，那是最好的。

两圈以后，8万果真出现在牌桌上，立马叫杠，摸进条子打掉。

牌型变化为：

实战图16-2

依然听牌：2、4、5筒。

下一圈，还没等我自摸，3筒就出来了。

直杠之后，摸进7万，于是退4筒。

牌型变化为：

实战图16-3

再次听牌：单吊7万。

7万是最好的吊张，6万被碰，8万被杠，7万出来是很有可能的。

实战后续进程：

最后的结果是：对家打7万放炮，成全了我的双杠胡牌。

三、边张启示录

要留意牌桌上打出来的边张：1、2、8、9。在哪种情况下，人们最容易把边张打出去呢？下面这几种：

第一，打1万一般有下面几种情况：

1. 孤张。

2. 多张，形如：124。

3. 靠张，形如：122、133。

4．诱张，形如：1222、1333。

在孤张和多张两种情况下，对方打1万是没有企图的；在靠张和诱张的情况下，对方是有企图的，那就是想碰2万或3万或者是想杠2万或3万。所以看见对方打1万时，头脑中应该有这四种概念。

第二、打2万一般有下面几种情况：

1．孤张。

2．多张，形如：245、1223。

3．靠张，形如：112、244。

4．诱张，形如：1112、2444。

从上面4种情况可以看出：在孤张和多张两种情况下，对方打2万是没有企图的；在靠张和诱张的情况下，对方打2万是有企图的，那就是想碰1万或4万或者是想杠1万或4万。

同理可推测打9万和8万的情况。

一般来说，当牌手打出1、2、8、9万的时候，你首先要警惕的是与它们相邻的牌有没有被杠的可能性。比如对家打出1万，你手上有2万要准备打出去，此时不妨留意一下牌池中的情况，如果牌池中打过2万，可以断定安全，打出去最多就是被碰牌。如果牌池中没有2万，那你最好小心一点。

至于对3、4、5、6、7这些牌的推测，可以效仿1、2、8、9的情况，但由于前者是中张牌，情况要复杂一些，准确性没有边张那么大。

实战案例17

2015年5月一个周末到成都与亲友聚会，在三圣乡农家乐打重庆的"推倒胡"。下面这手牌是中局时出现的牌型。

桌面情况是：刚刚摸进6筒，9万是暗杠。对家碰了4筒，打出了8筒，8筒出去被上家碰，对家之后又明杠4筒。

牌型如图所示：

实战图17

现在这手牌该怎么打？

从常理来说应该打9筒，因为8筒已经被碰，当时感觉对家打8筒有企图，因为桌面上还没有出现过9筒，其他筒子均已出现过。

再说这手牌离下听至少还需要两次进张，也不着急这一时半会，而且推倒胡又不查叫，务必要保住9万暗杠的胜利成果，所以我决定打1筒。

实战进程是：

打1筒。两圈以后摸进7万，再退2筒，胡间张8筒。

牌型变化如下：

实战图17-1

准备坚守8筒，绝不退9筒，除非桌面上出现了9筒。

最后的结局是：对家摸8筒，打8筒，成全了我。

局后，对家看我牌，说："8筒都碰了，为啥不打9筒？"

我说："感觉你不是碰就是杠。"

对家当时的牌型是：

实战图17-2

对家说，"当时打8筒，的确是想碰9筒或者碰5万，碰了其中之一就下听，胡1、4、7万，3个叫。如果你早点打9筒，我早就自摸了。"

实战案例18

周末朋友相约到南泉郊游，饭局之后，休闲两把。
牌型如下图所示：

实战图18

这是刚刚摸进7万的牌型。

实战过程：

对家打出了2筒，这就引起了我的警觉，打2筒有诱惑1、4筒之嫌。既然有此担心，何必现在非要打1筒呢，所以我选择了打2万。一般来说遇到这样的情况，在有选择的余地下，那就先避开危险张，视牌情的发展再做决定；如果没有选择余地那就是另外一回事了。

几圈之后，牌型变成如下：

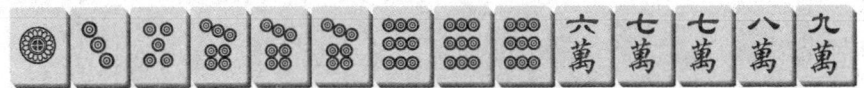

实战图18-1

现在这个牌型理论上讲应该打1筒，但是由于担心1筒出去被杠牌，所以不得已打掉5筒，剩下一个"四人抬轿"如下：

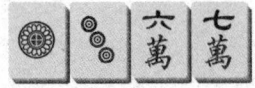

实战图18-2

之后摸进6万退7万，胡间张2筒。最后的结果是2筒自摸。

事后验牌，对家果真有3个1筒。

实战案例19

2017年参加朋友饭局，之后切磋牌技，由于朋友的介绍不乏夸奖之辞，所以那天观战者甚多。其中一手牌自我感觉打得很好。

桌面情况是，开局不久手上的牌就基本成型了。

牌型见下图所示：

实战图19

这是刚刚摸进4筒的牌型。

原本想打8万，希望有人碰，然后把9万引出来。结果上家打出了7万，这就引起了我的警觉，为了稳妥起见，还是先把8万稳一下吧。于是先打1筒。之后摸进了3筒，退1万。

牌型变成如下：

实战图19-1

现已听牌：胡7、8万。

实战过程：

过了一圈，摸进7筒。

牌型变化如下：

实战图19-2

现在必须在7筒和8万之间选择。

由于上家打过7万，有诱惑8、9万的嫌疑，加之8万一直未出来，心中的担心一直没有放下，所以考虑片刻还是退了7筒！

牌型变化如下：

实战图19-3

没想到7筒出去被对家碰牌，转过来就摸了8筒，好不高兴，于是暗杠。万万没有想到杠起来的是7万，杠上花。

观看者一片哗然："打得太精了。"

"真是拿得稳。"

验牌发现，上家真的有3个8万。

一观战者问："朱教授，你怎么不打8万？留筒子胡牌面好宽哟。"

我说："因为上家一开始打7万，本身就有诱导8、9万之嫌。"

提问者说："你对牌研究得太深了。"

实战案例20

2016年在成都荷塘月色与亲友相聚，饭局之后休闲两把。

下面这手牌是中局阶段形成的。

牌型如下图所示：

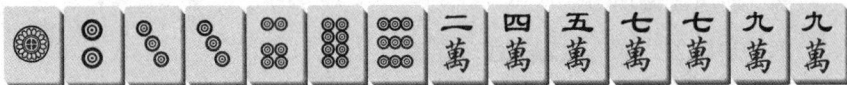

实战图20

这是刚刚摸进3筒的牌型。

原本考虑在9筒和2万之间选择，现在上家打出1万，还是谨慎为好，先扣住2万看看再说，故选择打9筒。

几圈之后牌型变化如图：

实战图20-1

现已听牌：胡7、9万。

实战过程：

桌面上打出9万，碰牌后，放飞1筒。

牌型变化如下：

实战图20-2

实战后续进程：

之后，摸进9万明杠，杠起来1筒，杠上花，赢三家。

事后验牌，上家果然有3个2万。

四、退牌启示录

退牌是有讲究的，退牌的技巧体现在出牌的先后顺序上。

退牌有两种方式：

一种是低调退牌；

另一种是高调退牌。

两种退牌方式都有欺骗的成分在里面。

我们借用桥牌上的一种信号传递打法，桥牌上先打3后打4，与先打4后打3，是有区别的：前者表示欢迎继续攻击这门花色，后者表示不欢迎继续攻击这门花色。桥牌是两个人打配合，用这种方式传递的信号主要是给同伴看，是规则允许的。而麻将是一个人打，这种信号传递给谁看？有意义吗？答案是给其他的选手看，不仅有意义，而且意义还很大。

比如，当筒子当清一色要做成的时候，连续打掉手中的边花34万或345万，给人是什么感觉，这种强烈的视觉冲击给人感觉是清一色听牌了。反之如果打出的是46万或465万就不会给人造成这么强烈的视觉冲击，对你的防范意识就没有那么强。这对你当然是有好处的。

前一种打法太直接，太张扬，等于不打自招，等于向其他牌手宣布我的清一色已经做好了。有谁还会打筒子给你？

后一种打法就比较含蓄，没有那么张扬和暴露，隐蔽性好很多。先退4万再退6万，给人的感觉是：由于牌型结构不好，所以才把46万退掉。如果在退牌过程中还有别的多余张，那就最好岔开退，把5万放在后面打，以冲淡别人对你打出过456万的印象。

1．低调退牌

低调退牌是用含蓄的、隐蔽的，用岔张退牌的方式打掉不需要的牌张，尽量不引起别人注意，以此来掩盖做牌的真正目的。

实战案例21

2016年在渝北一个农家乐与朋友聚会，打重庆版的成都麻将。那天天气好，阳光明媚，鸟语花香，心情舒畅，牌也来得顺。

这手牌原本完全没有打算做清一色，可是牌的发展却出乎意料，牌型如下图所示：

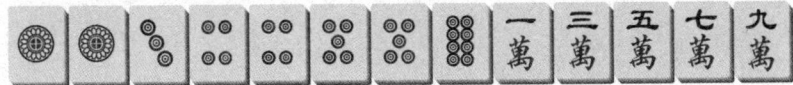

实战图21

实战过程：

第一轮，摸8筒，退9万。

下一轮，摸6万，退1万。

再下一轮，摸6筒，退3万。

牌型变化如下：

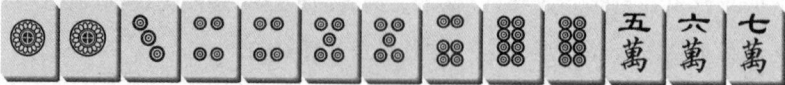

实战图21-1

现在已听牌：胡1、8筒。

此时此刻，只想自摸。

所以当牌桌上出现1筒的时候，立马叫碰，然后放飞5万。

牌型变化如下：

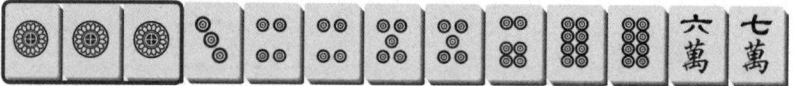

实战图21-2

重新听牌：胡5、8万。

实战进程：

摸8筒，退7万！正确。如果退6万，做清一色就太露骨了。

牌型变成如下：

实战图21-3

再次听牌：单吊6万。

连续退出5万、7万，这种退牌方式一般不会引起别人注意。此时，离清一色下听就只差一张牌了。

实战后续进程：

之后摸2条，退2条；摸2筒，退6万。

清一色已悄悄听牌：胡2、5筒。

牌型变化如下：

实战图21-4

最后的结果是：胡了下家的2筒。

验牌时，下家说："你是清一色呀，没有看出来。"

盘后点评：

这手牌是按5万、7万、2条、6万的顺序退出了567万，如果是按567万顺序把牌打出去，别人肯定不会再打筒子给你了。

实战案例22

2016年同事聚会，饭局之后玩麻将。

一同事说："朱教授，你还是多看少打，给我们指导指导。"

下面这手牌是一个新手打的，桌上有人戏称他"阿新"。我在一旁作指导。民间有个说法："黄棒手硬。"意思是新手打牌手气好，牌拿得好。阿新那天打牌似乎应验了这个说法。

开局两三圈，阿新手上的牌型就成如下模样：

实战图22

已经听牌：胡1、4万。

当牌桌上出现1万的时候我叫阿新碰，然后放飞1筒。

牌型变化如下：

实战图22-1

由于时间很充裕，那就铁了心去做清一色。

接下来摸进5万，阿新准备提2筒打，我赶紧制止，叫他打3筒。

牌型变化如下：

实战图22-2

之后摸8筒，阿新准备打2筒。

我叫他把8筒先插进牌墙，之后再打8筒，目的是把123筒岔开打，尽量不要引起别人的注意。

再之后摸进5万，然后退2筒，清一色对子胡悄悄听牌了。

牌型变化如下：

实战图22-3

清一色对子胡听牌：胡4、5万。

筒子先后打过1、3、8、2筒，并没有引起别人太多的注意。

最后对家打出4万放炮。

事后验牌，当对家看到阿新的清对时，还有点不相信："你是清一色呀，还是清对，好久做成的哟？"

有人说："黄棒本来手气就好，加上朱教授指点，哪个打得赢哟。"

盘后点评：

这手牌是按1、3、8、2筒的顺序悄悄地退出了123筒，没有引起别人的注意，如果按123筒的顺序退出，肯定会引起别人的注意。

实战案例23

下面这手牌是参加重庆市竞技麻将比赛中出现的。中局阶段已经有了清一色的模样，为了不引人注意，打法上肯定得非常低调。

牌型如下图所示：

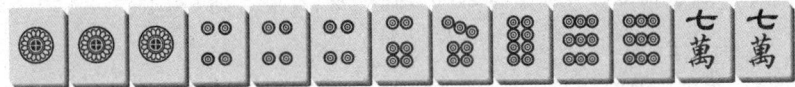

实战图23

现已听牌：胡9筒、7万。

实战过程：

当牌桌上出现9筒的时候，碰掉，退7万。

牌型变化如下：

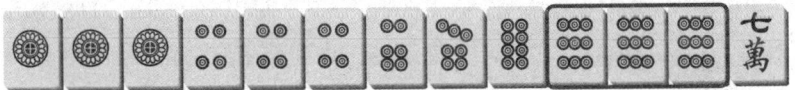

实战图23-1

后续进程：

摸1筒进立牌中，再退掉1筒！妙招。如果杠1筒容易引起别人的注意。这样打，也掩盖了连续退7万这种很明显的打法。

接下来摸2筒，退7万。

牌型变化如下：

实战图23-2

清一色听牌：胡2、3筒。

就这样悄悄地把清一色做好了。我相信，之前退出去的7万、1筒、7万不会引起别人的注意。

情况正是这样，一圈之后下家打出了2筒，我叫了胡牌。

验牌时，下家根本不相信是清一色："你怎么没有杠1筒？"

我说："我如果杠了1筒就没有现在的2筒胡牌了。"

下家说："你这个打法看不懂。"

桌边的裁判说："朱老师不杠1筒这一招打得太高明了。"

2. 高调退牌

与低调退牌相反，高调退牌是用张扬的、暴露的，用顺序退出的方式打掉不需要的牌张，希望引起别人注意，以此来掩盖做牌的真正目的。

实战案例24

2017年在成都龙泉驿一个农家小院参加朋友的饭局，之后打牌娱乐，人多接下。从坐上牌桌之后几乎都是输，直到整场麻将快要结束的时候，拿了一手好牌，但此时已经进入尾盘阶段了。

牌型如下所示：

实战图24

当桌上出现8筒时，怎么打？

考虑到时间的紧迫感，决定先下听再说。

实战过程：

碰8筒，退7筒。

牌型变化如下：

实战图24-1

现已听牌：胡3、7万。

实战后续进程：

碰3万，退6筒。

牌型变化如下：

实战图24-2

现已重新听牌：胡6、9筒。

对家的朋友说："朱教授，你在做啥子，连打76筒？"

我说："牌不好打，啥子都做不起。"

我之所以要放飞6筒：一是想自摸；二是想杠1万。

接下来桌面上出现1万，杠牌之后，摸起来5筒，一秒钟也不耽搁，果断退出。依旧听牌6、9筒。

牌型变化如下：

实战图24-3

桌上的朋友说："你在做啥子，765筒连续打。"

说话间，牌局进入到最后一圈。

就在牌墙还剩最后一张牌时，对家打出了6筒。

我说："对不起，胡了。"

对家说:"你胡了?你还要胡6筒呀!咋个回事哟?"

旁观者说:"朱教授这牌打得好隐蔽哟。"

盘后点评:

放飞6筒是关键,连续退出765筒起到了麻痹别人的作用,如果不这样退牌,恐怕这手牌就没戏了。在这手牌里,能够连续打出765筒,除了计划之外,还有牌运的因素。

实战案例25

2015年去四川海螺沟旅游,晚上无事打牌休闲。下面这手牌是此局已经进入尾盘阶段时形成的,清一色的万子眼看就要做成了。

牌型如图所示:

实战图25

牌面看上去很好,但时间很紧迫。

当桌面上出现7万时,怎么办?

有三种选择可供参考:

第一,杠了再说;

第二,碰了,退1筒,强行做清一色;

第三,碰了,退9万,先听牌再说。

综合考虑之后,还是觉得前面两种风险太大,且不可控制。所以最后选择了第三种打法。

实战过程:

碰7万,退9万。

牌型变化如图:

实战图25-1

现已听牌：胡1筒、3万。

尾盘阶段，只要有听，心里不慌。

这手牌虽然放弃了清一色，但其价值或许并不比清一色小，特别是3个2万的潜在价值更是不容小觑。

后续进程是：

碰3万，再退9万。

牌型变化如下：

实战图25-2

连续打出两个9万，还要胡6、9万，估计连神仙也猜不到。

之后，杠2万，摸8万，退8万。

牌型变化如下：

实战图25-3

虽然门前碰了三副万子，但是连续打出去的998万，让任何人都不会怀疑我还要胡6、9万。

最后的结果是：胡了对家的9万。

对家说："你还要胡9万，你都打了2个9万？"

实战案例26

2018年的一个周末，朋友邀请参加饭局，之后到茶楼切磋牌技，打重庆版的成都麻将。坐对家的罗老师是个心直口快的热心人。

牌局刚开始，罗老师说："朱教授，你今天又要打点什么花样出来，让我们学习学习。"

我说："你是高手，你应该打点新东西出来，让我们学习学习。"

下面这手牌就是在这种愉快和谐的气氛中出现的。

牌型如下图所示：

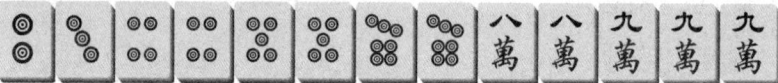

实战图26

现有5对半，得好好谋划。

这手牌最希望碰8万，只要8万碰掉，9万就升值了。

实战过程：

牌桌上出现了7筒，立马叫碰，然后退2筒。

牌型变化如下：

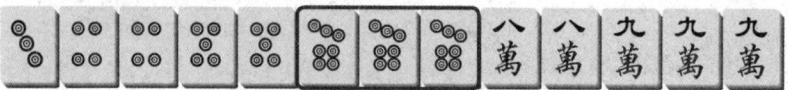

实战图26-1

现已听牌：胡3、6筒。

下一手，摸进5筒，退3筒。

罗老师说："你在做啥子，23筒连续退？"

我说："没得法，摸不起牌，只有这么打。"

罗老师说："你不要骗我们，你那个3、4筒不是摸起来的？"

看来罗老师观察我的牌挺仔细的。

牌型变化如下：

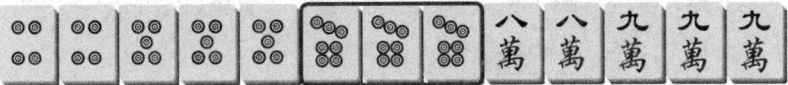

实战图26-2

现已对子胡听牌：胡4筒、8万。

牌到这个份上，肯定不会放炮就胡。无论是放炮4筒还是8万，这牌都有腾挪的空间，目的就等9万出来。

下一圈，桌上出现了8万，立马叫碰，然后放飞4筒。

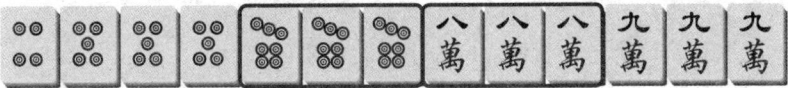

实战图26-3

再次听牌：胡3、4、6筒。

碰8万正是我最想要的，现在就等9万出来了。

罗老师说："咂，234筒连到打，你要做啥子？"

我说："这是没得法才这么打。"

罗老师说："要小心点了，看你要搞啥子。"

说话间，下家打出了9万，我立马叫杠，摸进一张安全牌1筒，退出之后，桌面平静。

牌型变化如下：

实战图26-4

9万杠了，心愿了了。

罗老师说："原来你一直在等9万。"

我说："就是，3个9万在手，不杠牌不划算。"

罗老师说："你那个牌好吓人，对子胡加杠。"

下一圈，罗老师摸了一张牌，看了看说："算了，这个牌不去了，你那个牌太吓人，还是跟你划船保险些。"

罗老师边说，边抽出4筒打在了桌子上，说："这个你不得要吧？"

我的表情很平静，没有任何行动。

上家见状，赶紧打出3筒，说："我也跟着跑。"

轮到我摸牌时，摸上来的是4筒，放倒牌墙边时说了声："自摸。"此时牌墙上只剩下一张了。

众人全都傻眼了。

罗老师说："你虽然放了我一马，但你赢得更多了。"

上家说："你这个打法太麻人了，真的搞不懂。"

五、诱出打法

诱出打法虽然也有欺骗的含义，但没有欺骗打法那么深奥，欺骗的成分也没那么重。这种打法的实用场合如下：

第一种，当牌型为：1147、2258、3369

第二种，当牌型为：114477、225588、336699

当必须要在上述两种牌型中打掉一张或二张时，应该先打掉中间的单张或中间的对子。同一条线打中间更具诱惑力，特别是在中后盘阶段。

下面通过实例来介绍这种打法的应用。

实战案例27

一个周末受邀参加朋友饭局，之后朋友安排了一场麻将牌技切磋。开局第一盘火药味就很浓，三家门前都有杠牌，唯独我没有。不仅没有杠牌，中局阶段还没听牌，局面很不乐观。

牌型如图所示：

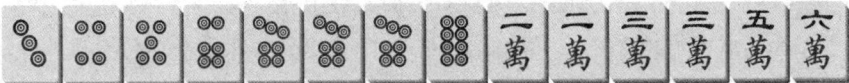

实战图27

这是刚刚摸进2万的牌型。该怎么打？

右边的万子必须要做出来一副牌，这手牌才可能下听。好在有5、6万作诱饵，可以先抛出去试一试再说。

实战过程：

打6万。对家摸牌后打出了3万，立马叫碰，退5万。

牌型变化为：

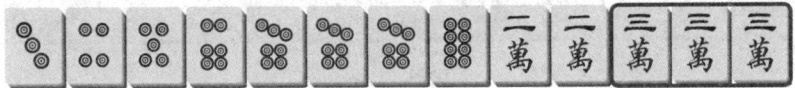

实战图27-1

不管这3万是不是6万诱导出来的，能够碰牌就好。

现已听牌：胡7筒、2万。

虽然这两个听并不好，但只要碰到一个，那就变被动为主动了。

一圈之后，牌桌上出现了2万，立马叫碰，然后放飞8筒。

牌型变化如下：

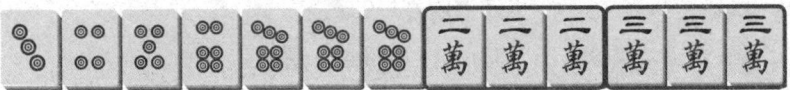

实战图27-2

放飞8筒使胡牌空间瞬间增长，右边的筒子是"火箭筒"牌型，杀伤力巨大，这手牌的价值也得到了释放，最起码也是自摸。

现已听牌：胡2、3、5、6、8筒。

实战后续进程：

之后，上下两家和对家先后都放炮，全都放过。

最后一圈，摸进2万明杠，再摸进2筒，杠上花。

有一观战的朋友说："都到这个时候了，朱教授还敢贪。"

实战案例28

2016年朋友一行到万盛旅游，晚上无事在宾馆茶楼打牌。

那晚手气不佳，坐上桌之后几乎两个小时不曾胡牌，虽然输的都是小分，也够可以了。好不容易拿到一手像样的牌，希望能够挽回损失。

牌型如下图所示：

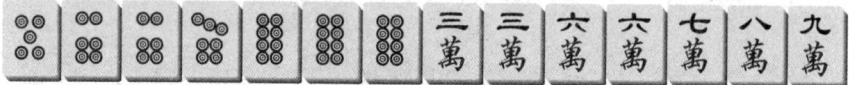

实战图28

这是刚刚摸进8筒的牌型。该怎么打？

桌面情况是：已到尾盘阶段，外面三家有杠牌，必须尽快听牌。

实战过程：

打6万，诱骗3万。

下一手，摸2万，再打6万。

对家："你干啥哟，连打两个6万？"

我说："划船呀。"桌面上刚打过9万。

话音刚落，下家打出了3万，立马叫碰，退2万。

牌型变化为：

实战图28-1

已经听牌：胡4、6、7筒。

对家冲下家说："你遭骗了，他故意打6万，引诱你的3万。"

对家边说，边打出6筒，我立马叫碰，退5筒。

牌型变化为：

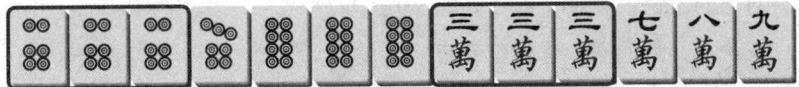

实战图28-2

重新听牌：胡6、7、9筒。

上家冲对家说："你还不是遭骗了。"因为我之前打过3筒。

接下来，下家打9筒，上家打7筒，我都放过，因为没有人碰。

轮到我摸牌时，摸进三万明杠，又摸6筒明杠，再摸9筒杠上花。

上家说："你这么打，那个输得起哟。"

对家说："老朱，你最好去看电视。"

一手牌把输分全部赢回来不说，还有结余。

实战案例29

2017年的星期六，几个朋友相约去爬山，中午在一个农家小院吃饭。之后在院坝的树荫下打牌，享受春天的阳光，好不惬意。开场不久的一副牌，打得很是开心，回家后一边记录一边继续享受其中的乐趣。

牌型如下图所示：

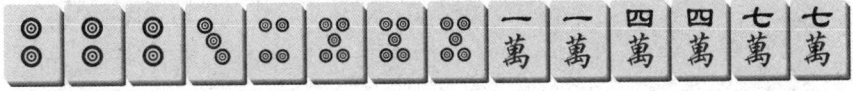

实战图29

刚刚摸进5筒的牌型。

桌面情况是：两家有杠牌，万子打的相对较多。

左边的筒子是不能打的，暗7对原则上根本不考虑，这种牌型的价值绝对大于暗7对，最好打4万作诱饵。

实战过程：

打4万。下一圈摸1筒，再打4万。

对家同学说："你干啥子，打一对4万？"

我说："划船啊，你们都有杠牌，怕呀。"

下家门前也没有杠牌，"我也跟你划船。"边说边打出1万。

"碰。"我连忙喊道。

"看看，你上当了吧。"对家同学对下家说。

"老朱狡猾得很，故意打4万诱惑你的1万。"上家同学也说。

碰1万，退1筒。

牌型变化为：

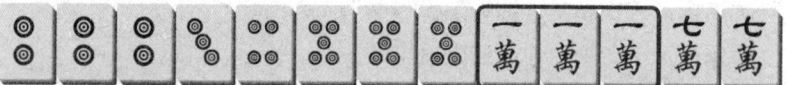

实战图29-1

现已听牌：胡2、5筒和7万。

现在这手牌的价值最少也是一个自摸。

下一轮，对家同学说："我也跟教授划船。"边说边打出7万。

"碰。"我边喊边打出4筒。

"你看你，又上他的当了。"上家同学冲着对家说。

牌型变化如下：

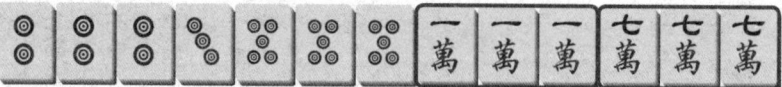

实战图29-2

重新听牌：胡1、3、4筒。

4筒出门就被上家碰，上家打出5筒，我喊杠。

"你看你，遭骗了哈。"下家和对家同时戏谑上家。

杠起来的是7万，明杠。

"要是杠上花,你一个人给哟。"下家和对家同时冲上家说。

杠起来的是1筒,真的就是杠上花。

那一刻,真的就是爽。

实战案例30

又是一个星期六,同学相约南山赏花。

中午农家乐吃饭。饭后依旧在树荫下打牌娱乐,享受春日的阳光。我和外号叫"跑得快"的同学搭档。

桌面情况是:已到尾盘阶段,外面三家门前有杠牌。

牌型如下图所示:

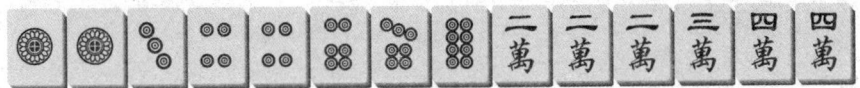

实战图30

这是刚刚摸进8筒的牌型。该怎么打?

现在的问题是必须尽快下听,不然要当赔家,要解决这个问题就必须尽快在筒子上做一副牌出来。

"跑得快"准备打3万,我制止了他。

实战过程:

打4筒。有诱导1、7筒出来的意思。

下一手,摸3筒,再打4筒。

对家同学说:"你们在干啥子,打一对4筒?"

"跑得快":"划船呀,你们都有杠牌,怕你们。"

下家说:"我也来跟到划船。"说打出1筒。

"跑得快"立马叫碰,然后提四万看我,我点头。"跑得快"打出4万。

牌型变化为:

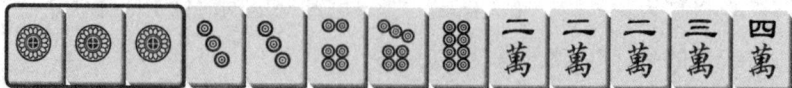

实战图30-1

现已听牌：胡3筒和2、5万。

下一圈，牌桌上打出3筒。

"哈哈，你娃娃遭了。""跑得快"打算胡牌。

"碰了。"我赶紧制止，叫了碰。然后叫"跑得快"打出4万。

牌型变化为：

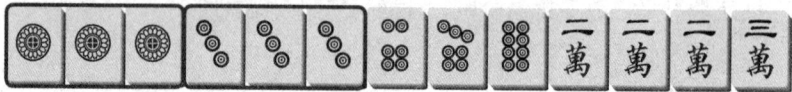

实战图30-1

重新听牌：胡1、3、4万。

实战后续进程：

下一圈，"跑得快"摸进1筒明杠。

"跑得快"："哈哈，也叫你们尝尝杠牌的滋味。"边说边摸。

"跑得快"："呀，你们猜是啥子？""跑得快"又将3筒明杠了。再伸手向牌墙去摸，众人的眼光都盯住他的手。

"跑得快"："呀，不得了，你们遭惨了。""跑得快"手指识牌还行。他将摸起来的牌摆在了自己的立牌边，原来是1万。杠上花！

"你啥子运气哟？"

"不是朱教授喊他'放飞鸽'哪有啥子杠上花哟。"

六、碰牌与摸牌的纠结

有时候，牌型结构会让你非常纠结，应该摸牌还是碰牌？

这种情况在做对子胡、清一色、暗7对等这些番种时常常会遇到，特别是在时间和空间都比较紧张的情况下，这种纠结的程度会更加严重。

在下面的几个案例中，如果桌面上出现了3万，现在轮到你摸牌，该怎么打？相信你会感到很纠结。

请看下面的图形。

【教学案例1】

这是在做清一色的过程中出现的牌型：

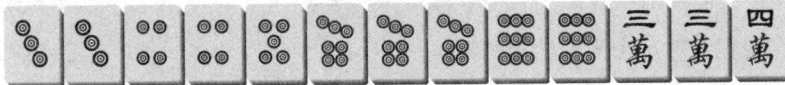

教学案例图1

【教学案例2】

这是在做暗7对的过程中出现的牌型：

教学案例图2

【教学案例3】

这是在做对子胡的过程中出现的牌型：

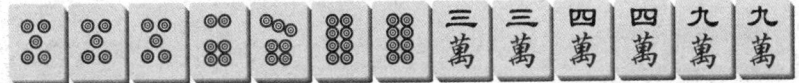

教学案例图3

【教学案例4】

现在听2筒，碰3万就是两头听：

教学案例图4

此时你会陷入一个两难境地：

碰牌可以立马下听或改变牌型结构，把一个听变成多个听，但碰牌意味着放弃原来做大胡的计划。

不碰有可能会摸一张好牌，使原来的计划得以实现；但万一没有摸到好牌，那就意味着亏了。

这是一个很矛盾，很难做出选择的两难困境问题，也是很多读者关心的问题，也是困惑我多年的一个难题。

现在我对这个问题给出的建议是：

如果该你摸牌，再给自己一次机会；

如果不该你摸牌，坚决碰掉。

为什么要这样做？其理由是：

第一，内心还是想做大牌的，既然轮到我摸牌，何不再给自己一个机会。即使失败了，也坦然接受，绝不后悔。

第二，不该摸牌时坚决碰掉是整个战术计划的一部分，必须执行；如果不这样做，后果很难预料。

这样做的好处在于，把一个心理层面上的矛盾问题转变成了一个战术层面上的计划执行问题。既然是事先设定好的战术计划，那就照章执行就是，不存在纠结不纠结、后悔不后悔的问题了。

实战案例31

这是一个读者前不久和我交流的一手牌。

他说在一次打牌过程中，他起手就拿了5个小对，处于三摸一的状态，当时心里特别高兴，离暗7对只有一步之遥。

牌型如下图所示：

实战图31

当上家打5筒时,他很纠结。

如果碰了5筒,可以听牌3、6万;但是转念一想,觉得就这样放弃了暗7对心里不甘,况且轮到自己摸牌。纠结了一阵之后,还是决定摸牌。

实战过程是:

摸进了4万,退掉8筒。

牌型变成了如下:

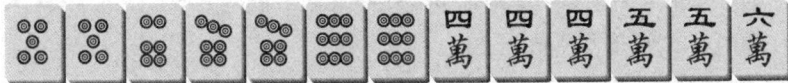

实战图31-1

现在手上有了5对半。

看上去很好,却没有实质性的进展。随着终局时间的临近,压力越来越大。直到牌墙上的最后一张才摸进了7万,悬着的心终于落了下来,于是退5万,听牌6筒。殊不知5万出去,点响了上下两家的海底炮!

那一刻,他觉得天都要塌下来了。

不仅麻将输惨了,心理上一直有阴影,至今不知道哪个地方打错了。

我告诉他:刚开始放掉5筒不存在对与错,关键的失误是打8筒。

我问他,懂得机会数的计算吗。

他说,在一个朋友推荐下买了一本《麻将理论与实战打法》,刚刚才开始阅读,还不懂机会数的计算。

我告诉他,正确的打法是退掉6万,机会数是23,而打8筒,机会数只有15,数值相差8。打6万不仅听牌的机会很大,而且依然保留了摸暗7对的可能性,两种打法差别实在太大了。

我最后告诉他,5个对子的牌没有你想象的那么好,它的背后隐藏着一个很大的陷阱,一不留神你就会掉进陷阱中,今后如果再遇到5个小对的牌,你就采取有碰则碰的打法,快刀斩乱麻,力争尽早听牌。

实战案例32

2016年一个周末，朋友相邀参加一个饭局，之后娱乐打牌。

那天不顺，战绩一直不佳，大部分时间都是输。

朋友开我玩笑说："好不容易看到朱教授输一回哟。"

我说："啥子好不容易哟，经常都是输。"

临近结束前的倒数第二盘，拿了一手比较好的牌。

牌型如下所示：

实战图32-1

已经听牌：胡5万。

现在上家打出了4万，怎么办？

如果碰掉，退6万，可以听牌1、4万；把现在的间张听牌变成两头听牌，很不错。问题是现在该我摸牌，万一把五万摸起来了，赢三家，那将是一个很好的结果；如果真是这样，那岂不是后悔惨了。

所以我决定摸牌。

实战情况是：

把4万摸起来了，于是退6万。

牌型变为：

实战图32-2

重新听牌：胡2筒和1、4万。

凭我的感觉，这手牌现在已经大大地升值。

后续进程为：碰2筒，放飞2万。

牌型变为：

实战图32-3

再次听牌：胡2、3、5万。

2筒被碰，1筒出来的可能性非常大。果不其然，第二圈1筒就出现了。没有想到杠起来的是3万，赢了三家的对子胡杠上花。

就这一手牌，几乎把全部的输分都赢回来了。

朋友说："朱教授，要赢你一次真不容易。"

盘后点评：

这手牌取胜的第一步很重要，那就是按计划执行：该自己摸牌时就给自己一次机会。虽然没有摸进5万，但4万也很不错，为后面的各种战术打法提供了腾挪的空间，为最终的取胜奠定了基础。

实战案例33

参加重庆市竞技麻将比赛的第二轮，开赛不久拿了一手好牌，10张筒子，3张字牌，完全可以向清一色进军。

牌型如下图所示：

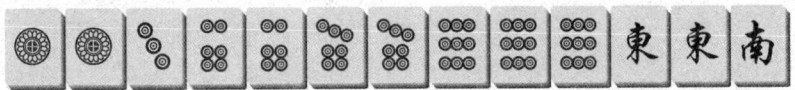

实战图33

现在有了5对半，进可攻退可守。

当上家打出东风时，在碰与摸之间有过短暂都纠结。最后选择了放弃，摸进6筒，退掉南风。

牌型变化如下：

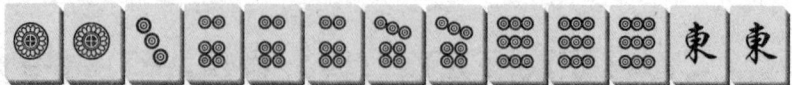

实战图33-1

接下来,摸进2筒。怎么打?

如果退东风,坚持清一色,那就放弃听牌的机会,后果难测。

如果退1筒,可以听牌:7筒、东风。

后一种打法的好处在于,因为有听,心中不慌,腾挪的空间比较大,另外,3个9筒的潜在价值如果能释放出来,赢分并不比清一色差。

考虑之后,退掉1筒。

牌型变化为:

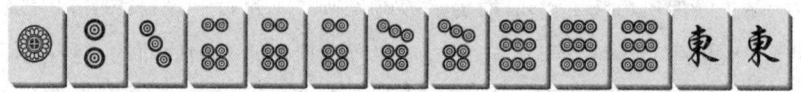

实战图33-2

实战后续进程:

碰7筒,放飞1筒;重新听牌:胡1、4筒。

牌型变化如下:

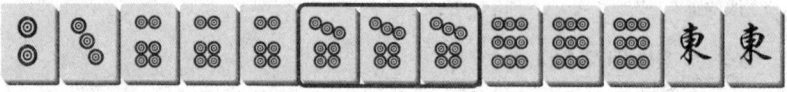

实战图33-3

7筒已碰,9筒出来的可能性是很大的。

情况的确如此,一圈之后,自己把9筒摸起来了,暗杠。根本没有想到的是,杠9筒之后,又把1筒摸起来了,杠上花,赢三家。

对此,其他选手很不理解。

验牌时,对家说:"你这个牌是怎么回事哟,自己刚刚才连打两个1筒,转过来你又1筒自摸?"

旁边的裁判说:"没有问题。之前的1筒朱老师是故意放出来的。"

那时候,"放飞鸽"这个说法还没有听说过,如果那时有了这个说法,估计裁判会说:"之前的1筒是朱老师放的飞鸽。"

这手牌虽然没有做成清一色,但是得分却比清一色高多了。

盘后点评:

这手牌取胜的关键有两点:

第一,该自己摸牌时就摸牌,摸上手的东风正好作将牌,为后面的取胜奠定了良好的基础。

第二,在做清一色的过程中转身及时,为最终的杠上花创造了条件。

实战案例34

一个周六的下午,在朋友的安排下打了一场牌。上半场几乎没有一个像样的胡牌,比分一直处于落后状态,下半场出现了转机,开局第一盘就打了个小胡自摸。接着第二盘,起手就抓了个五对半。

牌型如下图所示:

实战图34

上家打5筒,怎么打?

如果碰掉,退6筒,胡边张3万,以后可向对子胡发展。

现在该我摸牌,万一摸进了暗7对,岂不更好,况且时间还早。

最后放弃了碰牌,摸了1万,退6筒。

牌型变化如下:

实战图34-1

牌型评估：

目前这手牌，4筒和1万都有提升价值，最起码也是对子胡加自摸或杠牌加自摸。

下一手牌桌上又出现了5筒，立马叫碰，退3万。

牌型变化如下：

实战图34-2

现已听牌：胡2、9万。

在1万和4筒没有杠牌之前，小胡是可以放飞的。

接下来，碰9万，放飞2万。

牌型变化如图：

实战图34-3

之后的实战进程：

摸4筒暗杠，再摸2万，对子胡杠上花。

一气呵成，关住了三家，真是没有想到。

只此一手牌不仅把上半场输掉的比分拿回来了，还有结余。

盘后点评：

这手牌取胜的基础是一开始就按计划执行；该摸牌就摸牌。摸进1万后，为后面的战术腾挪提供了展现牌技的平台。

实战案例35

就在这部分内容刚写好的那个星期六，一个好友请我吃饭。

已经有好些时候没有见面了，饭局之后总要玩两把。那天人较多，打接下。下面这手牌是开局的第一盘，值得写进此书的理由是天生有听，即所谓的"地胡"，抓牌完毕就下听。

虽然听的是间张，但毕竟是难得一见的"地胡"。

牌刚整理好，观战者就发出了窃窃私语：

"是地胡，难得一见。"

"地胡要加番哟。"

……

牌型如下图所示：

实战图35

现已听牌：胡5筒。

当上家打出6万的时候，感到纠结。

碰6万，可以重新听牌，胡1、4筒。

问题是现在该我摸牌，万一把5筒摸起来也说不准，这事过去常有。

最后还是伸手摸牌，起来的是1筒，于是退6筒。

牌型变化为：

实战图35-1

重新听牌：胡1筒、6万。

现在这个牌型的价值有很大的提升空间：

如果出现1筒：碰掉之后，放飞6万，万子成为"火箭筒"，2223456。胡牌空间暴增，听牌1、3、4、6、7万。

如果出现6万：碰掉之后，放飞1筒或5万。

如果出现2万：那就直接杠牌。

实战过程：

桌面上出现了2万，杠牌后摸3万，退6万，企图诱导3万。

牌型变化为：

实战图35-2

再次听牌：胡1筒、3万。

接着下家打出3筒，对家碰，对家碰牌后打出3万，怎么打？

牌情分析：

3筒现在已经被打断，胡1、4筒是不成问题的。如果现在碰掉3万，放飞1筒，后面是有可能自摸的。

实战后续进程：

碰3万，放飞1筒。

牌型变化如下：

实战图35-3

再次听牌：胡1、4筒。

实战最后结果：

摸3万明杠，再摸4筒，杠上花，关住三家。

好友开玩笑："一开始你就这么打，等会只好请你下去喝茶哟。"

观战的朋友说："朱教授打牌打得好哟，飞鸽都放了两次。"

盘后点评：

这手牌取胜的基础是按计划执行：该摸牌时就摸牌。虽然没有"地胡"自摸，但摸进的1筒为后面的各种腾挪打法提供了施展牌技的空间，为最终的两杠加自摸创造了条件。

本篇总结

本篇里我把实战中最常见的一些战术打法、实用技巧和一些不良习惯，都做了详细的介绍。这些战术打法是我多年来对麻将研究的成果和实战经验的总结，有很强的实用性。

1．"放飞鸽"战术

这是一种高级战术打法。这种打法的本意是为了自摸，目的是扩大赢面，赚取更多的比赛分。它的技术特征是把原本已经胡了的牌放弃了：如碰对胡或自摸胡放弃了。重新放出另一张牌，目的是让胡牌的空间扩大，等待更好的时机自摸。这种打法要求牌手具备良好的心理素质。

这种打法的特点是：高收益高风险。

2．腾挪战术

这同样是一种高级战术打法。它的技术特征是：通过吃牌、碰牌、杠牌、自摸、放飞鸽等方式，不断地改变听牌的花色和数字，为的是让这手牌的价值最大限度地发挥出来，达到物尽其用的目的。这种打法要求牌手具有良好的战术素养和比较全面的技术基本功。

这种打法的特点是灵活多变。

3．欺骗战术

这是高级战术中的高级打法。它的技术特征主要体现在两个方面：

第一个方面，通过释放夸张的、虚假的信息，希望引起别人的注意和恐慌，以达到以假乱真的目的。

第二个方面，通过释放低调的、虚假的信息，不希望引起别人的注意，达到"明修栈道，暗度陈仓"的目的。

这两种战术打法的共同特点是释放虚假信息。

这种战术对牌手的思维缜密度要求极高，特别是对牌手逻辑思维的清晰和严密度要求很高。这种战术要求对手也有一定的逻辑思维能力，通常是在高手的对决中才会出现。这种打法难度很大，最好慎用、少用或不用。因为有可能你设置的陷阱非但没有把对手骗进去，反而把自己给弄进去了，不仅偷鸡不成蚀把米，还弄个大笑话出来那就太尴尬了。

建议牌手根据自身的情况来学习这种战术打法。

4．关于对子胡、暗7对、清一色这些番种的做法请记住一点：切莫蛮干，在保持听牌的前提条件下，徐徐推进，不要让自己处于被动的局面，要随时做好转身的准备。特别是对于有5个小对的情况更应该高度重视，不要被其华丽的外表所迷惑，稍有不慎你将掉入其陷阱。

关于这三个番种更多的打法，有兴趣的读者可以参看《成都麻将高级打法》和《麻将理论与实战打法》这两本著作。

5．关于实战中的各种技巧和细节打法希望读者都能够掌握，虽然这些小细节、小技巧不能作为一种战术来运用，但是其实用性是很强的。一旦遇到了，他将助你成功地拿下这一局；如果遇到了，你却不会使用，眼看胜利从你面前流失而去，你将无比遗憾。

最后关于实战过程中的不良习惯，一定要严加克服。这些不良习惯不仅仅让你输牌，还会让你输掉自身的修养和素质。

下篇

问题解答及牌局欣赏

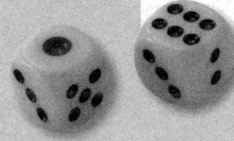

本篇第一节里，我将这些年来读者最关心的10个问题整理成了问答形式的解读，这10个问题解读可能很多牌手在实战中都经历过或思考过。这些解读应该会对你有所帮助，解除你心中的疑惑。

由于时间有限，精力有限，对读者的问题不可能一一作答，本人只好以这种方式统一解答，恳请读者谅解。

本篇第二节里，我给出了几个实战中的精彩牌局，通过阅读这些牌例，不仅可以丰富你的麻将阅历，还可以从中学习到实战者的操作思路和打法技巧，这些操作思路和打法技巧或许对你有所帮助。

本篇第三节里，我编制了一组120分的麻将技能测试题，目的是让读者通过自测的方式，检验自己麻将技能水平的高低。

第一节 问题解答

第一问：麻将是技术重要还运气重要？

麻将是一项智力竞技运动，是一项运气成分很大的智力竞技运动。民间有个说法：麻将是三分技术，七分运气。至于技术和运气究竟占比多少，目前还没有一个科学定论，可以肯定的是，运气占比绝对比技术占比要大，我们就暂且同意三七占比这个说法吧。

由于这个特点，在麻将博弈中，很难通过几盘的输赢或者十几盘的输赢来判定某人麻将技术好，某人的麻将技术不好。但是有一点是可以肯定的，那就是：博弈的时间越长，博弈的盘数越多，技术好的牌手赢的概率就越大，甚至可以说赢牌是肯定的。

因此，关于技术和运气谁更重要的问题，可以这么来理解：

在短时间的博弈中，运气更重要；

在长时间的博弈中，技术更重要。

至于短时间的概念怎么界定，那就不好说了。因为短时间本来就是一个模糊概念，因事而异。如果把短时间界定为一盘定输赢，我想再高的高手也不敢说他一定会赢，哪怕他的对手是个刚刚学会打牌的新手。一盘定输赢跟掷色子一次定输赢差不多，技术成分几乎不起作用。

如果你对麻将仅仅是喜好，大可不必花很多的时间和精力来学习麻将技术，偶尔玩一下，放松一下心情，陶冶一下情操，说不定还能将一个高手斩落下马，那样的话，心情大爽，绝对充满自豪感。

如果你经常参与麻将博弈，喜欢与人对阵厮杀，对麻将除了喜好，还希望能够经常获胜，战胜别人，获得自我满足，受到别人的青睐，成为真正的麻坛高手，那就必须学习麻将技术。

第二问："机会数"理论适合各个地方的打法吗？

当然适合。

"机会数"理论是研究麻将的一种理论，其中的技术适合所有的麻将竞技运动。

中国的麻将规模，麻将爱好者的数量肯定是全球第一。各个地方的打法有所不同：有的有字牌，东西南北、中发白、梅兰春竹，样样都有；有的不带字牌，只要花色；有的不仅不要字牌，花色都只要两种；有的地方可吃可碰；有的地方不能吃，只能碰；有的地方必须有"勾"（四归一）才能胡；有的地方必须自摸才能胡；有的地方只能放炮胡……

所有这些不同打法，说到底只是规则的不同，这与本书介绍的技术完全不相干。应该说只要是麻将，这些技术都是完全适用的。

第三问：麻将的运气可以改变吗？

关于运气或称手气，这是很多读者关心的一个问题。

常常有读者给我说："这几天手气太差了，输惨了，一场麻将下来几乎没有胡过牌，有没有什么办法改变一下？"

读者谈到的这个问题，我想人人都遇到过。手气好的那一天，牌就来得顺，几乎是想摸什么牌就能摸什么牌。手气不好的那一天，从头到尾摸废牌，不想要的牌却偏偏缠住你不放，半天不胡一盘的事情也是有的。本人就亲眼见到过一件奇葩事情：同时玩牌的一个朋友，整整一个下午三个小时，就只胡了一个小胡，还是别人放的炮。这种事情绝对是小概率事件，从理论上说是几乎不可能发生的事情，但现实中就真的发生了。我本人也曾遭遇过两个半小时不胡牌的事情。这样的事情放在哪个人身上都是很不愉快的。

牌运这东西看不见、摸不着，不管你承认或不承认，它都在冥冥之中主宰你的决定，左右你所想的和你所干的事情。

为了改变牌运，民间有很多奇特的方法，比如穿红色衣服或身上放个吉祥物；或用左手打牌；或不停地上卫生间洗手；或故意改变门前摆放花色的顺序……至于效果如何，恐怕很难说清楚。

"运气"的属性是什么，它的基本规律是什么，能不能够改变它，掌握它？就目前的科学知识而言，没法回答。

本人是一个唯物主义者，从来不相信鬼神，但本人也很理智地认为，世界之大无奇不有，人类现有的知识仅仅是宇宙知识中很小的一部分，对自然界中很多的现象还解释不了，解释不了并不能否定其存在。我认为牌运这个东西肯定存在，作为玄学的研究内容，其属性，其作用机制目前我们都尚不清楚。因此，破解牌运之奥秘，还有待时日。

现在我从比较现实的情况来说说运气这个东西，看能不能从现象中受到一些启发，找到一点破解运气的方法。

实战中经常会遇到这样的情况：

打牌时某一个方位的牌运好，一会胡牌了，一会又自摸了，一会又杠上花了……一句话，那个方位的牌怎么弄都好。

我把这种情况叫作"牌运"好。如果规则不允许换方位，那么坐在那个方位的牌手赢牌的机会就大得多，其他方位的牌手赢牌的机会就小得多，民间调侃这种情况是"把牢底坐穿"。

有一个方法可以改变这种情况：

这个方法就是碰牌。如果你想坐在牌运好的那个位置上去，而规则又不允许调换，怎么办？最简单、最可行的办法就是碰那个选手的牌，这样你就相当于坐在那个选手的位置上去了，实现了人不转动，桌子转动的目的。从数学上讲这个方法是完全可行的。

我们通过下面这个方位图来看一看碰牌是如何实现方位转移的。

假设你是庄家：

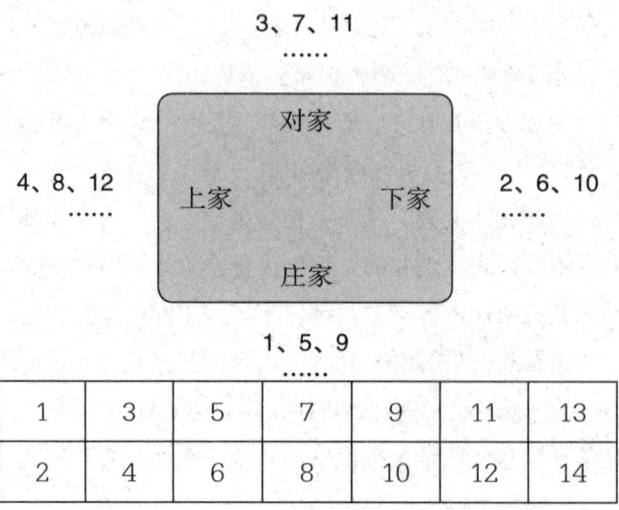

牌墙数字图

图1方位运行规律

按麻将规则：

庄家从1号牌开始拿牌，下家拿2号牌，对家拿3号牌，上家拿4号牌。之后开始第二圈拿牌：庄家5号，下家6号，对家7号，上家8号。再之后又开始第三圈拿牌……其数字的规律如下：

庄家：1、5、9……

下家：2、6、10……

对家：3、7、11……

上家：4、8、12……

假定对家选手摸了3号牌之后，打出一张牌被庄家碰了，那么原本该上家摸的4号牌成了下家摸，原本该庄家摸的5号牌成了对家摸，原本该下家摸的6号牌成了上家摸，原本该对家摸的7号牌成了庄家摸……

碰牌的结果是庄家和对家做了调换，下家和上家做了调换，虽然人没有动，但桌子却等于转动了180度。

同理可知，庄家如果想和下家调换位置，就碰下家的牌；想和上家调换位置，就碰上家的牌。这样碰的结果就相当于改变了牌的运行方位。

注意，两次碰同一家的牌，就等于回到原来位置。

用这种方法可以让牌桌按自己理想的运行方向旋转起来，让自己坐到"好运"的位置上去，这样或许可以改变一下当天的牌运。

从更科学、更合理的规则出发，我认为换位置是比较科学的。目前重庆很多地方都采用一种人为约定："自摸换位置"。自摸者与上家调换位置，这种方式应该比掷色子定方位，把牢底坐穿，更合理一些。

实战中还有一种情况，那就是某个选手那天运气实在好，无论他换在哪个方位上，都是他赢得多，输得少。我把这种情况称为"人运"。在"人运"特别好的情况下如何来破解自己不好的局面？这个谜题的解答或许只有等到科学能够破解运气之谜的那个时候。

不过我始终认为：麻将博弈中，良好的心态，过硬的技术，才是真正能够改变自己运气的最好选择。

第四问：怎样才能快速提高麻将技术

这是很多读者都很关心的一个问题。

有读者说，刚看了书那一阵，感觉良好，觉得学到了很多新东西，对打牌充满了自信心，实战中也的确是赢得多输得少，仿佛自己已经成为麻将高手；可是没过多久，感觉又不行了，实战中又是输得多赢得少。希望能有一种办法让自己的麻将水平快速提高，而且保持稳定。

如果正在看此书的你也有这样的体会，说明你的麻将技术的确有了一定的提高，否则你不会有这样的感觉。知识的增长是螺旋式的，回退也是正常的，但这种回退的起点肯定要高于原来的起点。

本书所介绍的"机会数"理论和实战打法不是看一遍、看两遍就能记住和掌握的，更别说在实战中随心所欲地应用了。

有读者说得好，他说自己在学习和实战过程中，把《麻将理论与实战打法》这本书当成了字典在用，不太清楚的地方，淡忘了的地方经常查阅，慢慢地已经记住了过去记不住或记住又忘记了的东西。

技术的提高需要不断地看书、实践和领悟。

这个领悟就是要学会举一反三。

请看下面这个牌型。

【教学案例1】

这手牌应该打哪一张？

教学图1

你能一眼看出来吗？

如果你不能一眼看出，那就将图形分解。

分解图如下：

教学图1-1

这是典型的"四人抬轿"。

右边的筒子是无听牌型中的最强组合，现在你应该一眼看出来了吧。

打2万是最正确的选择。

【教学案例2】

这手牌应该打哪一张？

教学图2

你应该一眼能看出来。

如果你没有看出来，说明你还没有学会举一反三。有了上面的案例，你就应该首先想到，打掉哪一张才是"四人抬轿"。

很容易就看出打4筒是"四人抬轿"。

图形分解为：

教学图2-1

之所以分解图保留3个3万，是因为1、5万都和3万有关联，去掉3万就有可能把听牌看丢。

现在这个图形进1、2、4、5、7万都可以听牌。

上面的两个案例说明，学习一种战法就要彻底弄懂，一定要学会举一反三，不管它如何变化，你都能够驾驭它，这才叫真正的技术提高。千万不要好高骛远，不要贪多而不精。

技术的提高是个循环往复、不断锤炼的过程，这个过程绝非三五个月或一年半载就能够完成。要想使自己的麻将技术得到提高，就必须不断地重复这个过程，没有速成高手的方法，也没有那个高手是速成的，高手都是练出来的，一个"练"字就足以说明高手的成长过程。

冰冻三尺非一日之寒，不要想着今天看了书，明天就成了高手。

最后送你一句话：世上无难事，只怕有心人。

第五问：怎样避免大输大赢？

很多读者都比较关心这个问题，经常有读者问我：前半场赢得好好的，后半场却输得一塌糊涂；有什么好方法可以让自己保住胜利果实。

我的建议是：

从战略上讲，打牌中一定要制订一个计划，输赢都要有限度。当赢到什么分数的时候，就要收手；同样的，当输到什么分数的时候，也要收手，绝对不能像赌徒那样，一旦输红了眼，什么后果都不考虑。

从战术上讲，如果前面打赢了，打法上就要偏向于保守，以不输牌为第一要务，确保已经取得的胜利成果；如果在前面打输了，在打法上可以激进一点，在可贪可不贪的情况下，偏重于贪。

实战案例1

在本书成稿期间，一个读者和我交流了一个实战案例。

他说，整场比赛他是大获全胜，这手牌是比赛结束前的倒数第二盘。

桌面情况是：牌局已进入尾盘阶段，估计还能摸四五圈牌，其他三个牌手门前都有杠牌，上家和下家还是两副杠牌，唯独他没有。

牌型见下图所示：

实战图1

桌面上出现了4筒，怎么办？

读者说，我知道如果碰掉4筒，可以听牌1、4、6、7万。但是，直杠4筒的诱惑力实在太大了，凭当时的估算，杠牌之后下听的机会数是很大的，所以他直杠了4筒，摸进一张条子，退掉。

牌型变化如下：

实战图1-1

应该是个不错的牌型：

只要进1筒或1、3、4、5、6、7、万都可以听牌。

过了两圈，上家打出了3万，感觉机会来了，立即叫碰，却不料下家胡牌了。顿时一种不好的感觉出现在脑海中。

下一圈，摸进了3筒，考虑片刻之后打出了2筒。

牌型变化如下：

实战图1-2

没想到2筒打出去，点了对家的直杠。

读者说，当时后悔惨了，那种感受只有亲身经历的人才有体会。

随着终局时间的迫近，心理压力越来越大，直到牌局结束也未能听牌。最后当了赔家，而且赔的都是满牌。

这位读者说，这手牌把他的精神打垮了，所以最后一把牌打得也是一塌糊涂，输得也很惨。

我给他说："这手牌除了心中的贪念之外，你打牌缺少一个环节，那就是要制定一个合理的战略方针，而你没有。"

这手牌的败招就是杠4筒！理由很简单：

其一，牌局的时间已经不充裕，甚至是迫在眉睫了，把可以下听的牌打成无听的牌，本身就是不可取的。

其二，本来已经赢了不少，战略上就不应该采取激进打法，应该采取偏保守的打法，以保住胜利成果为首要任务。

假如，读者采取的是保守打法，碰4筒，退3万。

牌型变化如下：

实战图1-3

立马听牌：胡1、4、6、7万。

这么好的牌型，自摸的可能性非常大，而且是四归一自摸。

实战案例2

这是我在前不久和朋友切磋牌技时打的一手牌。这手牌是整场比赛的中后时间段出现的，这之前我的赢分已基本达到了我的战略计划。

桌面的情况是：牌局已到尾盘阶段，桌面平静，没有暗杠、明杠、直杠什么的，也没有牌手做大牌的迹象。

牌型如下图所示：

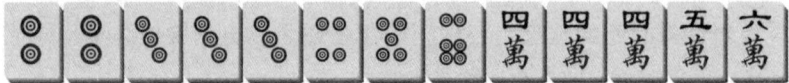

实战图2

现已听牌：胡2筒和4、7万。

当牌桌上出现4万的时候，怎么打？

第一，直接胡牌。这种打法过于保守，这手牌的价值不至于低到这个份上，所以这种想法被马上淘汰掉。

第二，直杠。在获得直杠比分的同时，还是有听，胡7万。相当于胡边张，胡牌的概率肯定较小。这种打法也被马上淘汰掉了。

第三，碰掉。然后有两种打法：

1．放飞2筒。

牌型变化如下：

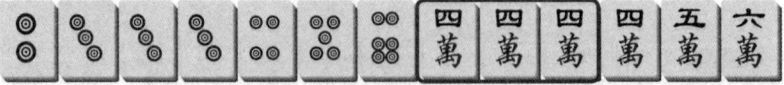

实战图2-1

重新听牌：胡1、2、4、7筒。

有3个听，自摸的可能性是比较大的，而且4万还是四归一。

2．放飞6筒。

牌型变化如图：

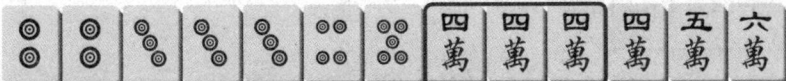

实战图2-2

重新听牌：胡2、3、6筒。

虽然也是3个听，但机会数小多了。这个打法的好处是：

第一，如果出现3筒，既可以胡牌，也可以杠牌，甚至还可以碰牌后再放飞鸽，可根据牌情的变化再作决定。

第二，如果出现2筒，既可以胡牌，也可以再放飞鸽。

权衡利弊后，决定采取第三种打法：碰掉4万，放飞6筒，听牌2、3、6筒。见上图。

实战后续进程是：

牌桌上出现了2筒，立即叫碰，然后又放飞5筒。

牌型变化如下：

实战图2-3

再次听牌：胡2、4、5筒。

最后的结果是4筒自摸：对子胡加四归一。

这一手牌的赢分差不多等于之前总赢分的一半。整个过程没有冒险，没有激进，风险控制得恰到好处。

实战案例3

前不久的一个星期六，又是几个同学相约，饭局之后在茶楼打牌。"人多接下"，我还是和外号"跑得快"做搭档。上半场还不错，比分暂时领先。下半场快要结束的时候，"跑得快"拿了一手好牌，门前碰了2筒。

牌型如下图所示：

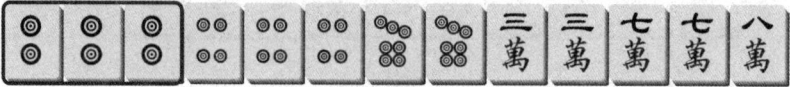

实战图3

这手牌即将成对子胡。

当牌桌上打出3万的时候，"跑得快"立马叫碰，然后抓起8万，扭头问我："打这张哟？"

我说："不要，应该打这张。"我手指7万。

"跑得快"："不做对子胡呀？"

我说："你打嘛，不会错。"

"跑得快"打出了7万。

牌型变化如下：

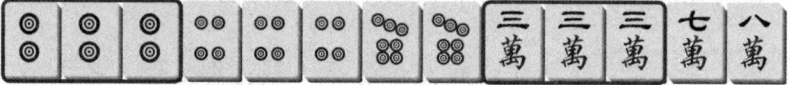

实战图3-1

现已听牌：胡6、9万。

我之所以放弃对子胡，目的很明确，保住胜利成果。虽然是小胡，但听牌6、9万，远远好于7筒和7万对处听牌。况且上一圈桌上出现过9万，没有人碰牌，这对于打自摸是很有利的。

实战后续进程是：

一圈之后，跑得快摸2筒明杠，再摸9万，杠上花。

跑得快说："朱教授，你算牌太厉害了。"

这手牌的收获的确很大，如果当初打出去的是8万，朝对子胡方向做牌是个什么结局不得而知，因为心中把握不大。

盘后点评：

这手牌之所以取胜，关键是战略方针制定得正确，这个完全不是算牌厉害的问题。在已经有了赢分的情况下，就应该这么打。

实战案例4

前不久的一个星期六，朋友邀请我吃饭。

他问我最近在干啥？我说写点东西。他说写作太辛苦了，出来放松一下，打打牌，说不定对写作还有帮助。这话说得没错。下面这手牌就是那天晚上打出来的。

那天打牌整场都很平淡，几乎没有高潮，输赢都不大。就在快要结束的时候，拿了一手比较好的牌，此时已经是尾盘阶段了。

牌型如下图所示：

实战图4

朋友说："教授，今天没见你发威，好像没啥输赢。"

我说："有你在场上，哪个敢发威。"

说话间摸了4筒。

考虑片刻之后，还是暗杠了。

朋友说："才说你不发威，这不说遭了。"

牌型变化如下：

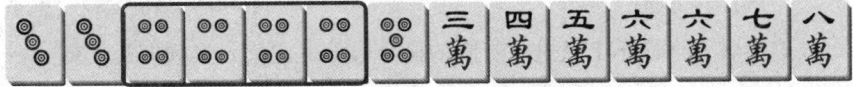

实战图4-1

之所以敢暗杠4筒，是因为暗杠之后，下听的概率很大。

算一下就清楚了：

进3、5、6、7筒或1、2、3、4、5、6、7、8、9万，均可听牌，机会

数J（4筒）＝13×4－10＝42。

暗杠的赢分已经差不多是个自摸了，关键是暗杠之后，几乎没有什么风险。摸任何一张万子和几乎一半的筒子都可以听牌。

如果不杠，退3筒，可胡3、6、9万。但这样打，显得谨慎过头了。

暗杠之后，摸进6万，退5筒。

牌型变化如下：

实战图4-2

已经听牌：胡3筒和6、9万。

下一圈，桌面上出现3筒，立马叫碰，放飞8万。

牌型变化如下：

实战图4-3

重新听牌：胡2、5、7、8万。

朋友说："看你这个打法是在贪自摸。"

我说："你太厉害了，我贪自摸你都晓得。"

实战后续进程：

7万自摸，关住三家。

这手牌完全谈不上激进，听牌的机会数如此之大，实属罕见，就这一手牌奠定胜利基础，一手牌翻本是完全可能的。如果你拿到这样的好牌你都不敢暗杠，不敢贪自摸，那说明你的心理素质不适合竞技运动。

第六问：清一色和暗7对番数一样，那个更容易做？

清一色和暗7对是麻将番种里最常见的，无论是地方麻将还是中国竞技麻将基本上都有这两个番种，在竞技麻将里它们的分值较高，都是24分。虽然它们的分值一样，但"难度"却有较大的差别。

从技术层面上讲，暗7对几乎没有任何技术可言，这里说的难度是指暗7对的天生属性很难，不容易"生成"。我之所以用"生成"，而不用做成，是因为暗7对的成与不成，几乎全凭运气；既不能吃，也不能碰，全凭手气摸牌，别人打出来只能干瞪眼，完全没有操作空间。

相比暗7对，做清一色就容易一些，因为做清一色技术性要强一些，除了摸，既可吃，也可碰，有操作的空间。

其中的道理用"机会数"理论计算一下就清楚了。

对暗7对而言，最后的三摸一是关键：

假定这三张牌全部都在牌墙里，那么三张牌摸成一个对子的机会数J（三摸一）＝3×4－3＝9。由于这9张牌是四个人在摸，所以你摸起来的机会是J（三摸一）＝9÷4＝2.25。这还是最乐观的估算。

对清一色而言，起手没有8张以上的牌型，是不可能去做清一色的。假定每个牌手不吃不碰，要把牌墙上的56张牌摸完，每个人有14次摸牌机会。根据概率论牌张均匀分布的理论，14次摸牌中摸到筒了张数的概率是4.7张。也就是说，如果起手只有8张筒子，不吃不碰，摸到最后只差0.3张就全是清一色筒子了。这是从最不乐观的情况出发估算的。

如果起手有9张以上，那么，到牌局结束的时候，肯定全手都是筒子了，至于能否听牌那是另一回事。这也是从最不乐观的情况估算的。

如果考虑到可吃，可碰，情况肯定要乐观很多。从这个分析可以看出，做清一色的概率肯定大于暗7对。

上面是从它们两者的天生属性来解读的。

下面我从实战角度给出这两个番种的操作建议。

一、关于清一色

在做清一色的过程中，战略方针应该是：稳步推进，见好就收。

请看如下案例：

【教学案例3】

这手牌应该打哪一张？

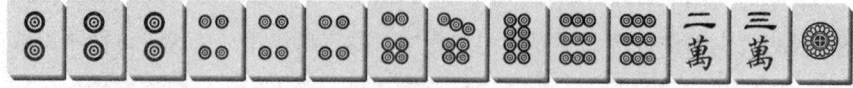

教学图3

如果要强行做筒子，就打掉2万或3万。

这手牌就会被打得稀烂，即便做成了清一色，你能保证是自摸吗？赢一个清一色放炮还不及一个小胡自摸的比分多。如果打掉1筒，胡1、4万，虽然这手牌不能保证自摸，但自摸的概率还是比较大的。

正确的打法是退1筒，如果出现了9筒可以碰掉，暂时单吊2万，之后摸进任何一张筒子都可以清一色听牌。

这种打法轻松愉快，没有心理负担，赢牌的概率很大。

【教学案例4】

这手牌应该打哪一张？

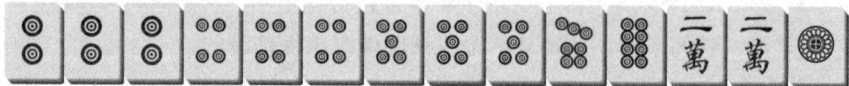

教学图4

同样的道理，打掉2万是不可取的。

正确的打法是打掉1筒。如果牌桌上出现2万，可以考虑碰掉，然后放飞8筒，目的有两个：

一是等待杠2、4、5筒；

二是朝对子胡和自摸方向去发展。

【教学案例5】

这手牌应该打哪一张？

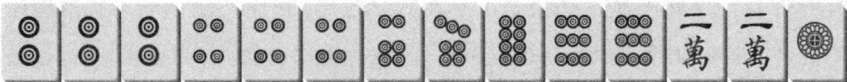

教学图5

同样的道理，打掉2万是不可取的。

正确的打法是退1筒，听牌9筒、2万。

之后，如果出现9筒，可以碰牌之后，放飞2万。之后摸任何一张筒子都可以清一色听牌。

如果出现2万，可以碰掉之后放飞9筒，重新听牌：胡5、6、9筒。

上述案例体现了"稳步推进，见好就收"的战略方针，打法上相对保守，不管怎么腾挪，牌型始终有听，胜利是有保障的。

那有没有例外呢？

有的。那就是在牌局的初期阶段，做牌的时间和空间都比较大的时候；此外还有一个附加条件，就是你已经输牌了，比分比别人落后了。只有在这两个条件都满足的时候，才可以采取强行的、孤注一掷的战略方针，向清一色进军。战术上采取相对激进和冒险的打法。

二、关于暗7对

在做暗7对的过程中，战略方针应该是：有碰则碰，随时转身。

【教学案例6】

现有5小对。

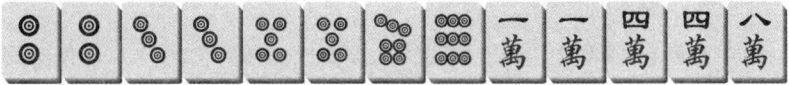

教学图6

如果牌桌上出现5筒，怎么打？

根据中篇里所讲的知识，如果是上家打出的5筒，可以给自己一次摸牌的机会，仅此一次；如果是下家和对家打出的5筒，应该毫不犹豫地碰掉。（注意：如果上家打出的是3筒，我也会碰掉，因为3筒被碰，2筒出来的机会就大了，加上碰1万相对比较容易，那么这手牌可能很快就会下听。这样打牌心情就会很轻松愉快，没有心理负担，状态肯定就好。）

做暗7对一定要注意：

不要被5对牌这华丽的外表所迷惑，稍不留意，你就会掉进它的陷阱。弄不好你连听牌的机会都没有。

从战术的角度来说，做暗7对完全是一种被动的、消极的打法，完全凭自己的感觉摸牌，即便别人打出来了，也只能干瞪眼。从属性上来说，暗7对应该是自然生成，而非人工做成。

当你决定做暗7对的时候，就意味着高风险将一直伴随你。

第七问：麻将的运气太重，学技术有用吗？

麻将牌的运气成分很重，这是不争的事实。正是因为这个原因，打麻将才成为广大老百姓最喜爱的一种体育竞技运动；如果麻将和桥牌一样深奥难打，岂不是也成了阳春白雪。

虽然麻将的运气成分重，但并不说明技术不存在，更不能说明技术没用。现实生活中，有的人打麻将总是赢得多输得少，说明这些人的麻将水平要高一点，只有这种解释才说得通。虽然只高那么一点点，但在长时间的打牌过程中，这种累积效应就产生了作用，每次都赢那么一点点。

相信你经常会遇到这样的事情，辛辛苦苦鏖战一场，最终结算下来就是一手牌的输赢。这说明什么，这说明就是这一手牌没有处理好，为什么没有处理好？技术差了那么一点点。

技术在麻将博弈中，是个长期的累加效应。博弈时间越长，技术的累加效应也越明显。反之博弈时间越短，技术效应就越不明显。如果一盘定输赢，再高的高手也不敢对一个新手说"肯定赢"这句话。

【教学案例7】

下面这手牌要求尽快听牌,该打哪一张?

教学图7

这是刚刚摸进5万的牌型。该怎么打?

计算一下就清楚了,可供选择的牌有:5、6筒、6、7、9万。

打5筒:进1、4、7筒或5、8、9万,均可听牌,机会数J(5筒)= $6 \times 4 - 8 = 16$;

打6筒:进1、5筒或5、6、8、9万,均可听牌,机会数J(6筒)= $6 \times 4 - 11 = 13$;

打6万:进1、4、5、6、7筒或5、8万,均可听牌,机会数J(6万)= $7 \times 4 - 9 = 19$;

打7万:进1、4、5、7筒或9万,均可听牌,机会数J(7万)= $5 \times 4 - 6 = 14$;

打9万:进1、4、5、7筒或5、8万,均可听牌,机会数J(9万)= $6 \times 4 - 8 = 16$。

结论:打6万是最佳选择。

虽然机会数只差了那么一点点,但也许就是这一点点,让你把这手牌打输了,岂不是太遗憾了?技术的作用就在这些地方体现出来了。

你还能说技术没有用吗?

第八问:换三张有什么技巧?

最近有很多读者问我同一个问题:打换三张麻将有什么技巧?

换三张是最近几年,四川、重庆地区流行的一种新打法。

其基本规则是:

四家手牌拿完后,开打之前,将手牌中同种花色的三张牌与别人进行交换,与谁家交换?庄家用掷色子的方式来确定:2、6、10,与下家换;4、8、12与上家换;单数与对家换;换完之后才开始打牌。

换出去的三张肯定是自己最不想要的,那么换回来的三张又如何呢?这就全凭运气了。比如庄家的14张手牌是11-3牌型:11张筒子,3张万子。将3张万子换出去后,有可能换回来的还是万子,也有可能换回的是筒子。如果换回来的是筒子,那庄家就赚了,出手就是清一色。当然也有另一种极端情况:庄家的手牌全都是清一色筒子,那也得拿出三张换出去,如果换回来的还是筒子,那就好;如果换来的不是筒子,那就亏了。

这种换牌的结果肯定是清一色的概率增大了,打起来更刺激了。这或许就是四川人、重庆人喜欢追求刺激,搞出来的一个新玩法。

换三张没有任何技术含量可言,换得好与坏全凭运气。但是在换牌的过程中有以下几点值得注意:

1. 刻子牌通常情况下不能换。

一般情况下,不能把三张相同的牌换给别人,比如,把三个1筒换给别人,万一别人的手牌中恰好有一张1筒,那不是正好成全了别人的暗杠,把自己坑进去了吗。

但是在极端情况下你可能很纠结。

请看下面这手牌。

【教学案例8】

这手牌该怎么换?

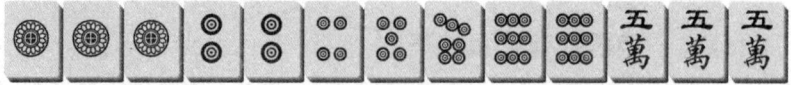

教学图8

这是在一次朋友聚会时出现的。

假如是你拿这手牌,你会拿哪三张出去换?要么457筒,要么555万。

这位朋友喜欢冒险，打牌比较激进，考虑片刻之后把555万换了出去，结果换回来的是三张条子。好在交换的对方5万没有成杠，不然就把自己坑进去了。这手牌最终做成了清一色。

对于这种极端的情况究竟怎么换，我们来做个概率估算。

就这手牌而言，外面的那一张5万有可能在对家，也有可能在上家或下家，还有可能在牌墙里面。现在我们分两种情况来考虑：

第一种情况：不考虑牌墙的问题。那么每一家拿到5万的可能性只有三分之一，也就是说5万换出去被暗杠的可能性不会超过三分之一。

第二种情况：考虑牌墙的问题，这种考虑更符合实际情况。换牌之时，牌墙上大约有55张牌，其他三家合计有39张牌，那么外面的那张5万在牌墙中的可能性大约为59%，在其他三家的可能性合计为41%，那么换出去马上就被对方杠牌的可能性只有14%左右。

再来看看做清一色的情况。假如换回来的是异种花色，那么手上剩10张筒子。每一次摸牌，摸进筒子的概率为33%左右。从这个数据来看，做成清一色的概率还是很大的。并且清一色的分值比暗杠高出1倍，这就意味着，即便3张的刻子被对方暗杠了，手中的牌做成清一色的收益依然大于风险。

综上分析，在牌型为10-3的极端情况下，将刻子牌换出去，其风险小于收益；也就是说，在这种情况下是可以把刻子牌换出去的。

我的建议是：

如果你打牌比较激进，承受风险的意识较强，心理素质比较好，那么，在这种极端情况下是可以将刻子换出去的；反之，如果你打牌偏保守，承受风险的意识不强，那就不要把刻子换出去。

2．有对子的牌能够不换尽量不换。

这种情况一般是指在7-3-3、6-4-3这两种牌型中3张与3张进行比较，最多3张与4张进行比较。比如：112与124、457、1269、1489等，进行比较时可以考虑留下对子112。如果是与成副的顺子相比较，如与123、456、789等进行比较，那就因人而异。如果你打牌偏激进，可以换出去；如果你打牌偏保守，那就不要换出去。我本人偏重于换出去。

3. 原则上留多换少。

这个意思很明确，留下张数多的，换出去张数少的。特殊情况下可以留下3张好牌，换出去4张烂牌。比如123、112等，与1269相比，可以留下前者，换出去后者。同理：1199、1234等，与12589相比，前者牌型更好，可以留下，而拿后者出去进行交换。

但是，任何时候都不应该留下3张，而换出去5张。以最糟糕的5张牌型12589和最好的3张牌型455、456相比，绝对不能把前者拿出去换，而把后者留下来。打牌中经常听到这样的说法："这次换得好，多亏我是拿多张（指5张）牌出去换的。"说这种话的人除了对概率知识完全无知之外，还体现了对自己的不自信，纯粹是凭当时的感觉进行换牌。一次换好了不能说明任何问题，这一点大家务必要注意。

第九问：竞技麻将和地方麻将有什么不同？

1998年11月国家体育总局出台《中国竞技麻将比赛规则》，把麻将作为我国第254项体育竞技运动项目。这是我国首次以官方名义给予麻将的身份和地位。从那以后麻将正式从老百姓的家中，从街头巷尾里走了出来，登上了体育比赛的大雅之堂，有的地方还举办过地区性的麻将大赛。但是，就我所知，以国家体委出面举办全国性的麻将比赛从来没有过。特别是这些年来，由于种种原因，官方对麻将保持低调。与此相反的是民间老百姓对麻将的喜爱程度却越来越高，热情不减。

正是由于这个原因，中国竞技麻将的推广一直进展缓慢或者说没有任何进展也不为过，很多麻将爱好者对中国竞技麻将完全不了解，更谈不上参与，反倒是各种地方性麻将热度不减。

很多读者向我咨询关于竞技麻将的相关事宜，我想借此机会给关心此问题的读者一个解读。

竞技麻将和地方性麻将没有本质上的区别，但是在番种的数量上，规则的使用上有一些差别，这个差别主要体现在下面两个方面：

第一，普遍来说，地方性麻将的番种数量比竞技麻将的番种数量要少，而且少很多。常见的番种有：对子胡、暗七对、清一色、清对、杠上花、杠上炮、海底捞、海底炮、全带幺等。

这些番种加起来不过一二十种，而竞技麻将的番种有88种，上述番种都包含在这88个番种之中。从番种的多少来说，竞技麻将显然要多很多。番种越多，打法上就复杂得多，比如原本打算做清一色，结果发现条件不具备了，只好改做对子胡，等你快要做成的时候发现对子胡的条件也没有了，于是又改做"全求人"，等等。因此要说区别，这个区别最明显的地方就体现在番种的多和少这方面，竞技麻将的番种多，地方性麻将的番种少。

第二，地方性麻将在规则上加了一些地方特色。比如，有的地方规定打牌过程中：只准碰不准吃，只能自摸胡牌，不能放炮胡牌，除非有杠牌；甚至还有的规定是胡牌时手中必须有幺鸡，等等。

近来成都麻将很火，大有一统江湖之势，而成都麻将的地方性特色就很浓厚。最具特色的就是"血战到底"。一人胡牌，退出此局，余下三人继续战斗，直到最后两人还要血战到底，定要决出胜负方才罢休。

因此，规则上的不同也是竞技麻将和地方性麻将的区别之一。

总体来说，竞技麻将和地方性麻将的区别在于番种数量上的多和少，以及规则上的个别差异而已，两者没有本质上的差异。

第十问：怎样的牌技才能算是高手？

有不少读者问我，拥有怎样的牌技才能称得上是高手？

对这个问题的解答，我的观点如下：

第一，高手的定义本身就很模糊，这和范围的大小是相关联的。如果你在自己的朋友圈里经常赢，那么你在你的朋友圈里是高手；如果你在单位比赛中拿了前三名，那么你在你所在的单位里是高手。

第二，现在的网络很发达，网上的麻将教学也很多。有心成为麻将高手的读者也都选择了看书，看视频，以提高自己的麻将知识和麻将技术。从掌握牌技知识的角度来考量自己是不是高手，其实也很容易。

对此我编制了一套麻将技能120分的测试题（见第三节），如果你能在40分钟之内答完考题，并且能拿到60分，恭喜你进入高手之列；如果能拿到80分，你完全可以闯荡江湖，与各路高手切磋争雄；如果你能拿到100分以上，你将成为高手中的高手，成为麻坛中的霸主。

建议你必须要有相当的麻将知识和相当的实战能力，才来进行这组考题的测试，因为考题有一定的难度，并且只能测一次。

测试题的答案附在本篇最后。

第二节　牌局欣赏

实战案例1

自从凤凰卫视采访和媒体报道后，来学艺的，来讨教的，时常都有。一个周末的晚上，朋友邀我参加饭局。

席间，朋友介绍我说："朱教授是重市竞技麻将冠军，而且是连续三次冠军。今晚来的都是麻将高手，饭局完了请到隔壁棋牌室。"

饭桌上大家感兴趣的话题当然是麻将。饭局结束后进入了当晚的主题，切磋牌技，打重庆版的成都麻将。

坐对家位置的是一个叫王总的大个子。前几盘王总战绩不错，赢分节节升高的同时，人也开始"飘"起来了。

一边打牌一边说："麻将这东西，手气第一，划船第二，只要船划得好，别人就胡不到你的牌。朱教授，是不是这个道理？"

我说："王总说得有道理。"

王总说："听到没得，朱教授都说有道理。今天哪个有本事，就把我赢的拿过去。"

主人说："王总，话莫说早了，不要太狂了。"

说话间，又一盘开始了。

这一盘，王总跟我一样都在做筒子和万子。进入尾盘阶段时，大家都打得很谨慎了。我的牌也基本成型了。

牌型如图所示：

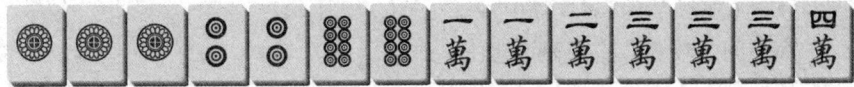

实战图1

这是刚刚摸进1万的牌型。

考虑片刻后，打掉4万。

下家摸牌后，打出3万，我立马叫碰，然后退出1万。

牌型变化如下：

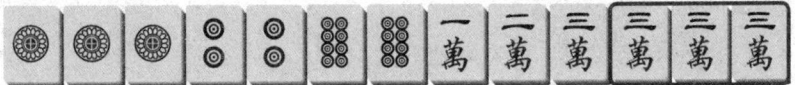

实战图1-1

已经听牌：胡2、8筒。

牌打到这个时候，感觉机会要来了：如果2筒或8筒出来，那就可以做一个局，设一个陷阱。

实战进程：

下一圈，上家打出了2筒，我立马叫碰，然后又打1万。

牌型变化如下：

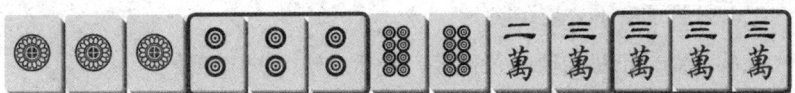

实战图1-2

重新听牌：胡1、4万。

王总说："朱教授你在做啥子哟，连打两个1万。"

我说："牌不好打哟。"

紧接着又轮到我摸牌，没想到摸起来的是1筒，暗杠之后，摸进一张2万，毫不犹豫，立刻打出去。既然要做局就一定要做得真。如果此时"偷渡"杠3万，恐怕这局就做不成了。即便打了个杠上花，也没有达到定点打击的目的，所以必须把2万打出去。

高手间的较量，主要是心理上。

这手牌从我一开始打4万，之后碰3万，再后来连打2个1万，现在又打2万，谁还想得到我还要胡1、4万？恐怕神仙也猜不到。

此时牌墙上还剩两张牌。

下家摸牌后打了一张条子，桌面平静。

王总将最后一张牌摸上手，边插牌边说："这牌打得好不好，全看船划得好不好。"话音刚落，啪的一下，打出1万。

桌面瞬间平静……

王总说："怎么样，没有划翻吧？"

我说："划翻了，你放了海底炮。"

当我把牌面全部放倒时，众人都傻眼了。

王总更是一脸懵懂："你都打了两个1万哟。"

我说："对呀，我如果不打两个1万，怎么会骗得了你呢？"

王总一下瘫在了椅子上。

主人还戏谑他："怎么样，王总？遭骗惨了哈。"

王总小声道："哪有这种打法哟。"

另一好事的朋友说："王总，坐起来打，莫要背过去了哈。打牌是娱乐，把命除脱了就不好耍了哟。"

此战之后，王总的情绪很低落，最后是输得一塌糊涂。

实战案例2

2017年一个星期六的下午上街办点小事，无意间来到万老师家附近，正好想找他商量一下科研课题的事情。由于事先没有打招呼，敲门进去之后，看见一桌麻将打得正酣。

万老师回头见到我，高兴惨了："呀，朱教授来啦。来得正好，快来帮我一下，他们几个今天把我修理惨了。"

都是老朋友，也不客套，我就坐在万老师身后当参谋。

对家王主任说："朱教授，你帮他看看，他今天衣服裤儿都输脱了。"

上家李科长说："这是最后一把了，你帮他捞条裤儿回去。"

下家张老师说："还是老规矩，最后一把不自摸不准胡牌。"

重庆人打牌有个习惯，结束前喜欢打最后四把。而且一般来说最后一把的规矩是不自摸不胡牌，目的是给输了的人一个翻本的机会。

最后一把牌，万老师只摸了两三圈，就基本成型了。

牌型如下图所示：

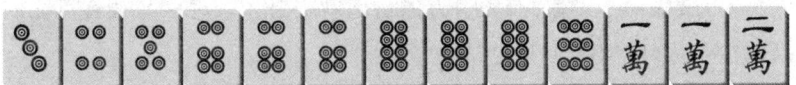

实战图2

这手牌毫无疑问是朝清一色去发展。

下一手摸7筒，退2万，二万出去就被对家碰！

牌型变化如下：

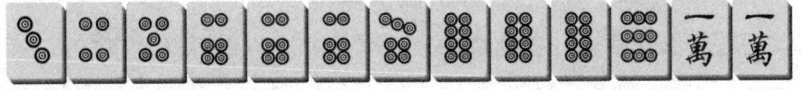

实战图2-1

已经听牌：胡8筒、1万。

下一圈，万老师摸1万！

"这个没办法了，自摸。"万老师边说边准备把1万亮出来。

"不能这样打。"我赶紧制止。

"那怎么打，难道要打出去呀？"

"打这张。"我指着9筒说。

"打它呀？"万老师显然很不理解。

"打吧，没错。"我说。

"喊你打，你就打嘛，朱教授说的没得错。"李科长显然很乐意万老师把牌打出去。

"好嘛。"万老师不太情愿地打出了9筒。

牌型变化如下：

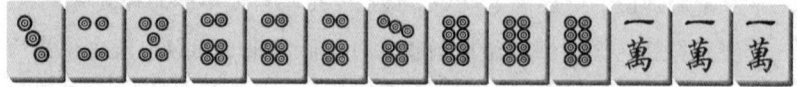

实战图2-2

现已听牌：胡2、5、6、7、8、9筒。

从2万被碰那一刻起，刻子1万的价值就提升了，杠牌是很有可能的。所以现在要转向，不能只盯住清一色不放。

现在这手牌争取杠8筒和1万，其价值最少是杠牌加自摸。

王主任："你啥子牌哟，这么早就自摸了？"

李科长："啷个回事哟，自摸了还打出来？"

张老师："不晓得要干啥，他有朱教授当高参。"

两圈之后，牌桌上打出了6筒。

"啷个打？碰了打它。"万老师还是提了一下1万，想做清一色。

"或者把它整死（杠的意思），怎样？"万老师又放下1万，犹豫中。

"最好碰了，打它。"我指着3筒说。

我的考虑是：除了杠1万和8筒，还要为后面的自摸做准备，不能打成单吊，自摸就困难了。

实战过程：

碰6筒。退3筒。

牌型变化为：

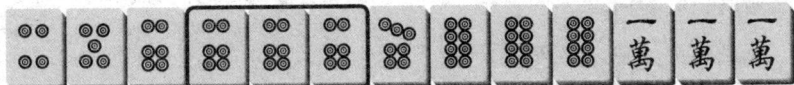

实战图2-3

大家应该知道，筒子牌型是个"火箭筒"。

重新听牌：胡3、4、6、7、9筒。

王主任："你们在做啥子？"

李科长："要做好大个瓜，自摸了就算了嘛。"

张老师："我还是争取早点自摸，跑了的好。"

由于是最后一盘，自摸才能胡；加上都是老麻友，说话很随便。

有准备的人是不会错过机会的。

实战后续进程：

上家李科长打了一张8万在桌上，好像没有动静。

万老师伸手刚要摸牌，王主任："碰了。"似乎不想让万老师摸牌。随即从自己的立牌中抽了一张牌出来。

王主任："是不是想要这个。"边说边把1万打在桌子上。

万老师："哈哈，说得没错，等的就是它。"

万老师抓起3张1万杠在了自己的立牌边上，边杠边说："这么多的叫，莫不是杠上花？"

大家都看着万老师的手。

"呀，你们看是啥子。"万老师将8筒摆在了1万旁边，

"暗杠8筒。"万老师将自己的3个8筒亮了出来。

此时的牌型为：

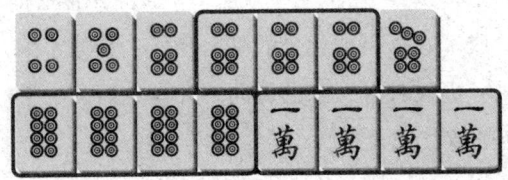

实战图2-4

听牌：4、7筒。

张老师："呔，你转运了嚓。"

万老师再次把手伸向了牌墙，说："这回总该是杠上花了。"

众人的眼光死死地盯着万老师的手。

"哈哈，你们遭惨了，遭惨了！"万老师把7筒亮了出来。

众人被眼前这一幕惊呆了。

空气瞬间凝固了……

"王主任一个人给。"张老师首先说话。

"对的，王主任一个人给。"李科长附和。

"嘟个我一个人给？事先没有这么约定。"

现在成渝两地比较流行的打法是：谁点杠谁全包。

这手牌：一个直杠、一个暗杠、三个四归一在手，加杠上花。超级大！

"应该李科长一个人给，当初万老师已经自摸了，你喊人家打出来。现在打了这么大一个胡出来，应该你自己给。"王主任说。

"我喊他？是朱教授喊他打出来的。"李科长说。

……

过了好些天，碰见了张老师。

张老师说："幸好那天我前面是赢起的，不然老万那一手牌我要输惨。王主任他们说，今后打牌，只要有你在，他们就不打。"

实战案例3

2018年五一节期间，几个老友聚会，饭后依旧是打牌娱乐，一人提议：打重庆版的成都麻将，把比分的基数降低，番数不限，采用"梯步数番"，图个热闹。提议获得大家的赞同。开盘之后，一个叫钟老师的朋友做了一个清一色加双杠的大牌。

有人戏谑他："钟老师，你今天赢惨了哟。"

钟老师说:"好不容易赢一回,平时都是输。"

谈笑间,我也拿了一手好牌。

牌型如图所示:

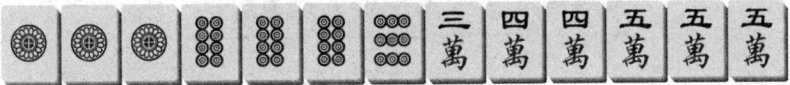

实战图3

当牌桌上出现8筒时,立马叫碰,退3万。

牌型变化如下:

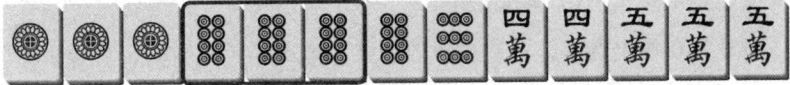

实战图3-1

已经听牌:胡边张7筒。

接下来,摸进4万,感觉这可能是个机会。

实战打法:

采用"偷渡"打法:杠8筒!结果摸进6万,退9筒。

牌型变化如下:

实战图3-2

重新听牌:胡4、5、6、7万。

接下来的变化真的很爽。

实战后续进程:

下一手,摸进1筒暗杠,起来的又是9筒,退掉。

牌型变化如图:

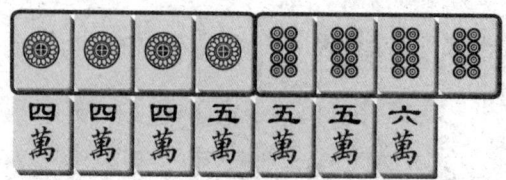

实战图3-3

依然胡4、5、6、7万,这种牌型看着都爽。

钟老师说:"朱教授,你在做啥子?"

我说:"啥子都做不起,哪像你清一色双杠。"

说话间,居然把4万摸起来了。

还没等我作出选择,旁边观战的朋友就喊出来了:"哟,自摸了。"

"不得了,这么大个胡。"

"赢惨了,关住了三家。"

都是老朋友打牌,这种观者发言的事常有之,图的就是个高兴,快乐。

我说:"你们都在喊自摸,我就偏偏不自摸,看看是个啥子结果。"

于是我把4万暗杠了。

牌型变化如下:

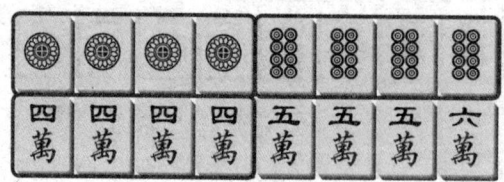

实战图3-4

虽然暗杠了四万,还是有3个听:胡4、6、7万。

钟老师见状,说:"你硬是要安心把我们朝死里弄吗?"

我说:"你刚才赢了那么多,你怕啥子?"

钟老师说:"只怕你这一把牌还不够给哟。"

玩笑间，我伸手抓牌，起来的是……

我说："你们猜一猜，是啥子牌。"

旁观者说："肯定是杠上花，没得说的。"

我说："你们都猜错了。"

我一边说一边把5万亮出来。

众人一下都沸腾了："不得了，不得了。"

……

牌型再次变化如下：

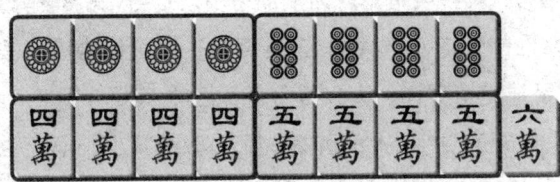

实战图3-5

钟老师说："你这种打法完全是不给我们活路。"

说话间我把手再次伸向牌墙……

众人的眼睛都瞪大了。

有人说："你莫又是杠上花哈。"

钟老师说："莫乱说，你个乌鸦嘴。"

当我把杠起来的6万牌面朝上放到桌上的时候，众人再次沸腾。

"简直就是个奇迹，完全是不可能的事情。"

"快点给吉尼斯总部打电话，创造奇迹了。"

……

4杠，杠上花！

从来没有做过这么大的牌，大概12番吧。我想这都是在轻松愉快的气氛中才有可能完成的事情。

实战案例4

2019年有热心人士搞了一个民间高手麻将对决，下面这手牌是决赛中的最后一局，这一局真可谓生死之战，惊心动魄。

对决的四个人中，我坐庄家位置，牌桌上三个人比分差距都不大，比分差距大一点的第四位选手坐在我的对面。

最后这一盘这位仁兄时来运转了，一个人做条子，其余三位做万子和筒子。尾盘时候，这位仁兄的条子已碰了四次，手上金钩钓9条，由于他一个人做条子，手上单钓9条是不言而喻的事情。更可怕的是牌墙里还有一张9条没有起来，谁都知道，谁摸到9条谁倒霉。如果他自摸，其余三家，那位仁兄的脸上是挂满了喜悦，高兴得不得了。

随着时间的推移，牌墙上的牌在一张一张的减少，危险也在一步一步地靠近，牌桌上的气氛达到了白热化的程度。

桌面的情况是：对家门前碰了1、3、4、6条，金钩钓9条，还有一张9条在牌墙里，谁都害怕摸到这颗炸弹。

我的情况是：明杠了5筒，并且碰了2筒和1万，手上剩四张牌：两张8万和6、9万各一张。

左右两家均没有碰牌，见下面二图：

桌面情况：牌墙只剩下3张牌，轮到自己摸。

实战图4-1

我手上的牌型如下：

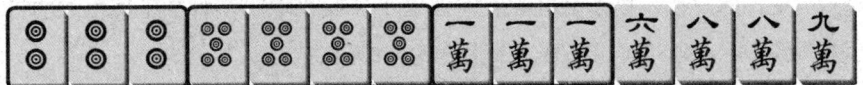

实战图4-2

快要结束了，还未听牌。

此时已临近尾盘，还没有下听的牌手，心中的焦急可想而知。凭我当时的直觉，上下两家有可能其中一家还没有下听。其实左右两家有没有听牌，都与我无关，只不过看见别人也无听，心理上好受一些。

当牌墙上还剩三张牌时，轮到我摸牌，内心祈祷希望摸到一张有用的牌。或许命不该绝，摸起来了一张8万，之前上下两家都打过6、9万，所以我也打出9万，手上剩6888万，谢天谢地总算是下听了。

此时牌墙上还剩两张牌，轮到下家摸牌。

此时此刻，我和上家最希望是下家摸到9条，一人去死，解救两家。作为庄家肯定是想最后一张海底牌是9条，他自摸，关死我们三家。

实战的情况是：

下家伸手摸牌，但是我和上家都期望的事情并未发生，下家将摸起来的牌插进了自己的牌墙里。这个时候，每个人都清楚地意识到，这最后一张9条，也就是海底牌9条将会由对家自摸，关死我们三家已毫无悬念了，绝望的气氛瞬间笼罩在牌桌上。

中国有句俗话叫作"天无绝人之路"，正当我感到绝望的时候，上帝却悄悄给我开了一扇逃生的门。

下家摸牌之后，打出了8万！

真是绝处逢生，于是我立马采取行动……

各位读者，容我再描述一下当时的情况，由于这局牌已经是一个明牌，而且是比赛的最后一盘，围观者较多，况且牌局打到这个份上已经都是明牌了，也可以说这局牌结束了，所以围观者很多。

如果我杠牌，那我就放对家的海底炮9条，死得惨。

如果我放弃杠牌，对家海底自摸9条，关死三家，同样死得惨。

左右都是死，该怎么办呢？情急之下，我采取了一种从未使用过的打法，那就是：碰8万，打6万，手上金钩钓8万！

你见过这样的打法吗？

我也是第一次使用这样的打法。这样一来，海底9条就该下家摸，他就成了放海底炮的输家，没办法，规则如此，下家摸9条必打，放海底炮。对家也仅仅赢了一家，最后排名第三。

事后对家和下家对我这种打法提出了异议：他们认为既然我最后是单吊，就不应该有碰8万，还单吊8万这种打法。

我的解释是：如果我手上还有连张，那就有可能是碰8万，还剩678万的情况；再说如果牌墙上还有牌可摸，下一轮我完全可以摸一张牌之后，再杠8万，应该算是"偷渡"吧，若"偷渡"成功还可能是杠上花，赢三家，这种打法没有哪一点是违规的吧。听了我的解释，大家也无话可说。

赛后有人问下家怎么会打8万出来，下家的回答是为了下叫。

有人戏谑他："你太霉了，和朱教授同台。"

看来上帝并不眷顾下家。

实战案例5

最有争议的一副牌

2005年到成都办事住在锦里，一天晚上闲暇无事几人玩起了麻将。

坐对家的中年人性格豪爽，嗓门特大，是个资深老麻将。那天是客随主便打的是成都麻将，整场麻将都比较温和，没有大输大赢。

最后一局牌最富戏剧性，也最有争议性。

桌面情况是：三家不要万子，大嗓门一个人做万子，成都话叫"睡宽床"。临近尾盘时，大嗓门的万子清一色对子胡已经下听，单吊9万。他将牌面向上平躺桌上，俗称"晒太阳"。

牌局情况如图：

万 222 4444 6666 777 9

```
          对家
筒……   ┌────────────┐   筒……
条……   │            │   条……
       │ 上家    下家 │
       │            │
       │   庄家     │
       └────────────┘
```

筒 222 567 99
条 222 45

桌面情况：牌墙只剩下2张牌，轮到下家摸。

实战图5

由于他一人做万子，允许晒太阳，但规定是一旦晒太阳就不能换牌。

牌墙里还有唯一一张9万，大家都看得清清楚楚的，谁摸谁倒霉。随着牌墙上的牌一张一张地减少，众人的心情是越来越紧张。

大嗓门说："我的9万是海底捞哟，关你们三家。"

没想到他的这句话还真的是一语成谶。

就在牌墙还剩二张牌时，大嗓门又说了一遍："我的9万是海底捞，关你们三家。"

这时候轮到下家摸牌，只见下家将摸进的牌插进了牌墙，这一动作已经表明，最后一张9万真的是大嗓门的，如此看来他的清一色海底捞自摸，赢三家是铁定的事情了。

众人皆曰："完了，完了。"

此时的下家却面露喜色，很自豪地说了一句话："你们根本想不到，我是全靠最后这张牌下的叫，不然我一人赔你们三家，要输惨。"

上家说："你就是有叫还不是要输惨，人家清一色海底捞。"

说话间下家打出了二筒，牌桌上一片寂静。

当时我手上的牌型如下：

实战图5-1

此时，我很清楚，如果我杠2筒，最后的9万就是我放给大嗓门；如果我放弃杠牌，大嗓门就是海底捞，赢我们三家。怎么办？

这时候大嗓门一脸的坏笑，一边将手伸向牌墙，一边说："看看我的海底捞。"众人是一脸的无奈。

"慢着，我要碰。"我突然喊了一声。

众人皆惊。

我说完后，拿出一对2筒碰了下家刚刚打出的2筒，然后从我的牌墙里抽出一个2筒，打在了桌面上。

众皆迷惑。

大嗓门说："哪有这个打法哟，碰2筒打2筒？"

我说："那是你没有遇到过。"

大嗓门说："麻将规则没有说可以这么打。"

我说："麻将规则也没有说不能这样打呀？"

众人皆无语。

我又说："你们见过吃2筒打2筒的没有，这是规则里没有的，但比赛中为了做"全求人"这个番种是允许这样打的。这碰2筒打2筒这个打法，只能说是规则的一个漏洞，没有明确这样打不行，既然没有明确，就不能说这种打法是错的。要怪，也只能怪规则没有明确，有漏洞。至于怎么样修改规则，堵漏洞那是以后的事情，与当下无关。"

听了我的解释大家觉得有道理，既然有争议当然就只好作罢。这样一来，下家就成了最不幸的那个人。

随后我给大家讲了一个关于规则的故事：

在某次足球比赛中，进攻队员临门一脚将球向球门踢去，谁也没有想到的事情发生了，球在飞行中爆炸了，分成了两块，其中一块较大的球皮掉在了另一个进攻队员的前胸上,这个队员很机灵,马上用嘴叼上这块球皮朝球门里用力一甩,球皮飞进了球门。

事后关于这块球皮飞进球门里算不算进球这个问题,双方发生了激烈的争论?进攻方认为应该算,防守方认为不应该算。后经组委会讨论,作出的裁决是:只要这块球皮重量过半,可视为进球。裁判当即将这块球皮过称,结果重量过半,视为进球。

最后我说:"任何比赛规则都不可能做到天衣无缝,都需要在实践中去不断地改进和完善。"

实战案例6

天胡

传统麻将中最大的一个番种叫"天胡",它的另一个别称叫"起手胡";它是指庄家起牌完毕就胡牌,根本开不出牌来,赢三家。

与天胡对应的另一个番种叫"地胡",它是指非庄家起牌完毕就下听,在不换听牌的前提下胡牌,就叫"地胡"。

在传统麻将里"天胡"第一大,"地胡"第二大。

"天胡"是天老爷胡的牌,是麻将番种里最大的胡。

"地胡"是地老爷胡的牌,仅次于"天胡"。

从概率上讲,要做成"天胡"和"地胡"都很不容易,成功的概率极小,特别是"天胡"更是小之又小。在我40年的麻将生涯中,有三次做成了"地胡"。在我写此案例之前,"天胡"是一次也没有遇到过。

2020年5月17日,对我来说是个值得纪念的日子。在和亲友切磋麻将的过程中,我居然做成了一个"天胡"。

牌型见下图所示:

实战图6

起手就胡这是从来没有遇到过的。

那一刻,真是特别高兴,打了一辈子的麻将,这是第一次遇到。

这或许是老天爷看在我对麻将探索的执着精神上,给予的眷顾吧。

第三节　麻将技能测试

如果你对本书的内容自认为都已经掌握或自认为差不多都已掌握,且对自己充满信心,那么你可以对下面的测试题来试一试。

如果你觉得自己掌握的程度还不够或者对自己的信心不是那么足,那就最好不要进行测试。因为这些测试题有一定的难度,这是其一;另外,测试题只能测一次才有效果,不能抱着试一下的态度来进行,这是其二。

测试题说明:

1. 测试题共有120分。

分两个部分:

第一部分是简单计算题,测试你对机会数的计算能力和看牌能力。共有10个小题,每题10分。

第二部分是策划题,测试你对牌的理解和掌控能力。

2. 测试时间为40分钟,建议你在测试之前,认真记录好时间。

如果你能拿到60分以上,恭喜你进入高手之列;

如果你能拿到80分以上,你完全可以独闯江湖,与各路高手争雄;

如果你能拿到100分以上,你将成为高手中的高手,你将傲视群雄,成为麻坛中的霸主。

麻将技能测试题

一、说出下面10个图形中的最佳打法和次佳打法,并计算其机会数的大小(每题10分)。

1. 牌型如下：

测试图1

2. 牌型如下：

测试图2

3. 牌型如下：

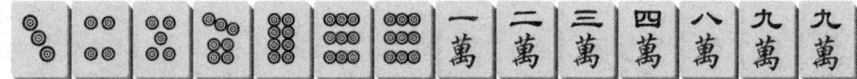

测试图3

4. 牌型如下：

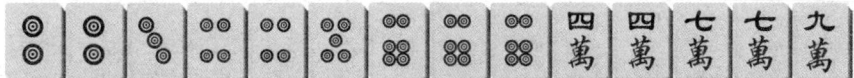

测试图4

5. 牌型如下：

测试图5

6. 牌型如下：

测试图6

7．牌型如下：

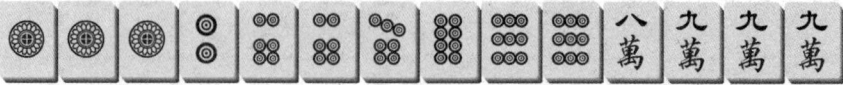

测试图7

8．牌型如下：

测试图8

9．牌型如下：

测试图9

10．牌型如下：

测试图10

二、策划题

11．中后盘阶段牌型如下：

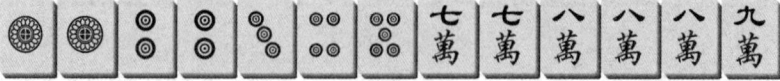

测试图11

（1）如果牌桌上出现1筒，该怎么打？（5分）

（2）如果牌桌上出现8万，该怎么打？（5分）

分别写出你的打牌思路。

12．中后盘阶段牌型如下：

测试图12

（1）如果牌桌上出现3筒，该怎么打？（5分）

（2）如果牌桌上出现8万，该怎么打？（5分）

分别写出你的打牌思路。

答案见本书本最末页。

附录 麻将技能测试题答案

1题：

打5筒：进3、6筒、5、6、8、9万，可听牌，J（5筒）$=6\times4-7=17$；

打6万：进3、4、5、6筒、5、8、9万，可听牌，J（6万）$=7\times4-8=20$。

最佳打法：打6万（5分）；次佳打法：打5筒（5分）。

2题：

打5筒：进3筒、2、6、7、9万，均可听牌，J（5筒）$=5\times4-6=14$；

打6筒：进4、7筒、2、6、7、8、9万，均可听牌（7筒或8万暗7对听牌），J（6筒）$=7\times4-9=19$；

打3筒：进4、7筒、2、6、7、9万，均可听牌，J（3筒）$=6\times4-8=16$。

打7万：进3、4、7筒、2、6、9万，均可听牌，J（7万）$=6\times4-8=16$。

最佳选择：打6筒（5分）；次佳选择：打3筒或7万（各2.5分）。

3题：

打9筒：进1、2、3、4、5、6、7、8、9万，均可听牌，J（9筒）$=9\times4-7=29$；

打1万：进6、7、8、9筒、6、7、8、9万，均可听牌，J（1万）$=8\times4-7=25$；

打8万：进6、7、8、9筒、1、2、3、4、5、6、9万，均可听牌，J（8万）$=11\times4-10=34$。

最佳选择：打8万（5分）；次佳打法：打9筒（5分）。

4题：

打2筒：进3、6筒、4、7、8万，均可听牌，J（2筒）$=5\times4-8=12$；

打4筒：进2筒、4、7、8万，均可听牌，J（4筒）$=4\times4-6=10$；

打5筒：进3筒、4、7、8万，均可听牌（6筒或9万暗7对听牌），J（5筒）$=6\times4-9=15$；

打7万：进2、3、6筒、4、8万，均可听牌，J（7万）$=5\times4-8=12$；

打9万：进2、3、6筒、4、7万，均可听牌；J（9万）＝5×4－10＝10。

最佳选择：打5筒（5分）；次佳打法：打2筒或7万（各2.5分）。

5题：

打5筒：进4、6、7、9筒、1、8万，均可听牌；J（5筒）＝6×4－6＝18；

打7筒：进5、6、9筒、1、8万，均可听牌；J（7筒）＝5×4－5＝15；

打8筒：进4、5、6、7筒、1、8万，均可听牌；J（8筒）＝6×4－8＝16；

打9万：进5、6、7、9筒、1万，均可听牌；J（9万）＝5×4－8＝12。

最佳选择：打5筒（5分）。次佳选择：打8筒（5分）。

6题：

打6筒：进2、7筒、2、5、6万，均可听牌；J（6筒）＝5×4－8＝12；

打8筒：进2、6筒、2、3、5、6万，均可听牌（2万或3万可暗7对听牌），J（8筒）＝6×4－11＝13；

打3万：进2、6、7、8筒、2、5万，均可听牌J（3万）＝6×4－9＝15；

打4万：进2、6、7筒、6万，均可听牌，J（4万）＝4×4－6＝10；

打6万：进2、6、7筒、2、5万，均可听牌，J（6万）＝5×4－8＝12。

最佳选择：打3万（5分）；次佳选择：打8筒（5分）。

7题：

打2筒：进4、5、6、7、8、9筒、6、7、8、9万，均可听牌，J（2筒）＝10×4－10＝30；

打6筒：进1、2、3、4、9筒、6、7、8、9万，均可听牌；J（6筒）＝9×4－10＝26；

打8万：进1、2、3、4、5、6、7、8、9筒，均可听牌；J（8万）＝9×4－10＝26。

最佳选择：打2筒（5分）；次佳打法：6筒或8万（各2.5分）。

8题：

打8筒：进1、2筒、2、4、5、6万，均可听牌，J（8筒）＝6×4－8＝16；

打3万：进1、7筒、4、5、6、7万，均可听牌，J（3万）＝6×4－8＝16；

打6万：进1、7筒、2、4、5、7万，均可听牌，J（6万）＝6×4－6＝18。

最佳选择：打6万（5分）；次佳选择：打8筒或3万（各2.5分）。

9题：

打2筒：进1、4筒、1、2、3、4、7万，均可听牌，J（2筒）＝7×4－9＝19；

打4筒：进2、3筒、1、2、3、4、7万，均可听牌，J（4筒）＝7×4－13＝15；

打3筒：进2、5筒、1、2、3、4、7万，均可听牌，J（3筒）＝7×4－11＝17；

打3万：进1、2、3、4、5筒、1、2、7万，均可听牌（1万暗7对听牌）；J（3万）＝8×4－13＝19

打2万：进1、2、3、4、5筒、1、4、7万，均可听牌，J（2万）＝8×4－11＝21；

最佳选择：打2万（5分）；次佳选择：打3万或2筒（各2.5分）。

10题：

打6筒：进4、7筒、3、5、6、8万，均可听牌；J（6筒）＝6×4－6＝18；

打9筒：进4、7筒、3、5、6、8万，均可听牌；J（9筒）＝6×4－6＝18；

打6万：进4、6、7筒、3、5、8万，均可听牌；J（6万）＝6×4－6＝18；

打5筒：进6筒、3、5、6、8万，均可听牌；J（5筒）＝5×4－7＝13；

打7万：进4、6、7筒、3、6万，均可听牌；J（7万）＝5×4－8＝12。

最佳选择：打6、9筒、6万（各2.5分）；次佳打法：打5筒（2.5分）。

11题：

1. 碰1筒退9万（2分），之后有三种可能：

第一种，出现2筒，碰牌后放飞7万（3分）。

第二种，出现7万，碰牌后放飞2筒（3分）。

第三种，自摸结束（2分），还可以考虑放飞2筒或7万。

2．碰8万退7万（2分），之后有两种可能：

第一种，出现1、2筒，碰牌后放飞9万（3分）。

第二种，自摸结束（3分）。

12题：

1．碰3筒退6万（1分），之后有两种可能：

第一种，出现2筒或8、9万，均可杠牌（4分）。

第二种，8、9万自摸结束（4分）；6、7万自摸结束（2分），还可考虑放飞。

2．出现8万有两种打法：

第一种，碰牌（3分）。之后有两种打法：放飞6万（1分）；放飞3筒（2分）。

第二种，直接杠牌（4分）。

后 记

近来，时不时有新闻报料出来：

在某地举行的国际麻将比赛中，中国队几乎垫底。

麻将的发源地派出的参赛队伍不堪一击，中国队被淘汰。

……

几乎都是中国队不堪一击的负面报道。

我不知道这些事件的真实性如何，也无法考证这些报道的真伪。

首先我提出的质疑是：

哪来的中国队？中国队是怎么组建起来的？我们国家从来没有以官方的名义举办过全国性的麻将大赛，队员的组建从何而来？

如果这些报道是真的，那只能认为参赛的队员是消息灵通人士或消息灵通单位在自己的小圈子里组建了队伍，利用自己或单位的能力，通过什么关系打出了中国队的旗号。

我相信，如果在全国范围内选派牌手，组建中国麻将队出去参加比赛，不可能像报道中说的那样不堪一击。

我清楚地记得，我在重庆市夺得《中国竞技麻将牌个人邀请赛》冠军之后，日本有一个麻将代表队来重庆，在重庆劲力酒店和我们进行麻将牌技的交流比赛，双方各自派出十多名队员，比赛过程中，我根本没有感受到对手的强大；相反，对手感受到了来自我方的强大压力。

2016年荷兰国家电视台来中国拍摄专题片《逆流而上》，向欧洲华裔报道中国改革开放30多年来的变化，其中有一个栏目专门介绍中国的麻将文化。摄制组一行人通过央视传媒的推荐，拿着央视传媒广电总局的介绍信专程来到重庆，采访我，采访期间也安排了麻将切磋。摄制组向我介绍的所谓麻将高手在牌技切磋过程中，与我想象的高手差距甚远，最多只能相当于重庆市竞技麻将比赛中进入到第二轮比赛中的选手的水平。

虽然我接触外国麻将高手的机会并不多，但我相信，外国选手的麻将水平不可能比我们高多少。

我真心希望中国年轻一代的麻将牌手能够认认真真地读书学习，使自己的麻将理论知识和实战能力得到提升，快速地成长起来。

同时也希望国家体育总局重视和引导麻将竞技运动的健康发展，能够举办全国性的麻将大赛，组建中国麻将队，走出国门，为国争光。

朱　扬
2022年1月9日于重庆